# O DIREITO

Ano 140.º (2008), III

*Director*
INOCÊNCIO GALVÃO TELLES

# O DIREITO
Ano 140.º (2008), III
Director: INOCÊNCIO GALVÃO TELLES

*Fundadores*
António Alves da Fonseca
José Luciano de Castro

*Antigos Directores*
José Luciano de Castro
António Baptista de Sousa (Visconde de Carnaxide)
Fernando Martins de Carvalho
Marcello Caetano

*Director*
Inocêncio Galvão Telles

*Directores-Adjuntos*
António Menezes Cordeiro
Jorge Miranda
Mário Bigotte Chorão


Propriedade de JURIDIREITO — Edições Jurídicas, Lda.
NIPC 506 256 553
Sede e Redacção: Faculdade de Direito de Lisboa — Alameda da Universidade — 1649-014 Lisboa
Editora: Edições Almedina, SA
    Avenida Fernão de Magalhães, n.º 584, 5.º Andar
    Telef.: 239 851 904 — Fax: 239 851 901
    3000-174 Coimbra — Portugal
    editora@almedina.net

Publicação: cinco números anuais
Tiragem: 500 exemplares
Assinatura anual   € 70,00  (15% de desconto sobre o total dos n.ºs avulsos)
Número avulso   € 16,50

Coordenação e revisão: Veloso da Cunha
Execução gráfica: G.C. — Gráfica de Coimbra, Lda.
    Rua do Progresso, 13 — Palheira
    3040-692 Assafarge
    Telef.: 239 802 450 — Fax: 239 802 459
    producao@graficadecoimbra.pt
Depósito legal: 229122/05
N.º de registo no ICS — 124475

# ÍNDICE

## ARTIGOS DOUTRINAIS

MARIA FERNANDA PALMA
*O legislador negativo e o intérprete da Constituição* ................ 523

SEBASTIÃO PÓVOAS
*Clonagem – Uma abordagem ética e legal* ...................... 537

SALVADOR DA COSTA
*A responsabilidade civil por defeitos de concepção, conservação e construção de estradas* ............................................. 555

PAULA COSTA E SILVA
*O manto diáfano da personalidade judiciária* ..................... 575

CARLA AMADO GOMES
*A responsabilidade administrativa pelo risco na Lei n.º 67/2007, de 31 de Dezembro: uma solução arriscada?* ............................. 603

PEDRO LOMBA
*Dois parlamentarismos: a institucionalização da responsabilidade política no Reino Unido e em França* ...................................... 627

PEDRO MONIZ LOPES
*O valor jurídico das normas de decisão jurisprudenciais* ............... 645

MARCO CALDEIRA
*Adjudicação e exigibilidade judicial da celebração do contrato administrativo no Código dos Contratos Públicos* .............................. 697

# Artigos doutrinais

# O legislador negativo e o intérprete da Constituição

PROF.ª DOUTORA MARIA FERNANDA PALMA

**1.** Quando Montesquieu atribuiu aos juízes um "poder nulo"[1] não considerava que sentenças de um tribunal pudessem impedir a actividade legislativa, invalidando as próprias leis. Tal repercussão de uma sentença sobre as leis caracteriza, porém, a competência dos tribunais constitucionais. A única hipótese de esse poder não se tornar uma limitação inaceitável do poder legislativo é o facto de se ancorar profundamente numa lógica interpretativa da Constituição, também ela uma lei democrática.

O juiz que «pronuncia as palavras» da Constituição – o juiz constitucional – é apenas um meio de tornar vivo um texto e de o desenvolver para além da actividade legislativa.

Só um método interpretativo rigoroso e controlado limita a invasão pelos tribunais constitucionais da esfera legislativa e impede a actividade judicativa de se tornar um «contra-poder legislativo».

Mas é verdade que a separação de poderes assenta numa metáfora militar, não transmitindo a verdadeira essência das actividades que compõem cada poder.

Essas actividades são, embora de modo diferente, todas elas interpretativas. Na verdade, o legislador é o intérprete da vontade popular – o que não exclui

---

[1] É o pensamento de MONTESQUIEU em *De L'Esprit des Lois* (1746), ed. Garnier Flammarion, 2 vols., 1979, I, p. 298, quando afirma «Des trois puissances dont nous avons parlé, celle de juger est, en quelque façon nulle». Sobre a separação de poderes e o controlo de constitucionalidade, cf., muito recentemente, FRANCISCO F. SEGADO, «Fétichisme de la loi, séparation de pouvoirs e gouvernement des juges – tres ideas-forza para el rechazo del control de constitucionalidad de las leys en Francia (1789-1958)», *Teoria y realidad Constitucional*, n.º 19, 2007, pp. 45-73.

que seja também o seu modelador. O poder judicial, por outro lado, interpreta as leis na decisão de casos, podendo, ao interpretar a própria Constituição, interferir nas condições da vontade democrática – condições da própria validade e consistência da democracia.

Mas podem as sentenças constitucionais produzir os efeitos de um legislador negativo, de um legislador impeditivo? A interpretação constitucional não ultrapassará, pela sua natureza, aquele ponto em que o poder judicativo se converte em poder insustentado?

Ser intérprete da Constituição é a única fórmula que legitima o juiz constitucional e o impede de ser um contra-legislador, um legislador-obstáculo ou negativo. Tal legitimação depende, no entanto, do modo de ser intérprete. O juiz constitucional deverá ser hercúleo, o mais clarividente e plenamente aceite segundo a legitimidade da razão. Pode desenvolver até criativamente a Constituição, mas não pode ultrapassar as barreiras que esta impõe, tal como concluir o fim de uma história já iniciada não deverá ser modificar essa mesma história[2].

Os efeitos das sentenças constitucionais revelam esta tensão entre um legislador negativo que impede a afirmação das leis e um intérprete criativo. Enquanto interpretam a Constituição, as sentenças constitucionais desenvolvem-na perante a questão concreta. O seu efeito imediato é, assim, o de um oráculo que transmite afirmações de validade contidas, embora implicitamente, na Constituição e que criam vias normativas de decisão de casos.

**2.** No Direito português, o efeito fundamental das sentenças constitucionais é invalidar normas legais ou critérios desenvolvidos pelos tribunais que em concreto funcionem como normas[3]. E, em Portugal, por outro lado, efeito das sentenças é, como competência exclusiva do Tribunal Constitucional, possibilitar que normas desaplicadas pelos tribunais com fundamento em inconstitucionalidade ou em certos casos específicos de ilegalidade[4] venham a ser apli-

---

[2] Cf. RONALD DWORKIN, *Law's Empire*, 1989, p. 28 e ss., quando afirma que "os juízes são tanto autores como críticos".

[3] Cfr. artigo 280.º da Constituição da República Portuguesa. Sobre os efeitos das sentenças do Tribunal Constitucional, cfr., em geral, GOMES CANOTILHO, *Direito Constitucional e Teoria da Constituição*, 7.ª ed., 2003, p. 1009 e ss.

[4] Cfr. artigo 280.º, n.º 2, da Constituição e artigo 70.º, n.º 1, alíneas *a*), *c*), *d*), e *i*), da Lei do Tribunal Constitucional. Em certas situações especificadas na Constituição, o Tribunal Constitucional tem competência para controlar a própria legalidade. Trata-se de violação de leis de valor reforçado, de violação do estatuto das regiões autónomas ou da contrariedade a convenção internacional.

cadas, no caso de serem recusados os fundamentos da inconstitucionalidade ou ilegalidade por aquele Tribunal.

O efeito das sentenças constitucionais em sede de recurso concreto de constitucionalidade é, consequentemente, uma interferência na estabilidade dos elementos normativos constitutivos da Ordem Jurídica, num sentido amplo. As sentenças constitucionais controlam o legislador e o juiz intérprete das leis, produzindo efeito de reconstrução ou realização da norma do caso a partir da linguagem de Constituição. Expandem a Constituição, para além dos seus conceitos gerais originários, concretizando-a nas normas do caso, que podem configurar critérios de constitucionalidade ainda não formulados.

Na realidade, não só as sentenças constitucionais proferidas no recurso concreto de constitucionalidade, através das decisões de provimento ou não provimento da impugnação da constitucionalidade de normas, ou da recusa de aplicação de normas por um tribunal com fundamento em inconstitucionalidade ou ilegalidade, atingem directamente a validade das normas legais tal como foram formuladas pelo legislador, como também atingem os critérios normativos de mera formulação jurisprudencial que afectem valores e direitos constitucionais.

O artigo 280.º da Constituição e o artigo 70.º da Lei do Tribunal Constitucional pressupõem este princípio, ao referirem a expressão norma, que conceptualmente, não se confunde com preceito legal[5]. A afectação dos critérios normativos de formulação jurisprudencial não é, no entanto, qualquer controlo de um silogismo decisório como se supõe no recurso de amparo, que não está consagrado no Direito português, diferentemente do que acontece em Espanha ou na Alemanha, mas ainda do "legislador concreto" que o tribunal recorrido acabe eventualmente por ser.

Com efeito, segundo a Lei Constitucional portuguesa, o Tribunal Constitucional decide da validade dos fundamentos normativos de decisões dos tribunais de que se recorre, mas não das próprias decisões, cabendo ao tribunal recorrido reformular, se for esse o caso, a sua decisão de acordo com o juízo de inconstitucionalidade.

Deste modo, o efeito de julgar inválidas normas e dimensões normativas situa-se num plano diverso dos julgamentos do Supremo Tribunal de Justiça quanto à invalidação das decisões dos tribunais recorridos. Não interfere global e directamente com as decisões, mas pode atacá-las a partir da sua substân-

---

[5] Sobre o conceito de norma, ver, por exemplo, CASTANHEIRA NEVES, *Metodologia Jurídica – Problemas Fundamentais*, 1993, p. 143 e ss., e ARTHUR KAUFMANN, *Recthsphilosophie*, 1997, p. 75 e ss..

cia fundamentadora de raiz constitucional. E, como, no que se refere às questões de constitucionalidade normativa, as decisões do Tribunal Constitucional fazem caso julgado formal[6] no processo, não podem os tribunais recorridos deixar de reformular as decisões com respeito absoluto pela decisão do Tribunal Constitucional, nas duas situações anteriormente referidas. A referida reformulação é, porém, como se disse, uma reconstituição das peças elementares de uma concreta ordem jurídica, as suas normas, em função de uma dinâmica de interpretação da Constituição.

**3.** Pressuposto desta configuração dos poderes do Tribunal Constitucional português é, na verdade, a perspectiva de que, no *direito vivo*, tal como ele é praticado nos tribunais, a formulação da norma do caso concreto (que no fundo corresponde a uma "dimensão normativa") é segundo a natureza da interpretação jurídica um poder do intérprete, constitutivo do Direito.

Por isso, o Tribunal Constitucional tem de estender a sua competência de controlo àquelas formulações normativas. Se um tribunal decide que uma lei que prevê a sucessão no arrendamento após falecimento do arrendatário do «cônjuge» exclui (ou inclui) o companheiro em união de facto, define uma dimensão normativa, através da interpretação, que não estava explicitamente delimitada como *dever ser* na formulação legal. Mesmo que recorra a raciocínios analógicos, a partir dos princípios legais, gera uma norma que desenvolve a lei e que não pode coerentemente ser subtraída ao controlo de constitucionalidade.

Por outro lado, no cerne do controlo constitucionalidade está também a possibilidade de concluir que uma interpretação mais restritiva (ou até o não desenvolvimento analógico) pelo intérprete contrarie a Constituição, como aconteceria no caso de um direito reconhecido ao cônjuge não ser extensível ao companheiro em união de facto ou o direito reconhecido aos indivíduos do sexo masculino não ser reconhecido aos do sexo feminino[7]. Assim, o con-

---

[6] Como diz GOMES CANOTILHO, as decisões do Tribunal Constitucional fazem caso julgado formal, na medida em que exaurem a possibilidade de renovação da questão e caso julgado material na medida em que, no processo não pode ser proferida decisão por aquele ou outro Tribunal que interfira com o julgamento de constitucionalidade. Cfr. GOMES CANOTILHO, *Direito Constitucional*, ob., cit., p.1009.

[7] Cfr. Acórdãos do Tribunal Constitucional n.ºs 359/91, DR I Série de 15/10/91 (atribuição de casa de morada de família a unidos de facto) e 122/96, em *Acórdãos do Tribunal Constitucional,* vol. 35, p. 557 (não discriminação dos filhos nascidos fora do casamento) e ainda o Acórdão n.º 118/2001, em *Acórdãos do Tribunal Constitucional*, vol. 49, p. 489 (referente a uma norma interpretada no sentido de excluir do seu âmbito de aplicação os danos morais resultantes de separação de facto)

trolo de constitucionalidade tem uma dinâmica de reconstrução da própria norma do caso pelo tribunal[8].

É claro que a norma do caso será praticamente a formulação legal, se o tribunal *a quo* desenvolver uma actividade interpretativa muito restrita. Mas, sempre que os raciocínios analógicos se tornem dominantes, a norma do caso autonomiza-se como texto ou se quisermos até como acto locucinário e ilocucinário[9], na perspectiva hermenêutica.

Deste modo, a analogia inerente à actividade interpretativa dos tribunais revela a vertente de criação normativa da actividade judicial.

Esta percepção das coisas tem conduzido ainda o Tribunal Constitucional português, em importantes decisões, a admitir o controlo de constitucionalidade da analogia em matéria penal, em face da proibição da analogia quanto às normas penais positivas decorrente do princípio da legalidade penal[10].

Embora com divergência acentuada entre as secções do Tribunal Constitucional, que se têm dividido nesta matéria, veio a afirmar-se, numa das secções, a posição de que o controlo da analogia proibida em matéria penal corresponde ainda a um controlo de normas, à interferência com a decisão a partir dos respectivos critérios normativos, e não apenas a um controlo de decisões judiciais.

Com efeito, a criação pelo intérprete de uma norma do caso por analogia em matéria penal corresponde a uma espécie de inconstitucionalidade orgânica atípica[11], revelando exactamente uma apropriação pelo tribunal de uma função de criação de normas, em matéria penal, dada a própria reserva de competência legislativa na definição de crimes prevista na Constituição[12].

Seria uma lacuna grave que o sistema de controlo de constitucionalidade normativa não abarcasse no controlo último de constitucionalidade pelo Tri-

---

[8] Cfr., sobre tal tipo de casos, os Acórdãos do Tribunal Constitucional n.ºs 143/85, de 30 de Julho; 191/88, de 20 de Outubro; 231/94, de 9 de Março; 545/99, de 23 de Outubro. Ver JORGE MIRANDA, *Manual de Direito Constitucional*, 2001, tomo VI, p. 73 e ss.; VITALINO CANAS, *Introdução às decisões de provimento do Tribunal Constitucional*, 2ª ed., 1994, p. 100 e ss.; BLANCO DE MORAIS, *Justiça Constitucional*, 2005, II, p. 322 a 441.
[9] Sobre essa distinção, com simplicidade e clareza, PAUL RICOEUR, *Teoria da Interpretação* (trad. port. Artur Morão), 1976, p. 25 e ss..
[10] Cfr. Acórdãos do Tribunal Constitucional n.ºs 205/99 e 258/99, DR II Série, de 5 de Novembro e 2 de Outubro, respectivamente. Ver, acerca de tal questão, RUI MEDEIROS, *A decisão de inconstitucionalidade. Os autores, os conteúdos e os efeitos da decisão de inconstitucionalidade*, 1998, p. 358 e ss.. e FERNANDA PALMA, *Direito Constitucional Penal*, 2006, p. 99 e ss..
[11] Cfr. Acórdão do Tribunal Constitucional n.º 205/99, citado na nota antecedente.
[12] Artigo 165.º, n.º 1, alínea *b*), da Constituição.

bunal Constitucional, em sede de fiscalização concreta, uma importante parcela dos "resultados normativos" da interpretação das leis penais, na verdade as normas do caso, produzidas pela analogia e o decisivo confronto desta interpretação com o mais estruturante princípio constitucional do Direito Penal, o princípio da legalidade

Mas esta questão, que tem igualmente pertinência em matéria fiscal[13], revela que, sendo, pela sua natureza, a actividade judicativa interpretação da lei em função da interpelação dos problemas suscitados pelos casos concretos, os raciocínios analógicos que caracterizam esta actividade[14] não poderiam ser subtraídos a um qualquer controlo externo de constitucionalidade, diferentemente do que se passaria com as normas emanadas do legislador, que estão sujeitas à fiscalização de constitucionalidade.

Se os tribunais não são "a boca que pronuncia as palavras de lei", então terão de deter, no equilíbrio da separação de poderes, um controlo das normas que emitem, através das suas decisões, tal como o próprio legislador.

**4.** Mas esta via de um controlo de constitucionalidade normativa que é atribuída em fiscalização concreta de constitucionalidade ao Tribunal Constitucional, apesar de não corresponder ao poder de invalidação global de decisões concretas, não sendo um controlo das decisões em si, pressupõe, para se exercer coerentemente, poderes de delimitação do objecto do pedido e interpretação das decisões recorridas.

E este poder é uma competência fundamental do Tribunal Constitucional em matéria de controlo de constitucionalidade que não faz apenas do Tribunal Constitucional a última instância, mas uma instância de controlo definitivo. Com efeito, a identificação da dimensão normativa questionada e da norma efectivamente aplicada não é livre e arbitrariamente decidida nem pelo recorrente nem pelo tribunal recorrido. Este último não pode ocultar, fora dos cânones da ciência jurídica, a concreta norma do caso nem pode através de um discurso formal transfigurar a real *ratio decidendi* ou transfigurar uma efectiva, mas impeditiva, recusa de aplicação de uma norma aplicável numa aplicação de norma distinta.

Entre todos os efeitos das sentenças constitucionais, este poder de delimitação da parte do objecto da questão de constitucionalidade que decorre da

---

[13] A proibição da analogia em matéria fiscal ancora-se no artigo 103.º, n.º 2, da Constituição
[14] A interpretação será mesmo, segundo ARTHUR KAUFMANN, analogia (cfr. *Analogie und Natur der Sache, Zugleich ein Beitrag zur lehre vom Typus*, 2.ª ed., 1982, p. 37 e ss..)

interpretação da decisão recorrida, impondo-se ao recorrente e ao tribunal recorrido, torna o controlo de constitucionalidade nos recursos concretos um poder que atinge o âmago da relação entre o poder legislativo e judicial. Esta competência resulta de uma possibilidade de o juízo de constitucionalidade ser auto-referente[15], isto é, absorver na sua lógica todo o material das sentenças recorridas e produzir ou corrigir a respectiva linguagem nos termos de uma significação outorgada pelo intérprete – juiz constitucional.

Trata-se, simultaneamente, de um controlo da "verdade normativa", do *direito vivo* dos tribunais, na sua dimensão de Direito em sentido próprio, isto é, na sua qualidade normativa de edificação de um critério geral, aceitando que o Direito existe para além da lei e de uma subordinação da linguagem das sentenças, por vezes construída por falsas etiquetas, a uma desconstrução pelo intérprete constitucional.

Em suma, embora não seja normalmente catalogável como efeito das sentenças constitucionais, esta complexa competência transmite às decisões do Tribunal Constitucional o importante efeito de reformulação do Direito do caso e é condição de determinação dos limites do caso julgado[16-17].

Um tal efeito, produzido pela definitiva interpretação da *ratio decidendi* realizada pela instância suprema em matéria de constitucionalidade, introduz-nos ao tema tradicional do caso julgado em sede de decisões de constitucionalidade[18].

---

[15] Utilizo aqui a ideia de um sistema auto-referente ou auto-poiético, como sistema fechado que funciona através de critérios e fins formulados internamente, cfr. NIKLAS LUHMANN, *Soziale Systeme, Grundriss einer allgemeinen Theorie*, 1.ª ed., 1984 e GUNTER TEUBNER, *O Direito como sistema autopoético*, trad. de Engrácia Antunes, 1984.

[16] Cfr., sobre a delimitação interpretativa do objecto do recurso pelo Tribunal Constitucional, entre muitos outros, os Acórdãos n.ºs 172/2001, de 18 de Abril, publicado no DR, II Série, n.º 132, de 7 de Junho de 2001; 96/2002, de 27 de Fevereiro, publicado no DR, II Série, n.º 203, de 3 de Setembro e ainda Acórdãos n.ºs 605/94, de 22 de Novembro; 428/06, de 11 de Julho; 103/2007, de 13 de Fevereiro; 216/2007, de 23 de Março, publicados em *www.tribunalconstitucional.pt/tc/acordaos*.

[17] Sobre tal tema, cfr. PAULO OTERO, *Ensaio sobre o caso julgado inconstitucional*, 1993 e ISABEL ALEXANDRE, «O caso julgado na jurisprudência constitucional portuguesa», *Estudos em Homenagem a José Manuel Cardoso da Costa*, 2002, p. 11 e ss.. Discutindo a aplicabilidade do caso julgado no processo constitucional, cfr. Mª CARMEN BLASCO SOTO, «Reflexiones en torno de la fuerza de cosa juzgada en la sentencia dictada en cuestión de inconstitucionalidad», *Revista Española de Derecho Constitucional*, ano 14, n.º 41, 1994, p. 35 e ss..

[18] Cfr. GOMES CANOTILHO, ob.cit., p. 943; M. GALVÃO TELLES, «A competência da competência do Tribunal Constitucional», *Legitimidade e legitimação da justiça constitucional*, p. 115; A. ROCHA MARQUES, «O Tribunal Constitucional e os outros tribunais: a execução das decisões do Tribunal Constitucional», *Estudos sobre a jurisprudência do Tribunal Constitucional*, p. 465; MARIA DOS

**5.** O efeito de caso julgado das sentenças e decisões sobre uma questão de constitucionalidade tem uma expressão próxima do caso julgado processual comum nos recursos de constitucionalidade em fiscalização concreta e uma expressão apenas paralela, mais complexa, nas declarações de constitucionalidade produzidas em fiscalização preventiva e sucessiva de constitucionalidade.

Quando se trate de recursos de constitucionalidade, em fiscalização concreta, surgem três situações diferenciáveis: o julgamento de inconstitucionalidade de uma norma, num concreto processo, que tem como consequência a definitiva solução da questão e a necessária reformulação da decisão recorrida de acordo com aquele julgamento; o julgamento sobre uma recusa de aplicação de norma pelo tribunal recorrido com fundamento em inconstitucionalidade; e o não julgamento de inconstitucionalidade, o qual como uma «não decisão de inconstitucionalidade» não impede futura decisão de constitucionalidade no mesmo processo.

Na primeira situação, há um verdadeiro caso julgado no processo (artigo 80.º, n.º 2, da Lei do Tribunal Constitucional), que impede o tribunal *a quo* de voltar a aplicar a norma inconstitucional ou de a interpretar contra o juízo de inconstitucionalidade. Isso justificará, se se verificarem mais duas decisões semelhantes em processos diferentes, uma declaração de inconstitucionalidade com força obrigatória geral, que erradicará a norma do ordenamento jurídico (artigo 80.º, n.º 1, da Lei do Tribunal Constitucional).

Também a segunda situação referida impõe, na hipótese de não verificação do fundamento de inconstitucionalidade invocado, uma reformulação da decisão, aplicando-se a norma recusada e definitivamente julgada não inconstitucional no processo concreto.

Por outro lado, o Tribunal Constitucional pode também controlar a violação do caso julgado que as suas decisões produzem. Tal poder surge como consequência deste efeito de caso julgado ínsito naquele preceito e mesmo para além da competência geral de controlo prevista na Constituição (artigo 220.º, n.º 5) e na Lei do Tribunal Constitucional [artigo 70.º, alínea *h*), que se refere à possibilidade de recurso das decisões que apliquem norma já julgada inconstitucional pelo próprio Tribunal Constitucional]. É essa a prática, fundamentada doutrinariamente[19]. A sua justificação decorre da concepção de um sis-

---

PRAZERES BELEZA, «Admissibilidade de um recurso autónomo para o Tribunal Constitucional por violação do caso julgado», *Estudos em Homenagem à Professora Doutora Magalhães Collaço*, 2002, vol. II, p. 479 e ss..

[19] Cfr., muito sugestivamente, MARIA DOS PRAZERES BELEZA, «Admissibilidade de um recurso autónomo para o Tribunal Constitucional por violação do caso julgado», text. cit..

tema completo e auto-referente do controlo de constitucionalidade na ordem jurídica portuguesa.

Se o resultado do julgamento de constitucionalidade no recurso for um não pronunciamento pela inconstitucionalidade, o efeito correspondente ao de caso julgado no processo é apenas o trânsito da decisão recorrida, se estiverem esgotadas outras vias de recurso diversas do recurso de constitucionalidade (artigo 80.º, n.º 4, da Lei do Tribunal Constitucional).

Em todo o caso, nada impede que, suscitada num recurso ordinário de novo a inconstitucionalidade da mesma norma, essa outra instância a considere como tal. Nesse caso, se tiver sido produzida uma decisão de inconstitucionalidade pelo tribunal comum, caberá ao Ministério Público recurso obrigatório para o Tribunal Constitucional [artigo 280.º, n.º 5, da Constituição e artigo 70.º, alínea a), da Lei do Tribunal Constitucional].

E, nessa situação, nada impede que acabe por existir um julgamento de inconstitucionalidade em face de novos argumentos ou de alteração da posição do Tribunal Constitucional, entretanto questionado.

Em suma, uma decisão de não provimento só de modo enfraquecido tem um efeito de caso julgado, não impedindo, afinal, em absoluto, que venha, ainda no mesmo processo, a ser julgada inconstitucional a mesma norma. Todavia, também neste caso haverá sempre a possibilidade de um recurso para o Tribunal Constitucional, reunido em plenário, para que se produza uma jurisprudência uniforme (artigo 79.º-D, n.º 1, da Lei do Tribunal Constitucional). Mais uma vez se verifica que há uma lógica de sistema auto-referente na organização do controlo de constitucionalidade.

**6.** No elenco dos efeitos das sentenças constitucionais, proferidas pelo Tribunal Constitucional, deve mencionar-se, também, o que resulta da interpretação conforme à Constituição, prevista no artigo 80.º, n.º 3, da Lei do Tribunal Constitucional[20].

Em certas situações, impõe-se ao Tribunal uma decisão de teor interpretativo, que julgará uma norma adequada à Constituição apenas em certa interpretação e rejeitará outra ou outras interpretações não conformes.

A imposição que decorre para o tribunal recorrido é a aplicação da norma em causa na dimensão adequada à Constituição, afastando a formulação

---

[20] Sobre tal tema, cfr. RUI MEDEIROS, *A decisão de inconstitucionalidade...*, ob. cit., p. 363 e ss.. e, em geral, GOMES CANOTILHO, ob. cit., p. 1009 e ss. e 1023 e ss..

inconstitucional que aplicara ou qualquer outra diversa daquela que o Tribunal Constitucional tenha considerado estritamente conforme à Constituição.

Tais decisões interpretativas não são decisões de inconstitucionalidade, na medida em que a norma não é em si mesma considerada inconstitucional, mas ainda considerada válida numa certa interpretação. Como só é legítimo deixar de aplicar a lei com fundamento em inconstitucionalidade, o tribunal recorrido tem o dever de reformar a decisão, aplicando a norma em causa interpretada nos termos ditados pelo Tribunal Constitucional.

Uma decisão de teor interpretativo não é uma decisão de acolhimento em sentido próprio, mas também não constitui uma verdadeira rejeição do recurso de constitucionalidade, sendo antes uma categoria híbrida, que interfere com a própria tarefa interpretativa do tribunal *a quo*, conformando-a. Como não se trata de uma decisão de inconstitucionalidade, não é possível ser fundamento de uma generalização de inconstitucionalidade, no caso de julgamentos semelhantes em processos diferentes, nos termos do artigo 281.°, n.° 3, da Constituição.

Numa decisão interpretativa, há, porém, sempre uma dimensão implícita de julgamento de inconstitucionalidade da norma com a configuração normativa rejeitada, de modo que só se justifica esta solução, em casos de só existir uma interpretação da norma conforme com a Constituição aplicável no caso concreto. Só nesse caso os poderes do Tribunal Constitucional não extravasariam o puro controlo de constitucionalidade e se tornariam poderes de formulação legislativa, de um legislador negativo.

**7.** Por outro lado, os efeitos de uma declaração de inconstitucionalidade, em fiscalização preventiva ou em fiscalização sucessiva, *a posteriori*, são directamente regulados na Constituição.

Prevendo o sistema constitucional português uma fiscalização prévia, *ex ante*, da constitucionalidade de leis, uma declaração de inconstitucionalidade tem pura e simplesmente como efeito, nos termos do artigo 279.°, a não entrada em vigor do diploma, devendo obrigatoriamente ser vetado pelo Presidente da República ou pelo Representante da República, conforme se trate de diploma da Assembleia da República ou de Assembleia Regional (artigo 279.° da Constituição).

Constituiu-se, então, uma obrigação constitucional de expurgar do diploma a norma julgada inconstitucional pelo órgão que a produziu.

A harmonização entre o efeito da declaração de inconstitucionalidade e os poderes parlamentares faz-se através de um mecanismo que opera em dois tempos: numa primeira fase dá-se o expurgo ou a confirmação por maioria de dois terços dos deputados presentes (desde que superior à maioria absoluta dos Deputados em efectividade de funções). Nesse caso, a confirmação parlamentar sobrepõe-se à decisão de inconstitucionalidade, sem mais. No caso de expurgo, numa segunda fase, a Constituição admite nova fiscalização preventiva de constitucionalidade (artigo 279.º, n.º 3)[21].

Note-se que a opção pela estabilidade parlamentar não tem significado, no caso português, desrespeito pelas decisões do Tribunal Constitucional. Tal facto revela uma boa compreensão política da solução constitucional.

A desautorização do Tribunal Constitucional só seria, aliás, justificável em situações excepcionais de manifesto abuso dos poderes de fiscalização pelo Tribunal Constitucional, em função dos próprios valores constitucionais. A confirmação deveria, assim, ser entendida sempre como um acto de interpretação da Constituição, embora através dos representantes do poder político e não como uma pura decisão política.

**8.** Em matéria de fiscalização abstracta sucessiva da constitucionalidade, regulada no artigo 281.º da Constituição, prevêem-se rigorosamente como efeitos de decisão, a erradicação da norma inconstitucional, desde a sua entrada em vigor, e a repristinação das normas que a norma inconstitucional, eventualmente, haja revogado (artigo 282.º, n.º 1, da Constituição).

Há, assim, em suma um duplo efeito da declaração de inconstitucionalidade: a supressão de norma inconstitucional *ex nunc* e a repristinação das normas revogadas por aquela.

O artigo 282.º, n.º 3, ressalva, nesse sentido, o caso julgado, salvo decisão em contrário, em matéria penal. E o artigo 282.º, n.º 4, permite até que o Tribunal Constitucional, por razões de segurança jurídica, equidade ou interesse público de excepcional relevo, fundamentados, fixe efeitos mais restritos quanto à decisão de inconstitucionalidade, possibilitando que não sejam abrangidas situações materiais contempladas pela norma inconstitucional.

Questão interessante que se suscita é a que se refere à possibilidade de reabertura do caso julgado em matéria penal, disciplinar ou de ilícito de mera ordenação social, quando a norma inconstitucional for de conteúdo menos favorável ao arguido (artigo 282.º, n.º 3 da Constituição).

---

[21] Sobre este regime, cfr. GOMES CANOTILHO, ob. cit., p. 1029 e ss.; MARCELO REBELO DE SOUSA, *Constituição da República Portuguesa Comentada*, Anotação ao art. 278.º; CARDOSO DA COSTA, «A jurisdição constitucional», p. 56 e ss. e, por todos, JORGE MIRANDA, *Manual de Direito Constitucional*, 2001, VI, p. 235 e ss..

A norma contida no artigo 282.º, n.º 3, da Constituição está desenhada como uma faculdade do Tribunal Constitucional fundamentada no princípio da aplicação da lei penal mais favorável numa sucessão de leis penais no tempo. No entanto, em rigor, a lei inconstitucional (menos favorável), por não ser válida, não consta de uma verdadeira sucessão de leis penais e, por isso, a protecção do caso julgado ofenderia não tanto o artigo 29.º, n.º 4, da Constituição, que consagra o princípio da aplicação da lei penal mais favorável, numa sucessão de leis penais como o próprio princípio da legalidade, já que uma norma penal incriminadora inconstitucional não poderia fundamentar qualquer decisão judicial de qualificação dos factos, pois seria uma incriminação *sine lege praevia*.

A reabertura do caso julgado, quanto a normas incriminadoras inconstitucionais é, com efeito, uma decorrência dos princípios de legalidade e do Estado de Direito consagrados, respectivamente, nos artigos 29.º e 2.º da Constituição.

Por isso, a salvaguarda de decisão em contrário prevista no preceito constitucional é sistematicamente aberrante, sobretudo no caso em que a lei penal inconstitucional é menos favorável. Na verdade, a protecção do caso julgado em tais hipóteses colide com a estrutura fundamental da legalidade e do Estado de Direito.

A única interpretação que evita esta disfuncionalidade do referido poder do Tribunal Constitucional é a que lhe atribui a natureza de um poder vinculado exclusivo do próprio Tribunal.

Diferentemente se coloca o problema de ressalva do caso julgado em matéria de leis penais inconstitucionais mais favoráveis.

Ao contrário da situação anterior, resulta do artigo 282.º, n.º 3, que se preserva o caso julgado e que os efeitos da declaração de inconstitucionalidade são exclusivamente *ex nunc*. Deste modo, a lei penal inconstitucional mais favorável não levaria à repristinação de lei penal anterior, mantendo, por exemplo, uma não incriminação (se for uma lei descriminalizadora) ou a atenuação da pena determinada pela lei inconstitucional.

Questão que subsiste, porém, é a de saber se uma lei mais favorável inconstitucional se pode aplicar ainda retroactivamente, nos termos do princípio consagrado no artigo 29.º, n.º 4, de aplicação retroactiva da lei penal mais favorável[22].

---

[22] Cfr. JORGE MIRANDA, «Os princípios constitucionais da legalidade e da aplicação da lei penal mais favorável em matéria penal», O Direito, 1989, IV, p. 699 e ss.; RUI PEREIRA, «A relevância da lei penal inconstitucional de conteúdo mais favorável», *Revista Portuguesa de Ciências Criminais*, I, 1991, p. 55 e ss.; e FERNANDA PALMA, *Direito Constitucional Penal*, cit., p. 103, n.º 87.

A solução para o problema tem dois parâmetros insuperáveis: o princípio da legalidade e a confiança nas leis ancorada no princípio do Estado de Direito.

Na verdade, uma lei inconstitucional é inválida e, por isso, não faz parte efectiva de uma sucessão de leis válidas no tempo[23]. No entanto, esse rigor argumentativo esqueceria que uma lei penal inconstitucional mais favorável contém orientações de acção que podem ter determinado expectativas de não punição e enfraquecido – ou mesmo anulado – uma motivação adequada ao princípio da culpa[24].

Assim, sempre que uma lei penal seja mais favorável do que a lei represtinável por ela revogada deverão ser salvaguardados os casos julgados em função da confiança gerada; e, mesmo sem caso julgado, se tal lei foi inevitavelmente orientadora da conduta do agente, devem ser os seus critérios mais favoráveis a prevalecer. Trata-se basicamente de uma das exigências do Estado de Direito e do princípio da culpa.

**9.** Atingido este ponto, num breve balanço do sistema português sobre os efeitos das decisões de constitucionalidade, poderemos concluir que tais efeitos são implicações da realização da Constituição nos casos ou nas leis concretas. A Constituição pronuncia, através do poder dos juízes, os critérios concretos de uma racionalidade de limitação do poder do Estado pelo seu Direito. Esse Direito, no caso português, e muito por força da elevada consciência dos direitos fundamentais pelo Tribunal Constitucional, tem-se tornado um Direito justificado pelos valores da dignidade da pessoa e da democracia.

O juiz constitucional é, no fundo, a «boca que pronuncia», no caso concreto, as palavras da Constituição. Por isso não é um legislador obstáculo.

Porém, a jurisdição constitucional não representa, como se verificou, um poder nulo, no sentido da configuração da Ordem Jurídica. Controlando a actividade de criação normativa dos tribunais, reconhece o *direito vivo* e pode recriá-lo ou reescrevê-lo de acordo com a Constituição. Na actividade de controlo, dentro dos limites consentidos pela lógica da interpretação jurídica, as decisões constitucionais confirmam, alteram ou rejeitam a norma do caso ou impõem ao legislador uma resposta adequada à Constituição[25].

---

[23] Assim RUI PEREIRA, text. cit., p. 55 e ss..
[24] Cfr. JORGE MIRANDA, text.cit., p. 699 e ss.; e ainda TAIPA DE CARVALHO, *Sucessão de leis penais*, 1990, p. 289 e ss..
[25] O que acontece, manifestamente, através da possibilidade de reconhecimento da inconstitucionalidade por omissões legislativas, prevista no artigo 283.º da Constituição.

# *Clonagem — Uma abordagem ética e legal**

JUIZ CONSELHEIRO SEBASTIÃO PÓVOAS

"Se têm a verdade guardem-a"
Álvaro de Campos (Lisbon revisited)

SUMÁRIO: *1. Introdução. 2. Percurso internacional. 3. Evolução entre nós. 4. Regime legal. 5. Questões éticas, morais e outras. 6. Conclusões.*

## 1. Introdução

Por ser tema de premente actualidade com largas implicações éticas, científicas e, seguramente, legais, faremos uma breve abordagem sobre a manipulação genética ou embrionária[1].

Antes do mais, devo fixar, com o rigor possível, a terminologia a utilizar para evitar conceitos imprecisos.

Assim, será:

– *Genoma humano*, o património genético de um ser humano identificando-o como a espécie a que pertence;
– *Clonagem de embriões*, reprodução de células embrionárias, portanto do embrião humano;

---

* O presente texto corresponde a parte de uma palestra proferida pelo Autor num colóquio sobre PMA na Universidade do Minho em 11 de Abril de 2008.
[1] Para uma análise mais geral, cfr. OLIVEIRA ASCENSÃO, "Sobre a Procriação Medicamente Assistida", ROA 67, Dezembro de 2007 e GUILHERME DE OLIVEIRA, *Temas de Direito da Medicina*, I, Coimbra, 1999.

- *Transferência nuclear*, técnica em que o material genético de uma célula embrionária é transferido para um ovócito (fertilizado ou não) ao qual foi retirado o correspondente património genético nuclear;
- *Clonagem por transferência somática nuclear*, reprodução genética de células de seres humanos adultos e não de embriões;
- *Clonagem reprodutiva*, a que tem por objectivo essencial a reprodução humana, por exemplo, com melhoria da eficiência das técnicas de fertilização "in vitro";
- *Clonagem não reprodutiva, ou terapêutica* – quando se pretende o tratamento e, eventualmente, a cura de doenças graves para as quais não existe terapêutica disponível[2];
- *Células tronco-embrionárias*, as de até 14 dias – embora alguns cientistas reduzam esse termo para a fase de blastocisto, ocorrendo cerca de 5 dias depois da fecundação de um óvulo feminino por um espermatozóide masculino – é um tipo de célula tronco pluripotente (capaz de originar todos os tecidos de um individuo adulto) que cresce "in vitro" na forma de linhagens celulares derivadas de embriões humanos;
- *Célula tronco adulta*, tipo de célula tronco obtida de tecidos após a fase embrionária (feto, recém nascido ou adulto);
- *Embrião*, o ser humano nas primeiras fases de desenvolvimento, isto é, desde o fim da segunda até ao final da oitava semana, quando termina a morfogênese geral;
- *Feto*, organismo humano em desenvolvimento, no período que vai da nona semana de gestação ao nascimento.

---

[2] Importa, no entanto e desde já, fazer notar que certos autores, muito citados aquando da discussão das propostas de uma Convenção sobre clonagem nas Nações Unidas, insistiam ser "enganosa" a distinção entre clonagem"terapêutica" e "experimental".
Afirmava-se que as duas estão ligadas de forma inextrincável: por um lado, a clonagem terapêutica ou experimental, não mais é, essencialmente, do que criar um embrião humano com o propósito de o matar para extrair células tronco, colocando, dessa forma, o valor da pesquisa e da experimentação acima da vida humana; depois, existem outros caminhos para desenvolver novas terapias, incluindo o uso de células tronco adultas, que não representa a mesma ameaça à dignidade humana apresentada pela clonagem de embriões humanos; finalmente, permitir que embriões sejam criados legalmente para um propósito declarado, de pesquisa, significa que eles existirão e, portanto, a possibilidade de desvio para fins reprodutivos aumenta enormemente.

## 2. Percurso internacional

A Convenção de Oviedo (Convenção para a Protecção dos Direitos do Homem e da Dignidade do Ser Humano face às aplicações da Biologia e da Medicina: Convenção sobre os Direitos do Homem e da Biomedicina, do Conselho da Europa, de 4 de Abril de 1997, ratificada por Portugal pela Resolução da Assembleia da República n.º 1/2001) afirma no Protocolo Adicional de 12 de Janeiro de 1998 a proibição da clonagem de seres humanos.

Já antes, a Carta dos Direitos Fundamentais da União Europeia (n.º 2 do artigo 3.º) proibira a clonagem para fins reprodutivos.

No V "Programa Quadro de Investigação" da União Europeia para o período de 1998-2002 houve, segundo Romano Prodi, o objectivo de encontrar um ponto de equilíbrio entre os padrões éticos rigorosos baseados na recusa da exploração do corpo humano para fins comerciais e o dever de ir ao encontro das necessidades terapêuticas.

O executivo comunitário ainda aguardava as conclusões do "Grupo Europeu de Ética, de Ciência e Novas Tecnologias", que emitiu parecer – n.º 12, de 23 de Novembro de 1998 – sobre a emenda n.º 36 na qual o Parlamento Europeu propunha se excluíssem dos fundos comunitários projectos de investigação que implicassem a destruição de embriões humanos.

"Inter alia", concluiu que:

– O embrião humano deve ter protecção legal, independentemente da sua conceptualização sob os pontos de vista moral e jurídico;
– O respeito pela identidade dos vários países da União Europeia não impede que se afirme a necessidade de colocarem sob muito rigoroso controlo público as pesquisas com embriões garantindo-lhes a máxima transparência como forma de impedir experiências arbitrárias.

O Parecer n.º 15, de 14 de Novembro de 2000, enfatizou, que a investigação sobre células humanas acarreta preocupações éticas e riscos de instrumentalização e até de comercialização de embriões.

Sugeriu, então, uma abordagem cautelosa e a necessidade de um debate público alargado.

Em Julho do ano anterior o Parlamento Europeu aprovara – por uma escassa margem de 7 votos e com 43 abstenções – uma resolução que se traduziu na condenação da clonagem para fins terapêuticos[3].

---

[3] Afirmou-se na deliberação que essa prática, por implicar a geração de embriões humanos para exclusivos propósitos de investigação, é contrária às políticas da União Europeia.

Na ocasião, esclareceu em comunicado que embora não condenasse a investigação cientifica no domínio da biotecnologia, desde que controlada por restrições éticas e sociais, recomendava à Comissão Europeia, que não fosse financiado com verbas do V Programa Quadro de Investigação, nenhum instituto envolvido na clonagem de embriões humanos. (cf. a Directiva 2001/20/EC, do Parlamento Europeu e do Conselho, de 4 de Abril de 2001).

Não obstante, o Parlamento Britânico aprovou, em 19 de Dezembro de 2000, lei ("Human Fertilisation and Embriology Act) a permitir a investigação científica com células percursoras retiradas de embriões humanos para desenvolver novas terapias.

Ali, a equipa liderada por Ian Wilmut, o cientista britânico que ficou conhecido como o "pai da ovelha Dolly", foi autorizada a clonar embriões humanos para investigar uma doença que afecta o sistema neurológico, ao nível do controlo motor.

A autorização anunciada pela Autoridade para a Fertilização e Embriologia do Reino Unido, foi concedida pela segunda vez, em Agosto de 2004, a uma equipa da Universidade de Newcastle, que recebeu luz verde para clonar embriões, no âmbito de investigação para tratamento da diabetes.

Uma outra licença foi atribuída durante um ano a Wilmut e aos seus colegas Paul de Sousa, do Instituto Roslim (Edimburgo) e Christopher Shaw, do King's College de Londres.

Os investigadores colheram algumas células de pessoas portadoras de esclerose lateral amiotrófica, também conhecida como "doença de Lou Gherig", usando o seu património genético, contido no núcleo celular, para clonar embriões, em laboratório.

O núcleo das células, onde está o ADN, foi transferido para um ovócito previamente esvaziado do seu próprio núcleo.

Utilizando esta técnica de transferência nuclear (a utilizada para clonar a ovelha Dolly), os cientistas criam embriões cujo património genético é exactamente igual ao dos doentes que sofrem da doença neurológica.

O objectivo desta experiência é deixar o embrião desenvolver-se meia dúzia de dias, até ser uma bola microscópica, destruindo-o, então, para colherem células estaminais embrionárias.

E apelou a todos os Estados membros para que aprovassem legislação proibitiva de investigação em qualquer tipo de clonagem humana no seu território, sancionando-a penalmente.
Em 10 de Março de 2005 o Parlamento Europeu, saudando a Resolução da AGNU, adiante referida, condenou o tráfico de embriões, na perspectiva de protecção da mulher, e recomendou à Comissão a exclusão da clonagem humana do orçamento do 7.º Programa de Investigação.

Essas células, que têm capacidade de se transformarem em todo o tipo de células que formam um organismo adulto, vão ser cultivadas em laboratório, para produzir neurónios.

Os neurónios assim obtidos serão comparados com os de pessoas que não sofrem da doença procurando avaliar quais as diferenças genéticas que estão na origem da doença neurológica, e de que forma afectam o funcionamento e o desenvolvimento dos neurónios.

O Professor Wilmut admitiu que estes estudos são polémicos e enfrentam grande oposição.

No entanto, explicou que os embriões alvo de experiências são tão pequenos que não se podem sequer ver sem a ajuda de um microscópio.

Segundo a revista "New Scientist", "este é potencialmente um grande passo em frente para a investigação sobre esta doença"[4-5].

---

[4] Actualmente no Reino Unido decorre um vivo debate politico a propósito da lei que já passou na Câmara dos Lordes e permite a pesquisa médica em embriões de animais e humanos injectando células animais ou ADN em embriões humanos ou células humanas em ovócitos animais.
Tal tem vindo a ser defendido pelo Ministro da Saúde, Alan Jonhson, que insiste ser um instrumento vital para combater doenças como a fibrose cística e doenças neuro motoras.
O PM Gordon Brown também está pessoalmente muito interessado na legislação, uma vez que um dos seus filhos sofre de fibrose cística.
Mas os líderes católicos defendem que os embriões híbridos, conhecidos por "chimeras", devem ser visto como seres humanos.
O Cardeal Keith O´Brien pediu aos Ministros católicos que votem contra a nova lei. Disse que esta representa um ataque monstruoso aos direitos, dignidade e vida humana.
Também o Reverendo Peter Smith, do País de Gales, solicitou ao Primeiro-Ministro um debate mais aprofundado e liberdade de voto sobre esta lei.
O Ministério da Saúde britânico afirmou que somente introduziram as novas medidas depois de ouvidos atentamente todos os argumentos da comunidade científica afirmando que: "Haverá um limite de 14 dias no desenvolvimento dos embriões e estes não poderão ser colocados em nenhuma mulher ou animal. Isto não é uma questão de "criar monstros". É pura pesquisa laboratorial tendo em vista o aumento de conhecimento e descoberta de possíveis tratamentos e cura para algumas doenças."
[5] A 19 de Maio de 2008, o Parlamento Britânico decidiu (com 336 votos a favor e 176 contra) autorizar a criação de embriões híbridos (humanos e animais).
O Primeiro Ministro Gordon Brown foi o grande impulsionador, invocando que é muito importante encontrar tratamentos eficazes para doenças como Alzheimer e Parkinson.
Apesar da vasta oposição (que incluiu lideres da igreja católica e até Lord Wiston, perito inglês em fertilidade), os deputados consideraram que o progresso da medicina é mais importante que a essência da vida humana.

Os Estados Unidos tinham aprovado um rígido quadro ético-legal para a investigação com células retiradas de embriões humanos.

Esta só poderia ser feita com embriões fertilizados "in vitro" (por oposição a "in vida") já sem finalidade, doados por casais que terminaram o processo de Procriação Médica Assistida, sendo que os doadores não poderiam ser compensados. Assim se impedia a produção de embriões com o único propósito de investigação[6].

Por outro lado, a Sociedade Europeia de Genética Humana manifestou-se contra a proibição de todas as formas de clonagem, incluindo a de fins terapêuticos, já que embora não se opondo à proibição da reprodutiva defendia a de escopo científico.

Em 2003, na sequência de processo iniciado em 2001, a 6.ª Comissão da Assembleia-Geral das Nações Unidas iniciou o debate – que se prolongou até finais de 2005 – de uma Convenção Internacional para Proibição da Clonagem.

Desde logo surgiu profunda divisão entre os Estados que pugnavam pela proibição de todas as formas de clonagem[7] e os que defendiam que só fosse

---

[6] A polémica reacendeu-se nos EUA, em Outubro de 2004, com a morte, aos 52 anos, de Christopher Reeve, o actor dos filmes do Super-homem, que ficou quadraplégico em consequência de uma queda de um cavalo.

Durante vários anos, Reeve promoveu a questão da clonagem, levando o debate aos mais altos níveis políticos.

Foi inclusive citado por John Kerry, candidato presidencial nas últimas eleições. Kerry vincou a sua posição num tema que oscila entre a religião e a ciência. Os seus apoiantes insistiram nas vantagens do estudo das células estaminais embrionárias, com o objectivo de vir a curar doenças como o Alzheimer, Parkinson e paralisias, enquanto que os opositores invocam a violação do direito à vida.

Durante a campanha de Kerry, o actor Michael J. Fox, que sofre de Parkinson, falou sobre o polémico tema. Juntos responderam a questões, inclusive uma de um jovem com uma doença neurológica degenerativa, em estado avançado, que pediu ao Senador que ajudasse a levantar as restrições federais ao estudo das células estaminais, na esperança de poder um dia encontrar uma cura para o seu problema.

Embora durante as eleições presidenciais de 2004 tivessem sido debatidos "temas quentes" como a Guerra do Iraque e a economia americana, nenhum assunto causou tanta divisão e polémica como a utilização de células estaminais embrionárias.

No dia 10 de Dezembro de 2003 realizara-se em Paris um debate, no ciclo "Conversas do Século XXI" sob a égide da UNESCO que, em 1997, adoptara a Declaração Universal sobre o Genoma Humano e os Direitos Humanos.

Mas nova Declaração sobre genética, de 2003, nada veio inovar.

[7] Onde Portugal se incluiu.

banida a clonagem para fins reprodutivos, aceitando-se a feita com finalidades terapêuticas.

Na impossibilidade de um consenso alargado, a ideia da Convenção veio a ser abandonada e substituída por uma resolução-declaração, que não tem natureza vinculativa[8].

Trata-se da Resolução 59/280, aprovada na 82ª sessão plenária de 8 de Março de 2005, na 59.ª Assembleia-Geral da ONU.

A proposta de resolução (iniciativa da Itália) teve como ponto de partida "proibir qualquer tentativa de criação de vida humana através da clonagem assim como qualquer tipo de pesquisa para alcançar esse objectivo".

A oposição, ainda e também, da Bélgica, pretendia que se eliminasse a referência a "vida humana", por a interpretação do conceito poder ser usada para banir todos os tipos de clonagem.

No essencial, o debate centrou-se naquela expressão, sendo que na perspectiva de muitos o embrião utilizado na clonagem é "vida humana" mas não necessariamente "ser humano".

No texto final ficou consagrado que os Estados devem tomar todas as medidas de protecção da vida humana na investigação científica; proibir todas as formas de clonagem, na medida em que são contrárias à vida e dignidade humanas; proibir todo o tipo de engenharia genética, por contrária à dignidade humana; tomar medidas impeditivas da exploração das mulheres no âmbito das ciências da vida; implementar medidas legislativas que consagrem estes princípios.

A opção pela resolução-declaração liquidou a ideia de tratado – que seria vinculativo para os Estados, não o sendo a resolução de interpretação mais flexível, segundo o Dr. Bernard Siegel, do Instituto de Politica Genética, grupo de pressão que nos Estados Unidos apoia a clonagem terapêutica.

Parte da comunidade científica acredita que as células estaminais embrionárias podem ser usadas para recuperação de tecido nervoso e cura de doenças como, v.g., a de Alzheimer. Só que a extracção de células do embrião mata o embrião acto que os opositores consideram pôr termo a uma forma de vida.

---

[8] O ter-se deixado cair o eventual tratado – cujos princípios o Presidente Bush tinha defendido no seu discurso de Agosto de 2004 perante aquela Assembleia Geral – foi o resultado da não conciliação entre a proposta liderada pela Costa Rica (a banir todas as formas de clonagem) e outra encabeçada pela Bélgica – recuperando um projecto franco-alemão – (permitindo a clonagem apenas com finalidade de investigação científica).

Muitos dos favoráveis a este tipo de clonagem acreditam que os embriões com cinco ou seis dias, que seriam destruídos, são vida mas não são seres humanos.

Foi essa a expressão ambígua utilizada na resolução das Nações Unidas.

Entretanto, já a Espanha aprovara, em 29 de Outubro de 2004, legislação a autorizar o uso de células estaminais embrionais para investigação.

Células essas conseguidas a partir de embriões sobrantes das técnicas de reprodução medicamente assistida, desde que congelados há pelo menos 5 anos, o que, em muito, se aproxima da nossa opção legal.

O Parlamento de Singapura aprovou, em 2 de Setembro de 2004, a lei a autorizar a clonagem de embriões humanos para fins terapêuticos, proibindo--a se com fins reprodutivos.

«A lei estabelece claramente a interdição da clonagem humana com fins reprodutivos», declarou ao Parlamento o ministro de Estado para a Saúde, Balaji Sadasivan, acrescentando que «todos aqueles que fazem a promoção da clonagem humana (com fins reprodutivos) não são bem-vindos a Singapura».

Qualquer infracção à lei é punida com uma pena de dez anos de prisão e uma multa de cerca de 50 mil euros.

A clonagem terapêutica, apenas permitida em embriões com menos de 14 dias, «dá esperança às vítimas de doenças cardíacas, diabetes, Alzheimer, Parkinson, lesões na coluna vertebral e outras doenças degenerativas», disse o deputado Chong Weng Chiew.

No Brasil, a Lei de Biossegurança – Lei Federal n.° 11105, de 24 de Março de 2005, contém princípios muito próximos da nossa legislação[9].

## 3. Evolução entre nós

Portugal tem, desde 2003, um Livro Branco sobre o uso de embriões humanos em investigação científica, elaborado pelo Dr. Daniel Serrão, médico e membro do Conselho Nacional de Ética para as Ciências da Vida, a pedido do Ministério da Ciência e Ensino Superior.

---

[9] O controlo é feito pelo Instituto de Biotécnica Direitos Humanos e Género.
Mas já pende no Supremo Tribunal Federal a Acção Directa de Inconstitucionalidade n.° 3.510-0, cuja decisão será publicitada em breve, sobre a licitude da clonagem terapêutica.

Este ilustre cientista criticou a insistência nas células estaminais embrionárias, "quando a investigação em células estaminais adultas, que se faz cá, está muito mais avançada".

Os primeiros Projectos apresentados na Assembleia da República (n.ºs 90/IX, do Grupo Parlamentar do Partido Socialista e 28/IX, do Grupo Parlamentar do Bloco de Esquerda) embora em perspectivas distintas, procuraram, de certa forma, regular o instituto, ambos coincidindo na absoluta proibição da clonagem reprodutiva.

Assim, o Projecto de Lei n.º 90/IX, que "Regula as Técnicas de Procriação Medicamente Assistida", diz no relatório preambular (exposição de motivos) que "deve ser proibida a destruição de embriões humanos, ou a sua utilização para fins de mera investigação", o que é afirmado no n.º 3 do artigo 5.º (cujo n.º 1 proíbe a clonagem para fins reprodutivos).

Outrossim, o n.º 1 do artigo 7.º vedava "a utilização de embriões viáveis para fins de investigação ou experimentação científica" salvo (n.º 2) quando esta tenha por finalidade o benefício do próprio embrião.

Também (artigo 21.º) se exigia que os embriões resultantes da fecundação "in vitro" sejam, em regra, transferidos para o útero, "não sendo permitida a sua destruição".

Finalmente sancionava-se com penas de prisão (artigo 32.º) a utilização indevida de embriões.

O Projecto de Lei n.º 28/IX, intitulado "Informação Genética Pessoal e Informação de Saúde", também proibia a clonagem com fins reprodutivos, criminalizando em novo preceito do Código Penal (artigo 195.º-A, n.º 2) "quem financie, delibere, pratique ou colabora em intervenções tendo em vista a clonagem humana para fins reprodutivos" e punindo tal prática com prisão até 10 anos.

Porém, não criminalizava, nem sequer considerava ilícita, a clonagem para fins terapêuticos.

Para além destes Projectos de Lei restava o Decreto-Lei n.º 319/86, de 25 de Setembro (autorização para actos para técnicas de procriação medicamente assistida), mas que não chegou a ser regulamentado.

Aliás, a Lei n.º 12/93, de 22 de Abril (colheita e transporte de órgãos e tecidos humanos) dispusera, sem sucesso, que "a dádiva de óvulos e de esperma e a transferência e manipulação de embriões" seria "objecto de legislação especial" (n.º 2 do artigo 1.º). Mais ainda, não pode deixar de se ter presente o Decreto-Lei n.º 97/94, de 9 de Abril, sobre "Ensaios clínicos a realizar em seres humanos", que regula com detalhe a investigação científica no seu confronto com a vida e dignidade humanas.

O Conselho Nacional de Ética para as Ciências da Vida alertou, em parecer de 1995 (n.º 15/CNECV/95), para a premência de legislar quanto ao embrião humano, "como forma de impedir a produção de embriões para fins de investigação científica" (cf. ainda os pareceres n.ºs 31/CNECV/2000 e 40/CNECV/2001 sobre o genoma humano).

Era este o ponto da situação legal, mau grado a Constituição da República imponha, no n.º 3 do artigo 26.º, que se produza legislação que garanta "a dignidade pessoal e a identidade genética do ser humano, nomeadamente na criação, desenvolvimento e utilização das tecnologias e na experimentação científica".

O Parecer n.º 44/04 – de Julho de 2004 – daquele Conselho concluiu, na parte que aqui releva, no sentido de:

a) Serem implementadas técnicas de P.M.A. que impeçam a produção de um número de embriões superior ao destinado à transferência – embriões excedentários – "atendendo ao princípio do respeito pela vida humana";

b) Todo o embrião humano ter direito à vida e ao desenvolvimento, não corrobora do princípio universal de que todo o existente requer existir pelo que o embrião originado "in vitro" deverá fazer sempre parte de um projecto parental;

c) Promover a adopção embrionária como "único procedimento que permite reintegrar o embrião num projecto parental" (...) "e garantindo o seu direito à vida e ao desenvolvimento";

d) Legitimidade ética da investigação científica em embriões humanos quando procede em benefício do próprio embrião, salvo em situações muito excepcionais em que o único destino alternativo seja a destruição do embrião e a investigação resulte em benefício para a humanidade;

e) Não ser eticamente aceitável a criação de embriões apenas para fins de investigação científica;

f) Só quando, após a fertilização ovocitária, ocorrer a formação espontânea de embriões biologicamente inviáveis – excluídos de qualquer projecto parental – poderem ser disponibilizados para investigação.

Em Novembro de 2005, o Parecer n.º 47 do mesmo Conselho Nacional de Ética para as Ciências da Vida abordou, autonomamente, a questão da investigação em células estaminais.

Enfatizou tratar-se de um domínio que se anuncia promissor nas ciências biomédicas com grandes expectativas geradas na comunidade científica.

Mas alertou para a possibilidade de utilização das células estaminais para fins terapêuticos ser ainda muito limitada e com experiências realizadas em modelos animais.

Entretanto, vem-se recorrendo às células estaminais de várias origens: massa celular interna dos embriões, produtos de aborto espontâneo ou de interrupção voluntária da gravidez, teratocarcinomas (ou tumores de células germinais), produtos de clonagem somática, sangue do cordão umbilical e tecidos adultos.

Por promissoras no tratamento de doenças de tipo degenerativo, as células estaminais embrionárias são geralmente melhor consideradas pela versatilidade de diferenciação e maior longevidade.

Nos tecidos adultos encontram-se em reduzido número o que origina dificuldades técnicas para as individualizar e até reconhecer.

Mas o conhecimento científico actual não tem ainda conclusões seguras. Só o recurso aos embriões criopreservados tem sido encarado como uma alternativa à sua obtenção.

É prematuro criar expectativas exageradas sobre a próxima cura de doenças por intermédio das células estaminais e produtos delas derivados.

De outra banda, as perspectivas sobre o estatuto ontológico do embrião não consensualizam a utilização das células estaminais embrionárias.

Questão que não se coloca quanto às dos tecidos adultos, desde que respeitada a integridade do corpo humano e o consentimento do dador quer na colheita, quer na aplicação, tal como o uso de produtos de abortamento espontâneo ou induzido (este nunca permitido para obtenção única de células estaminais).

A constituição, por fecundação, de embriões humanos para fins de investigação científica, designadamente para a obtenção de células estaminais significa a instrumentalização da vida humana, pelo que é inaceitável[10].

---

[10] O CNECV, em Parecer de Abril de 2006 – n.º 48 – assim ponderou:
A clonagem com finalidade reprodutiva e a clonagem para fins de investigação biomédica suscitam problemas éticos específicos.
Independentemente da viabilidade da clonagem com finalidade reprodutiva, esta deve ser proibida porque viola a dignidade humana.
A prática da clonagem para fins de investigação biomédica poderia ser recomendada ao abrigo dos princípios da utilidade e da solidariedade vistos os potenciais benefícios terapêuticos para aos seres humanos. Contudo, o juízo ético sobre o uso da clonagem depende da natureza que for atribuída ao produto da transferência nuclear somática:

– se for considerado um embrião não pode ser usado porque tal constituiria uma violação da sua intrínseca dignidade;

A Comissão de Saúde da Assembleia da República debruçou-se sobre duas novas iniciativas sobre os princípios da investigação científica em células estaminais e utilização de embriões.

São o Projecto de Lei n.° 126/X, do Bloco de Esquerda, e o Projecto de Lei n.° 376/X, do Partido Socialista.

O CNECV – Parecer n.° 53/07, de Julho de 2007 – saudou os princípios do primeiro, ressalvando certos aspectos éticos, mas concluiu que as Leis n.°s 12/2005, de 26 de Janeiro, e 32/2006, de 26 de Julho, e seus regulamentos, tornam desnecessária uma lei específica sobre esse tema[11].

O segundo projecto não suscitou grandes problemas, no cotejo com aquelas leis, ressalvadas que sejam as questões de consentimento.

## 4. Regime legal

É chegado o momento de analisar o regime legal instituído pela Lei n.° 32/2006, de 26 de Julho.

Como acenei no início, só refiro a investigação científica com recurso a embriões e suas células estaminais.

A procriação medicamente assistida que pode ser conseguida por recurso às várias técnicas referidas (inseminação artificial, fertilização "in vitro", injec-

---

– se for considerado um artefacto laboratorial pode ser usado em investigação biomédica sem suscitar problemas éticos além dos inerentes à utilização de material biológico humano, nomeadamente o da não comercialização.

Na presente situação de ausência de unanimidade ou ampla convergência científica e filosófica acerca da natureza do produto de transferência nuclear somática, considera-se dever aplicar o princípio ético da precaução:

– incentivando a investigação em células estaminais obtidas sem recurso à clonagem por transferência nuclear somática e de acordo com o Parecer n.° 47/CNECV/05, ao abrigo do princípio da beneficência;
– incentivando igualmente a investigação na reprogramação celular, a qual poderá permitir a prossecução da investigação em curso com células estaminais sem a produção de qualquer neo-estrutura biológica susceptível de ser identificada como embrião humano.

[11] A Lei n.° 32/2006 veio regular as técnicas de procriação medicamente assistida, como o são a inseminação artificial, a fertilização "in vitro", a injecção intracitoplasmática, gâmetas ou zigotos. Incluiu ainda o diagnóstico genético pré-implantação e, finalmente, as técnicas laboratoriais de manipulação genética ou embrionária, equivalentes ou subsidiárias.

ção intracitoplasmática de espermatozóides e outras técnicas de manipulação genética ou embrionária) deve respeitar a dignidade humana.

É proibida a *clonagem reprodutiva*, agora caracterizada como a que tem por objectivo a criação de seres humanos geneticamente idênticos a outros (artigo 7.º, n.º 1), incluindo quimeras ou híbridos.

Mas no respeito pela dignidade humana inclui-se a proibição de utilização de técnicas destinadas a melhorar as características "não médicas" do nascituro, como, por exemplo, a escolha do sexo, princípio apenas ressalvado perante um altíssimo risco de doença genética ligado ao sexo, não passível de detecção directa em diagnósticos pré-natais ou genéticos pré-implantação (sendo, contudo, estas técnicas proibidas em doenças multifactoriais com muito baixo risco genético).

Proibida em absoluto – e é este o "punctum saliens" – a criação de embriões com deliberado escopo da sua utilização na investigação cientifica (artigo 9.º, n.º 1).

Só se autoriza a investigação em embriões com o objectivo de terapia, prevenção ou diagnóstico de embriões, de aperfeiçoamento das técnicas da PMA, de constituição de bancos de células estaminais para programas de transplantação ou quaisquer finalidades terapêuticas (n.º 2).

O recurso, sempre excepcional, a embriões para investigação científica só pode ser lícito face a uma razoável perspectiva de "benefício para a humanidade" e sempre após a aprovação do Conselho Nacional de Procriação Medicamente Assistida.

Mas mesmo com tais objectivos, só podem ser utilizados:

a) Embriões criopreservados excedentários, para os quais não exista projecto parental e após consentimento dos primitivos destinatários;
b) Embriões cujo estado não permita a transferência ou criopreservação com fins de procriação;
c) Embriões portadores de anomalia genética, aqui também mediante consentimento dos destinatários originais;
d) Embriões obtidos sem recurso à fecundação por espermatozóide.

É, outrossim, proibida a compra e venda de óvulos, sémen, embriões ou de qualquer material biológico decorrente da aplicação das técnicas de procriação medicamente assistida (artigo 18.º).

O número de embriões criados na fertilização "in vitro" deve ser controlado com estritos critérios de necessidade e razoabilidade (artigo 24.º).

Os embriões excedentários serão criopreservados comprometendo-se os beneficiários à sua utilização em novo processo de transferência, no prazo de 3 (três) anos.

Decorrido esse período podem ser dados a outro casal, compatível com indicações médicas, após consentimento dos primitivos beneficiários, a prestar expressamente, por escrito e perante o médico responsável.

Se a viabilidade morfológica dos embriões não garantir condições mínimas não haverá sequer lugar à criopreservação.

E só podem ser utilizados para investigação científica nos termos do citado artigo 9.° os embriões que não tenham possibilidade de ser envolvidos num projecto parental.

A lei criminaliza, e pune com prisão de 1 a 5 anos, a clonagem reprodutiva fora do âmbito e técnicas da PMA ou a transferência de embriões, através da sua cisão.

É também punida com prisão (até 2 anos ou multa até 240 dias) a utilização de técnicas de melhoria das características não médicas do nascituro e (com a 1 a 5 anos de prisão) a criação de quimeras ou de híbridos.

Enfim, é punida com prisão de 1 a 5 anos a utilização de embriões para investigação científica ou a transferência para o útero de embrião já usado na experimentação ou na investigação científica.

O legislador pretendeu ser rigoroso, e manifestou preocupações éticas, quanto ao uso de embriões humanos em investigação científica, acolhendo a letra e o espírito dos instrumentos internacionais a que se vinculou tendo presente a resolução da ONU n.° 59/280,que Portugal votou favoravelmente

## 5. Questões éticas, morais e outras

O problema tratado insinuou-se quando, a 25 de Julho de 1978, nasceu Louise Brown, no Reino Unido, chamada, então, bebé proveta por ter resultado da fecundação de ovócitos, retirados cirurgicamente do ovário da mulher, com espermatozóides emitidos pelo homem, seguido da constituição de embriões em laboratório ("in vitro").

A artificial procriação humana por fertilização ovocitária ou por transferência intra tubos de ovócitos, facilitando a criação de embriões suscitou, desde logo, questões éticas e religiosas, surgindo vários – atrás sumariamente referidos – comités de controlo (v.g., na França, em 1983, e em Portugal, em 1990) e legislação (v.g., na Alemanha, em 1991).

E desde há vários anos, centenas (se não milhares) de embriões humanos não utilizados para a procriação de casais inférteis, foram sendo congelados (durante diferentes períodos) e alvo da cobiça para experimentação científica, objecto de frequentes apelos aos princípios da liberdade da investigação e aos benefícios para a humanidade.

São os embriões excedentários campo de controvérsia ética, moral, científica, jurídica e religiosa.

Para um biólogo, o embrião humano poderá não passar de um grupo de células contíguas (ou um organismo multicelular, ou célula totipotente) com capacidade de se tornar em ser humano, não existindo enquanto não se der a reunião do material genético masculino com o feminino, obtendo-se então os 46 cromossomas próprios da espécie humana.

Será, em suma, um ovo humano que se fixa no útero constituindo-se progressivamente em ser humano.

No laboratório desenvolve-se apenas durante 6 a 7 dias morrendo, se não transferido para o útero pelo 7.º/8.º dia.

Já para um filósofo, o embrião humano é um ente vivo da espécie humana, e a sua protecção merece o máximo respeito, como o merece a vida.

Mas se não há qualquer possibilidade de projecto parental, deixa de ser um ser humano em desenvolvimento estando colocado numa situação de perda a curto prazo.

Ainda assim, a realização de investigações destrutivas só deve ser admitida se a irremediabilidade da perda for seguramente reconhecida.

Se não, a autorização destrutiva só pode ser concedida quando destinada a obter resultados benéficos para os embriões em geral, como melhoria dos meios de cultura, criopreservação própria e melhor avaliação de viabilidade em meios de cultura[12].

Mas entre nós adquirida está a ilicitude do uso de embriões excedentários para colheita de células *stem* (ressalvadas as situações de excepção) como a proibição de criação de embriões humanos para fins de investigação científica.

Já a transferência nuclear de células somáticas diferenciadas do adulto para a obtenção de células estaminais é de acolher (como por exemplo, na

---

[12] Note-se, contudo, que alguns biólogos brasileiros, como os Drs. Ricardo Ribeiro dos Santos e Patrícia Helena Lucas Pranke, referem que:

> A técnica do congelamento degrada os embriões, diminui a viabilidade desses embriões para o implante; para dar um ser vivo completo (...). A viabilidade de embriões congelados há mais de três anos é muito baixa. Praticamente nula.

Teoricamente, podemos dizer que, em alguns casos, o próprio congelamento acaba por destruir o embrião, do ponto de vista da viabilidade de ele se transformar em embrião. Para pesquisa, as células estão vivas; então, para pesquisa, esses embriões são viáveis, mas não para a fecundação.

medula óssea, no sangue) desde que não se use como meio de cultura biológica um ovócito desnucleado e se esta estrutura não passar por uma fase embrionária.

Esta posição, que se baseia no artigo 2.° da Convenção dos Direitos do Homem e da Biomedicina do Conselho da Europa, funda-se na teoria personalista que atribui ao embrião o estatuto de pessoa humana pelo que repugna a utilização em investigação cientifica que implique a sua destruição.

Os que entendem que o estatuto biológico do embrião "in vitro" não é o de um feto nem o de um recém-nascido por lhe faltar a implantação no útero, percurso decisivo para adquirir o estatuto de pessoa e que este tipo de embrião não é pessoa humana, por inviável, podendo ser destruído e utilizado em investigação com fins superiores, estão fora do quadro legal vigente

Nesta linha, mas numa óptica mais restritiva, outros aceitam apenas a utilização dos embriões excedentários pois aí não se põe o dilema ético do ser humano, em que não irão, geralmente, tornar-se.

Finalmente, defendem outros o "distinguo" entre embriões – antes e até ao 14.° dia – constituídos por transferência nuclear – clonagem – não tendo este – por decorridos 6-7 dias – o estatuto moral de embrião.

## 6. Conclusões

Uma vez delineados os conceitos de vida humana e de ser humano, não posso deixar de recordar os ensinamentos de Santo Agostinho, a declarar-se não seguro quanto à existência da alma desde o momento da concepção e de S. Tomás de Aquino a afirmar que o feto não tem uma alma intelectual ou racional no momento em que é concebido, adquirindo-a num momento posterior (40 dias no feto masculino segundo a doutrina católica tradicional, e mais tarde no sexo feminino).

O constitucionalista Ronald Dworkin, refere, no seu "Domínio da Vida" que: "As ideias de Santo Tomás sobre o desenvolvimento do feto, que ele foi buscar a Aristóteles, eram extraordinariamente prescientes em alguns aspectos. O teólogo entendeu que o embrião não é uma criança extremamente pequena, mas plenamente formada, que simplesmente aumenta de tamanho até ao nascimento, como concluíram alguns cientistas posteriores, utilizando-se de microscópios primitivos, mas sim um organismo que primeiro se desenvolve ao longo de um estágio essencialmente vegetativo, entrando a seguir num estágio em que já estão presentes o intelecto e a razão (…)" (p. 56/57).

Há quem defenda que a morte coincide com a morte cerebral. Ora se no embrião não existe cérebro não pode falar-se em ser humano, já que só a morte encefálica é o ponto terminal da personalidade jurídica humana.

O limite temporal constante do britânico "Human Fertilisation and Embriology Act" de 1990, refere que antes do 14.º dia há uma inadequação no uso da terminologia "embrião", por existir até ao final dessa etapa inicial apenas uma massa de células indiferenciadas geradas pela fertilização do óvulo.

Nesta perspectiva, somente após esse estágio pré-embrionário, com duração de 14 dias, é que surge o embrião como uma estrutura propriamente individual, com o aparecimento da linha primitiva, que é a estrutura da qual se originará a coluna vertebral, a perda da capacidade de divisão e de fusão do embrião e a separação do conjunto celular que formará o feto daquele outro que gerará os anexos embrionários, como a placenta e o cordão umbilical. Tais ocorrências coincidem com a nidação, ou seja, o momento no qual o embrião se fixaria na parede do útero.

É uma formulação científica que distingue entre embrião e pré-embrião, constante do trabalho do Prof. Edward O. Wilson ("On Human Nature") que permite remover alguns obstáculos éticos à investigação científica, como nota a Professora Letícia Cesarino no seu estudo "Nas fronteiras do humano: os debates britânico e brasileiro sobre a pesquisa com embriões" – 2007.

Mas não encontramos na nossa lei qualquer apoio para esta perspectiva.

Enfim, a tónica é posta sempre no primado do ser humano e no respeito pela dignidade da vida humana, ou como acentua o Dr. Daniel Serrão na declaração de voto ao Parecer n.º 53/07, atrás referido, impõe-se aceitar "o princípio que reconhece no ser vivo da espécie humana desde a constituição do zigoto até à morte natural, o estatuto e a natureza de um ser vivo pessoal, com um intrínseco valor de humanidade do qual se deduz o direito absoluto à vida e ao desenvolvimento. A personalidade e o estatuto moral do embrião (como o da criança, do adulto, do velho) não são qualidades acidentais que outrem – os progenitores, os médicos, os legisladores ou a sociedade – lhes atribuem, mas são sim, potências intrínsecas da sua própria natureza".

Concordo que se impeça a criação de vida humana com a única finalidade de ser usada e destruída, ainda que para benefício dos seus criadores ou de outros.

A assim não se entender, poderia até defender-se o princípio quanto aos seres humanos já existentes.

A vida humana não pode, em caso algum, ser instrumentalizada e o progresso da ciência não pode ser feito à custa dos mais vulneráveis ou da vida humana mais frágil.

# *A responsabilidade civil por defeitos de concepção, conservação e construção de estradas*\*

JUIZ CONSELHEIRO SALVADOR DA COSTA

> SUMÁRIO: *I – Introdução. II – As estradas, os veículos automóveis, os condutores e as vítimas. III – Normas técnicas de concepção e de construção de estradas. IV – A vigilância e a conservação das estradas. V – Aspectos gerais dos pressupostos da responsabilidade civil. VI – Responsabilização das entidades legalmente incumbidas da concepção, construção e conservação das estradas. VII – Complementaridade do direito privado e público concernente à responsabilidade civil. VIII – Âmbito e concorrência de responsabilidades. IX – Competência jurisdicional. X – Casuísmo jurisprudencial.*

## I. Introdução

O tema da responsabilidade civil por defeitos de concepção, conservação e construção de estradas, que ultimamente tem sido objecto de mais aprofundados estudos de natureza jurídica e técnica, está limitado à actividade que envolve referida vertente física dos acidentes rodoviários, ou seja, às estradas em geral, o tal santuário do deus veloz que se alimenta de sangue.

Envolve actividade que se situa antes das próprias estradas, isto é, durante o seu planeamento, a sua construção em sentido amplo, e, depois dela, a sua conservação, sem perder de vista que, não raro, os sinais de defeito só se revelam quando o acidente ocorre e o dano começa.

---

\* Conferência proferida no âmbito do Colóquio "Responsabilidade Civil – Novas Perspectivas", que decorreu no Supremo Tribunal de Justiça, em Março de 2008.

Abstraio da problemática das auto-estradas concessionadas ou semi-concessionadas, ou seja, da definição dos direitos dos utentes, que agora consta da Lei n.º 24/2007, de 18 de Julho.

Refiro apenas, por se tratar de matéria controvertida no pretérito, decorrer do artigo 12.º daquela Lei que, ocorram ou não nessas auto-estradas obras em curso, em caso de acidente rodoviário em que ocorram danos em pessoas ou coisas, o ónus de prova do cumprimento das obrigações de segurança cabe às concessionárias no caso de objectos arremessados para a via ou nela existentes, de atravessamento de animais e de líquidos envolventes não resultantes de condições atmosféricas.

## II. As estradas, os veículos automóveis, os condutores e as vítimas

O tema da responsabilidade civil por danos derivados de defeitos de concepção, construção e conservação de estradas tornou-se particularmente actual por virtude da elevada taxa de sinistralidade rodoviária que se tem verificado entre nós ao longo do tempo.

Embora o tema em análise se reporte essencialmente à vertente física envolvente e envolvida nos acidentes rodoviários, dada a sua estreita conexão com a sua dinâmica, incluindo os veículos automóveis e os seus condutores, achámos por bem fazer-lhe, aqui e além, uma breve referência.

É que a actividade de condução automóvel, tão intensa no nosso tempo, é condicionada por diversos factores, entre eles a subjectividade de quem conduz ou caminha nas estradas, pelo movimento e segurança dos veículos automóveis e pela comodidade proporcionada pelas características das estradas, sobretudo a derivada da sinalização.

É grande a sinistralidade rodoviária em Portugal, que já vem de longe. Quando na Ilha de Santa Maria, Açores, só havia dois veículos automóveis, eis que, num dia de Festa de Império, numa freguesia rural, embateram um no outro.

Na actualidade, na União Europeia, por virtude de acidentes de viação, há anualmente cerca de 42 000 mortos e 1 600 000 feridos. E as perspectivas de futuro nesta matéria não são muito animadoras.

Estima-se, com efeito, que em 2020 existirá na União Europeia o dobro dos veículos que existiam em 1990, com a consequência do maior congestionamento das vias de comunicação rodoviária e do agravamento das condições de utilização.

Disse um autor, já a propósito do século XX, ter-se criado um novo ídolo, apropriado à febril inquietação do homem, consubstanciado na velocidade dos veículos motorizados, funcionando como símbolo da rapidez e da urgência da agitada humanidade[1].

Numa imagem porventura forçada, com recurso às ideias de drama e de religião, dir-se-á que as estradas podem ser assimiladas a templos, os veículos automóveis a altares, a velocidade à deusa do espaço e o sangue e a dor ao ritual por ela exigido.

Variadas são as causas deste fenómeno, entre as quais se contam, as de natureza física, como é o caso das estradas, o elemento estático, e dos veículos automóveis, a vertente dinâmica, as condições atmosféricas, e as de origem humana, designadamente a preparação para o exercício da condução, o sentido de responsabilidade, o estado de saúde físico e psíquico e a educação.

Em suma, dir-se-á que as principais causas desta sinistralidade são as falhas humanas e o estado e as características dos veículos automóveis e das estradas onde circulam, nas quais centraremos de seguida a nossa análise.

A sua construção tem sido influenciada ao longo do tempo pelas condições técnicas da pavimentação e de construção de veículos, pelo cada vez maior acesso a estes bens, pela natureza plana ou montanhosa dos solos, pelas resistências individuais ou colectivas à expropriação, e, sobretudo, pelos recursos financeiros disponíveis.

É uma realidade complexa, na medida em que envolve, para além do impacto das condições atmosféricas, o seu próprio modelo de concepção, as faixas de rodagem, os seus traçados rectilíneos ou curvos, o pavimento interno e superficial, os resíduos acumulados, a água das chuvas, o gelo, a neve, as sobrelevações, as caixas de visita, as lombas, a visibilidade de distância de paragem ou de ultrapassagem, as bermas, os lancis, as valetas, os aquedutos, os taludes, os separadores, os elementos de protecção e os de sinalização vária.

A eficácia do atrito entre os pneumáticos dos veículos e o piso das estradas, necessária à segurança rodoviária, não raro é negativamente afectada pela existência nelas de humidade subsequente a períodos de tempo seco, gelo, de gravilha, areia solta, argila, óleo ou outro tipo de resíduo gorduroso.

Os utentes, excluído o risco permitido, confiam nas entidades responsáveis pelas estradas onde circulam, presumindo, porventura, que elas estão construídas e sinalizadas em termos de consecução do princípio da máxima segurança para as pessoas e bens.

---

[1] MIGUEL LOPEZ MUÑIZ-GOÑI, *Derecho y Técnica de la Circulación*, página 9.

Daí que a matéria em análise suscite, na prática, questões de co-causalidade e de concorrência de culpas sobre as causas da sinistralidade imputáveis aos condutores dos veículos automóveis e aos peões, ou seja, as vertentes subjectiva e objectiva causal do facto ilícito rodoviário.

## III. Normas técnicas de concepção e de construção de estradas

De estudos empreendidos pelo Observatório de Segurança de Estradas e Cidades tem sido concluído que certas zonas de acidentes frequentes estão mais ou menos conexionadas com a descontinuidade de traçados, a estrutura superficial dos pavimentos, a inadequação de sobrelevações, a existência de curvas de raio demasiadamente reduzido, a excessiva diferença de velocidades específicas do mesmo traçado, a ausência de sinais verticais de proibição de velocidade para além de certos limites e de marcas rodoviárias informativas do perfil das rodovias e respectivo sentido[2].

Temos, a montante, a concepção dos traçados, operação assaz complexa que envolve os programas preliminar e de base, o estudo prévio e os projectos base e de execução, tendo em conta o tráfego, as características técnicas e hidrológicas, os materiais disponíveis, além dos recursos financeiros disponíveis.

Seguem-se as operações de construção das rodovias, que se consubstancia essencialmente na materialização ou concretização da mencionada concepção, a qual também envolve regras técnicas que aos empreiteiros compete cumprir e cujo cumprimento as entidades públicas ou as concessionárias particulares devem fiscalizar.

O fim da concepção e construção de estradas, actividade de interesse público, é, naturalmente, o de obter a segurança de quem nelas transita, sobretudo com veículos automóveis.

Quanto maior é o perigo de acidentes, maiores devem ser as exigências de rigor técnico na concepção e na construção de estradas, em termos de se conseguir a maior segurança para os respectivos utentes.

Sabidas as exigências do fim prosseguido por quem de direito, de interesse público, as entidades a quem incumbe a sua consecução devem planear e fazer

---

[2] FLORINDO PIRES SALPICO, "A Perigosidade das Estradas Portuguesas", in *Acidentes de viação, responsabilidade civil e criminal por defeitos de construção e manutenção das estradas*, Lisboa, 2004, páginas 9 a 14.

executar as infra-estruturas rodoviárias em termos da consecução desse escopo finalístico, sendo que as boas regras da arte de conceber e de construir rodovias constituem o acervo instrumental à optimização dos meios em termos de garantia da segurança de pessoas e bens.

A globalização, a intensificação da interdependência económica entre países com ligações terrestres, as deslocações pela via rodoviária de pessoas e mercadorias, a escassez do tempo, o desenvolvimento tecnológico, o crescendo do parque automóvel e, além do mais, a potência cada vez maior dos veículos de circulação terrestre têm exercido e vão continuar a exercer grande pressão sobre o investimento em estruturas rodoviárias.

Na medida em que a deficiência das estradas é um dos factores causais da sinistralidade rodoviária, não podem as entidades a quem incumbe o seu planeamento, a direcção e a execução de construção, bem como a sua conservação, deixar de cumprir as regras regulamentares e técnicas adequadas.

Há, com efeito, regras técnicas concernentes à concepção, construção, nesta se incluindo a sinalização, editadas em 1978 pela Junta Autónoma das Estradas, alteradas em 1985 e em 1994, que devem ser seguidas, naturalmente sob a necessária adaptação à evolução da técnica, sobre cujo conteúdo e natureza não nos pronunciaremos, cientes de que tal matéria irá ser abordada pelos representantes do Observatório de Segurança de Estradas e Cidades e da EP – Estradas de Portugal, SA.

É um investimento que se não basta com a construção adequada de rodovias e a sua conservação, certo que tem de incidir sobre as antigas estradas, construídas em circunstâncias de tráfego automóvel muito diferentes e com técnicas menos apropriadas à segurança dos utentes, com vista à sua adequação aos novos tempos de potência motorizada e de velocidade.

A reestruturação da antiga rede rodoviária não constitui, porém, tarefa fácil, porque, além do mais, depende de recursos financeiros disponíveis, que entre nós são escassos, pelo que não pode ser realizada tão depressa como é desejável por quem a utiliza.

## IV. A vigilância e a conservação das estradas

A conservação ou preservação das coisas em geral implica determinada actividade material, incluindo, em certos casos em que elas são susceptíveis de gerar o perigo, ou seja, a razoável previsibilidade de um mal, a adequada vigilância.

Abertas ao público, as estradas sofrem as vicissitudes da passagem do tempo, das condições atmosféricas, do desgaste dos pavimentos decorrente da própria circulação dos veículos, não raro por virtude do peso que comportam.

A conservação das estradas, por virtude da sua utilização no tempo, não pode exigir a mera conformidade com o seu estado inicial, mas deve assumir o estado actual compatível com o fim visado, ou seja, o trânsito de veículos e de pessoas em condições de segurança.

Neste conceito de conservação, incluem-se, entre outras, as medidas de eliminação dos buracos, de reparação das zonas de protecção danificadas, a remoção das tampas das caixas de visita deslocadas ou de ramos das árvores que afectem a visibilidade, incluindo dos próprios sinais de trânsito, a sinalização atempada dessas operações, a drenagem das águas pluviais, eliminação da neve e dos resíduos vários de óleo e de pneumáticos, da gravilha ou da areia solta, o avivamento das pinturas de sinais no pavimento, incluindo as passadeiras de peões, a recolocação dos sinais de trânsito entretanto desaparecidos, a reposição das condições de atrito dos pavimentos, sobretudo da sua parte superficial, quando predominar o calcário já facetado e polido pelo desgaste envolvente.

Abstraindo das áreas concessionadas relativas às auto-estradas, as estradas nacionais e municipais devem ser conservadas pelas referidas entidades, a EP – Estradas de Portugal, SA e os municípios, respectivamente, conforme a respectiva área de implantação.

Não se exige, porém, como é natural, em critério de proporcionalidade e de razoabilidade, face à natureza das coisas, que, em cada momento e em toda a extensão das rodovias, as mencionadas entidades, através dos seus agentes, empreendam acções de fiscalização ou vigilância.

Importa, com efeito, ponderar o risco permitido decorrente da própria vivência em sociedade, sem perder de vista a diligência exigível às entidades públicas ou privadas a quem está confiada a prossecução do interesse público da garantia da liberdade de circulação rodoviária, à luz dos princípios da razoabilidade e da proporcionalidade.

## V. Aspectos gerais dos pressupostos da responsabilidade civil

A actividade de umas pessoas causa, por vezes, danos a outras, que os suportam; põe-se naturalmente a questão de saber sobre quem impende a obrigação de os reparar.

A experiência da vida revela que as pessoas tendem a ser mais previdentes e zelosos na gestão das coisas próprias do que na gestão das coisas alheias, e daí as várias presunções de culpa que a lei estabelece[3].

Vive-se sob o receio de acidente, multiplicam-se os seguros obrigatórios, campeia a socialização da responsabilidade e da reparação dos danos, e a responsabilidade individual é progressivamente substituída pela pluralidade de contratos de seguro.

Como referiu um autor, a complexidade das sociedades modernas constitui agora um novo paradigma e ao direito exige-se a plasticidade suficiente para intervir num mundo onde a diversidade tende a ser a regra[4].

Dizem alguns que o Código Civil já está aquém das circunstâncias da actualidade, e outros que mantém a virtualidade, nesta matéria, de acompanhar a evolução.

Todavia, tendo em conta o conteúdo da nova lei de responsabilidade civil de direito público, e as normas que adoptou do Código Civil quanto a essa matéria, parece que este ainda não merece a crítica que lhe tem sido dirigida.

Certo é, porém, que o actual Código Civil, onde se insere essencialmente o regime da responsabilidade civil, foi estruturado numa situação económica e jurídica muito diversa da actual.

Com efeito, cerca de vinte depois da sua publicação, com a entrada de Portugal na União Europeia, grande foi a transformação no nosso País, sobretudo no âmbito rodoviário.

Construíram-se estradas modernas e auto-estradas, modificaram-se as velhas estradas, e nelas passam a circular, para além de modernas e potentes viaturas, incluindo os camiões de longo curso carregados de mercadorias que atravessam o extenso espaço europeu.

Sabe-se que a responsabilidade civil se consubstancia, *grosso modo*, na obrigação de indemnizar os danos que alguém sofreu, ou seja, traduz-se numa obrigação de indemnização.

No seu âmbito, sobressai essencialmente a reconstituição da esfera jurídica do lesado de modo a colocá-lo, tanto quanto possível, na situação em que estaria se não tivesse ocorrido o dano (artigos 562.º, 563.º e 566.º, n.ºs 1 e 2, do Código Civil e 3.º da Lei n.º 67/2007, de 31 de Dezembro).

---

[3] PAULO VIEIRA HENRIQUES, "Regime Geral das Associações", in *Comemorações dos 35 anos do Código Civil e dos 25 anos da reforma de 1977*, volume II, *A Parte Geral do Código e a Teoria do Direito Civil*, Faculdade de Direito de Coimbra, Coimbra, 2006, páginas 293 e 294.
[4] ÁLVARO LABORINHO LÚCIO, "Tribunais, Poder e Responsabilidade", in Revista do Ministério Público, Ano 20.º, n.º 80, Outubro/Dezembro de 1999, página 6.

Por via dela visa-se, com efeito, a restituição às pessoas lesadas pelo evento do gozo dos seus bens interesses ou à usufruição de bens ou interesses mais ou menos equivalentes, ou seja, impõe-se a uma pessoa que repare, tanto quando possível, os danos a outra pessoa causados.

Releva aqui a responsabilidade civil extracontratual, envolvente de factos ilícitos violadores de direitos ditos absolutos ou de interesses legalmente protegidos por via das chamadas normas de protecção (artigos 483.º do Código Civil e 9.º da Lei n.º 67/2007, de 31 de Dezembro).

Qualquer que seja o direito substantivo aplicável à situação danosa envolvente, sempre se suscitarão neste quadro de responsabilidade civil extracontratual, abstraindo da que resulta de factos lícitos, as vertentes do facto ilícito *lato sensu*, da culpa, do prejuízo reparável e do nexo de causalidade entre este e aquele facto.

Distingue-se a ilicitude em sentido formal, como violação de normas jurídicas, isto é, negação de valores tutelados pela ordem jurídica, e a ilicitude em sentido material, ou seja, na perspectiva da lesão de interesses legalmente protegidos.

A ilicitude é o desvalor das acções e omissões humanas decorrentes da ordem jurídica em razão da violação das suas normas e da ofensa de direitos ou interesses por ela protegidos.

Importa salientar, no quadro do mencionado regime de direito público, por um lado, que se consideram ilícitas as acções ou omissões que infrinjam regras de ordem técnica ou deveres objectivos de cuidado.

Com efeito, a lei administrativa considera ilícitas, por um lado, as acções ou omissões dos titulares de órgãos, funcionários e agentes que violem disposições ou princípios constitucionais, legais ou regulamentares ou que infrinjam regras de ordem técnica ou deveres objectivos de cuidado de que resulte a ofensa de direitos ou interesses legalmente protegidos (artigo 9.º, n.º 1, da Lei n.º 67/2007, de 31 de Dezembro).

E, por outro, a ofensa de direitos e interesses legalmente protegidos resultante do funcionamento anormal do serviço, ou seja, os danos não decorrentes do comportamento concreto de um titular do órgão, funcionário ou agente determinado, ou quando não seja possível provar a autoria pessoal da acção ou omissão (artigos 7.º, n.º 3, 9.º, n.º 2, da Lei n.º 67/2007, de 31 de Dezembro).

O elemento preponderante nesta matéria é o resultado, ou seja, a violação de direitos subjectivos, por um lado, ou de interesses directamente compreendidos na pluralidade de normas de protecção constantes do nosso ordenamento jurídico, por outro.

O conceito de acção e de omissão é muito amplo, certo que abrange a violação das regras técnicas, onde se incluem, em princípio, as normas de concepção e de construção acima referidas, os meros deveres objectivos de cuidado, além de que se abstrai da individualização do agente, autor da acção ou da omissão, em quadro de diluição na entidade serviço.

Mas reputamos duvidosa a conclusão de que as mencionadas normas técnicas revestem natureza jurídica apenas por virtude de terem integrado o caderno de encargos relativo ao contrato de empreitada de obras públicas.

No quadro da proibição de comportamentos humanos susceptíveis de provocar danos a outrem, serve-se a lei, não raro, de conceitos normativos, cujo preenchimento em regra não é fácil, como é o caso do dever objectivo de diligência, da omissão da acção esperada ou do cumprimento do dever jurídico.

Isso remete-nos para o conceito de culpa ou censura ético-jurídica, que constitui a base do nosso sistema jurídico de responsabilidade civil, não obstante, por virtude da evolução tecnológica e do trabalho em grupo, tenha vindo a perder relevo no confronto da responsabilidade com base no risco.

Sabe-se que a culpa em sentido amplo abrange o dolo, isto é, a intenção do agente de provocar o dano, e a culpa em sentido estrito, consciente ou inconsciente, isto é, o querer a causa do dano, configurando ou não a sua verificação em virtude da respectiva acção ou omissão.

Os comportamentos das pessoas individualmente consideradas ou como membros de pessoas colectivas *lato sensu* são aferidos em função delas em termos de censura ético-jurídica, para determinar a imputabilidade ou não a título de culpa.

Nesta matéria não é despiciendo distinguir entre culpa pessoal e funcional, esta para significar, por exemplo a deficiência de vigilância e de manutenção de estradas.

No âmbito da responsabilidade civil extracontratual regulada pelo direito privado, a culpa é, em regra, apreciada pela diligência do homem médio, isto é, em abstracto, face às circunstâncias de cada caso (artigo 487.º, n.º 2, do Código Civil).

No quadro da responsabilidade civil regulada pelo direito público, por seu turno, a aferição da culpa parte da diligência e da aptidão razoavelmente exigível a um bom pai de família, na espécie o titular de órgão, funcionário ou agente zeloso e cumpridor (artigo 10.º, n.º 1, da Lei n.º 67/2007, de 31 de Dezembro).

Em regra, por aplicação dos princípios gerais da responsabilidade civil, sempre que tenha havido incumprimento de deveres de diligência, é de presumir a culpa leve (artigo 10.º, n.º 3, da Lei n.º 67/2007, de 31 de Dezembro).

É preciso, porém, que haja dano, cuja ideia está sempre ligada ao prejuízo, de ordem patrimonial, se diminui ou obsta ao acréscimo ou à manutenção de um património, ou de ordem moral se afecta bens eminentemente pessoais, como é o caso da vida, da honra, da saúde ou da beleza.

O dano nesta sede é coberto pela obrigação de indemnizar decorrente da responsabilidade civil extracontratual com idêntica amplitude, seja por aplicação do direito privado, seja por aplicação do direito público.

Com efeito a referida responsabilidade compreende os danos patrimoniais presentes ou emergentes e futuros, como também os não patrimoniais (artigos 3.º, n.º 2, da Lei n.º 67/2007, de 31 de Dezembro, e 496.º, n.º 1 e 564.º, do Código Civil).

Mas a lei não prescinde da verificação do nexo de causalidade entre o facto e o prejuízo.

A Lei n.º 67/2007, de 31 de Dezembro, não contém norma que se refira expressamente ao princípio da causalidade. Todavia, expressa que a responsabilidade a que se reporta compreende os danos patrimoniais e não patrimoniais, os emergentes e os futuros, nos termos gerais de direito.

A referida remissão justifica a aplicação no âmbito da responsabilidade civil de direito público, a que aquela Lei se reporta, o que se prescreve no artigo 562.º do Código Civil, segundo o qual a obrigação de indemnização só existe em relação aos danos que o lesado provavelmente não teria sofrido se não fosse a lesão.

Conforme resulta dos trabalhos preparatórios do Código Civil, tem sido quase unânime o entendimento da doutrina e na jurisprudência no sentido de que o mencionado normativo estabelece a solução da causalidade adequada na sua formulação negativa, segundo a qual uma condição do dano deixará de ser considerada causa dele sempre que seja de todo indiferente para a sua produção e só se tenha tornado sua condição em virtude de outras circunstâncias extraordinárias[5].

Assim, para que um facto seja causa do dano é necessário que, no plano naturalístico, seja sua condição *sine qua non* dele em concreto e em abstracto segundo as regras da vida, ou seja, as máximas da experiência, os princípios da lógica e os juízos correntes de probabilidade.

Não basta, por isso, que o evento tenha produzido certo efeito para que, de um ponto de vista jurídico, se possa considerar causado ou provocado por ele, antes sendo necessário que o primeiro seja uma causa provável ou adequada do segundo.

---

[5] Acórdão do STA, de 6 de Fevereiro de 2007, Processo n.º 0801/2006.

Em consequência, o juízo sobre a causalidade integra, por um lado, matéria de facto, certo que se trata de saber se na sequência de determinada dinâmica factual um ou outro facto funcionou efectivamente como condição desencadeante de determinado efeito.

E, por outro, matéria de direito, designadamente a determinação, no plano geral e abstracto, se aquela condição foi ou não causa adequada do evento, ou seja, dada a sua natureza, se era ou não indiferente para a sua verificação.

Suscitar-se-á, não raro, designadamente sob invocação das entidades responsáveis pela concepção, construção e conservação das estradas, no confronto dos lesados, que se o seu defeito não existisse, o dano se produziria.

Todavia, quem invoca a relevância negativa da causa virtual do dano deve provar que, mesmo que tivesse cumprido o seu dever, com a diligência devida, não teria sido possível evitá-lo.

## VI. Responsabilização das entidades legalmente incumbidas da concepção, construção e conservação das estradas

Limitaremos a nossa análise neste ponto, naturalmente em termos de eventualidade, à sociedade de direito privado EP – Estradas de Portugal, SA e aos municípios, na medida em que lhes incumba a concepção, a construção e a conservação das estradas, começando pelas nacionais e prosseguindo com as municipais.

Incumbe à EP – Estradas de Portugal, SA a concepção, o projecto, a construção, o financiamento, a conservação, a exploração, a requalificação e alargamento da rede rodoviária nacional (artigo 4.º, n.º 1, do Decreto-Lei n.º 374/2007, de 7 de Novembro).

Representa o Estado, como autoridade nacional de estradas em relação às infra-estruturas rodoviárias concessionadas ou não concessionadas (artigo 8.º, n.º 1, do Decreto-Lei n.º 374/2007, de 7 de Novembro).

Compete-lhe, relativamente às infra-estruturas rodoviárias nacionais que integram o objecto de concessão acima referido, zelar pela manutenção permanente de condições, infra-estruturação, conservação e de salvaguarda do estatuto da estrada que permitam a livre e segura circulação (artigo 10.º, n.º 1, do Decreto-Lei n.º 374/2007, de 7 de Novembro).

Para o desenvolvimento da sua actividade detém poderes, prerrogativas e obrigações conferidos pelo Estado, por via de disposições legais no que respeita, designadamente, ao uso público dos serviços e à sua fiscalização, à regulamentação e fiscalização dos serviços prestados no âmbito das suas actividades e aplicação das correspondentes sanções, nos termos da lei, e à responsabilidade civil extracontratual no domínio dos actos de gestão pública [artigos 10.º, n.º 2, alíneas e), g) e h), do Decreto-Lei n.º 374/2007, de 7 de Novembro].

São normas que se conformam com o que se prescreve no artigo 409.º do Código dos Contratos Públicos, segundo o qual as entidades adjudicantes, no âmbito da concessão das obras ou serviços públicos, podem atribuir aos concessionários poderes e prorrogativas de autoridade.

Trata-se, pois, de uma sociedade anónima, de capitais exclusivamente públicos, sujeito de um contrato de concessão celebrado com o Estado relativo às estradas nacionais, com algumas prerrogativas de direito público.

Idêntica função incumbe aos municípios, pessoas colectivas de direito público, em relação às estradas, às ruas e aos caminhos municipais [artigo 64.º, n.º 2, alínea f), da Lei n.º 169/99, de 18 de Setembro].

Intensa é, como é natural, a conexão entre as referidas pessoas colectivas e os respectivos órgãos, representantes e agentes, ou seja, entre aquelas entidades abstractamente consideradas e quem é incumbido, por força da lei ou dos respectivos estatutos, de afirmar e executar a sua vontade, os mandatários constituídos por aqueles órgãos e os respectivos funcionários ou empregados.

Como os sujeitos da eventual obrigação de indemnizar são pessoas meramente jurídicas, cuja actividade é enquadrada na diversidade de patamares de competência funcional, impõe-se verificar como é que a lei resolve a sujeição à referida obrigação.

Conforme resulta do acima exposto, para além das pessoas colectivas públicas, também as pessoas colectivas privadas, designadamente as sociedades, são susceptíveis de ser accionadas por virtude dos danos causados a terceiros utentes das estradas nacionais ou municipais.

A actividade relativa às estradas, seja a sua concepção ou construção, seja no que concerne à sua conservação, corresponde ao exercício da função administrativa, certo que se trata de acções ou omissões ocorridas no âmbito de prerrogativas de poder público.

Corresponde ao que outrora a lei qualificava como actos de gestão pública, pelo que a matéria da responsabilidade civil em causa é regida pela Lei n.º 67/2007, de 31 de Dezembro.

Revogados que foram os artigos 96.º e 97.º da Lei n.º 169/99, de 18 de Setembro, pelo artigo 5.º da Lei n.º 67/2007, de 31 de Dezembro, a referida responsabilidade dos municípios passou a ser regida essencialmente pelo que deste último diploma decorre.

Assim, a mencionada responsabilidade civil dos municípios, bem como dos titulares dos seus órgãos, funcionários e agentes, é regida essencialmente pelo direito substantivo público a que aquela lei reporta (artigo 1.º, n.ºs 1 a 3).

Uma palavra mais sobre a EP – Estradas de Portugal, SA, que tem a ver com a circunstância de a lei, em normativo especial, expressar que a referida sociedade responde civilmente perante terceiros pelos actos e omissões dos seus administradores, nos mesmos termos em que os comitentes respondem pelos actos ou omissões dos comissários, de acordo com a lei geral (artigo 20.º, n.º 1, do Decreto-Lei n.º 374/2007, de 7 de Novembro).

Remete, pois, a lei nesta matéria para o que se prescreve no artigo 500.º do Código Civil, que se reporta à relação de comissão, em tema de responsabilidade objectiva, motivado pela ideia de garantia indemnizatória dos lesados.

Em virtude disso, já foi considerado coexistirem dois regimes de direito substantivo aplicáveis em sede de responsabilidade civil por defeitos de concepção, construção e conservação de estradas nacionais: um de direito público, aplicável às acções e omissões dos trabalhadores, auxiliares, representantes, mandatários e agentes da EP – Estradas de Portugal, SA, e outro, de direito privado, relativo aos seus administradores.

Na interpretação da lei deve o intérprete presumir ter o legislador estabelecido as soluções mais razoáveis, e considerar situações diversas em quadro de previsão, apesar de aquele o não ter feito, se ponderosas razões de sistema impuserem a distinção (artigo 9.º, n.º 3, do Código Civil).

Parece-nos, por um lado, que o referido normativo tem em vista a responsabilidade civil da EP – Estradas de Portugal, SA pelos actos dos seus administradores a que seja aplicável o direito privado, ou seja, em que não estejam em causa acções ou omissões envolvidas de poderes de autoridade.

E, por outro, quanto às acções ou omissões relativas à concepção, construção e conservação de estradas, de que tenham resultado danos na esfera jurídica de terceiros, dever aplicar-se o direito público relativo à responsabilidade civil extracontratual a que se reporta o artigo 1.º, n.º 5, da Lei n.º 67/2007, de 31 de Dezembro.

## VII. Complementaridade do direito privado e público concernente à responsabilidade civil

No regime de pretérito, ou seja, no domínio da vigência do Decreto-Lei n.º 48 051, de 21 de Novembro de 2007, discutiu a doutrina e a jurisprudência a questão de saber o âmbito da complementaridade do direito privado em relação ao regime de responsabilidade civil de direito público.

Até cerca da década de noventa do século passado, o Supremo Tribunal Administrativo entendeu no sentido da não aplicação da presunção de culpa, a que se reporta o n.º 1 do artigo 493.º do Código Civil, no domínio da responsabilidade pública por actos ilícitos, sob o argumento de o inverso sujeitar a Administração a um dever quase intolerável de ressarcimento para além das actividades perigosas onde se previa a responsabilidade pelo risco[6].

Mais tarde, a partir do fim dessa década, passou a considerar aplicável às referidas entidades no âmbito dos actos de gestão pública, designadamente por omissão do dever de reparação das estradas sob a sua jurisdição e de sinalização de obstáculos nelas existentes, a presunção de culpa a que alude aquele normativo[7].

Esse mesmo entendimento, com os mesmos fundamentos, também passou a ser seguido pelo Supremo Tribunal de Justiça no julgamento de casos idênticos que lhe foram submetidos.

Argumentava-se que o cumprimento do dever de fiscalizar o estado e o funcionamento das estradas constituía facto inerente à organização e desenvolvimento da actividade do ente público, cuja demonstração em juízo estava ao seu alcance, em regra por meios probatórios extraídos dos seus próprios serviços.

O referido entendimento era questionável, porque o Decreto-Lei n.º 48 051, de 21 de Novembro de 1967, não continha norma remissiva geral para o Código Civil, mas apenas para aspectos concretos do regime de responsabilidade civil, designadamente a apreciação da culpa, a pluralidade de responsáveis e a prescrição do direito de indemnização.

Ainda que fosse admissível a remissão para o artigo 493.º, n.º 1, do Código Civil, não seria aplicável na espécie, porque aquele normativo apenas se reporta aos danos causados pelas próprias coisas objecto do dever de vigilância e não por virtude da omissão de actividade de vigilância, de reparação ou de limpeza das estradas.

Com efeito, parece que o mencionado normativo só abrange as hipóteses em que foi a específica natureza das coisas, ou seja, os casos em que os seus perigos próprios estejam na origem do prejuízo, a tanto se limitando o dever de vigilância a que se reporta o mencionado normativo.

---

[6] Acórdãos de 27 de Abril de 1993 e de 16 de Maio de 1995, Apêndice do *Diário da República*, de 19 de Agosto de 1996, e de 20 de Janeiro de 1998, respectivamente.

[7] Acórdãos do Pleno da Secção, de 29 de Abril de 1998, de 27 de Abril de 1999 e de 20 de Março de 2002, Processos n.ºs 36 463, 41 712 e 45 831, respectivamente.

Assim, integrava-se o referido regime, porventura com demasiada amplitude, com várias normas do Código Civil, sobretudo as que regiam sobre a culpa, incluindo as presunções.

A referida questão deixou, porém, de relevar no domínio da Lei n.º 67/2007, de 31 de Dezembro, visto que esta estabelece que, sem prejuízo da demonstração de dolo ou culpa grave, se presume a culpa leve, por aplicação dos princípios gerais da responsabilidade civil nos casos de incumprimento do dever de vigilância.

Com o novo regime de responsabilidade civil de direito público procurou-se estabelecer um sistema quase completo e autónomo em relação ao regime de responsabilidade civil de direito privado, salvo nos pontos que se passam a referir sumariamente.

A propósito da culpa, quando houver pluralidade de responsáveis, a Lei n.º 67/2007, de 31 de Dezembro, remete para o disposto no artigo 497.º do Código Civil, segundo o qual, por um lado, se forem vários os responsáveis pelos danos é solidária a sua responsabilidade (n.º 1).

E, por outro, o direito de regresso entre os responsáveis existe na medida das respectivas culpas e das consequências que delas advieram, presumindo-se iguais as culpas das pessoas responsáveis (n.º 2).

Além disso, a matéria da prescrição é remetida para o artigo 498.º do Código Civil e normas relativas à suspensão e interrupção (artigo 5.º da Lei n.º 67/2007, de 31 de Dezembro).

Acresce que a referida lei de responsabilidade civil de direito público não contém normativo específico sobre o nexo de causalidade, mas remete, no n.º 3 do artigo 3.º, ao que parece, para o disposto no artigo 563.º do Código Civil, que, por isso, será aplicável.

Como a concepção, a construção e a conservação de estradas não se consubstanciam em actividades perigosas, também nos parece não ser aplicável na matéria em análise o regime de responsabilidade pelo risco a que se reporta o artigo 11.º da Lei n.º 67/2007, de 31 de Dezembro.

## VIII. **Âmbito e concorrência de responsabilidades**

A estrutura da obrigação de indemnizar aqui prevista é idêntica à que consta do Código Civil, nos seus artigos 562.º, 564.º e 566.º, n.º 1, ou seja, o obrigado à reparação do dano, patrimonial emergente ou futuro, ou não patrimonial, deve restituir a situação que existiria se não se tivesse verificado o evento que obriga à reparação, sendo a indemnização fixada em dinheiro quando a reconstituição natural não seja possível, não repare integralmente o dano ou seja excessivamente onerosa (artigo 3.º da Lei n.º 67/2007, de 31 de Dezembro).

Prevê-se também a situação em que o acto do lesado tenha sido uma das causas do dano, tal como está prevista no artigo 570.º, n.º 1, do Código Civil, ou seja, quando o seu comportamento tenha concorrido para a produção ou o agravamento dos danos causados, deve o tribunal determinar, com base na gravidade das culpas de ambas as partes e nas consequências que delas tenham resultado, se a indemnização deve ser totalmente concedida, reduzida ou mesmo excluída (artigo 4.º da Lei n.º 67/2007, de 31 de Dezembro).

Conforme acima se referiu, são ilícitas as acções e omissões dos titulares de órgãos e agentes das mencionadas entidades que infrinjam regras de ordem técnica ou deveres objectivos de cuidado de que resulte a ofensa de direitos ou interesses legalmente protegidos (artigo 9.º, n.º 1, da Lei n.º 67/2007, de 31 de Dezembro).

O incumprimento de deveres de vigilância por parte das mencionadas entidades implica a presunção de culpa leve, caso em que a respectiva responsabilidade se inscreve apenas nas mencionadas pessoas colectivas (artigos 7.º, n.º 1, e 10.º, n.º 3, da Lei n.º 67/2007, de 31 de Dezembro).

Inexiste fundamento legal, conforme já se referiu, para considerar que as estradas ou as actividades relativas à sua concepção, construção ou conservação sejam consideradas perigosas para efeito de responsabilizar as mencionadas entidades a título de risco, a que se reporta o artigo 11.º, n.º 1, da Lei n.º 67/2007, de 31 de Dezembro, em cuja imputação funciona o princípio da tipicidade.

Sabe-se, como é natural, que o incumprimento das referidas regras de segurança é susceptível de influenciar directamente o acto de condução. Mas raros serão os casos, porém, em que a causa dos sinistros ocorridos nas estradas seja exclusivamente imputável às referidas entidades que as conceberam, construíram ou que gerem a sua conservação.

Na realidade, há sempre o binómio veículo automóvel e condutor, o primeiro com a sua estrutura, composição e estado de conservação, e o último na medida em que envolve o acto de condução de toda a carga subjectiva que o caracteriza.

É a este que, com efeito, independentemente da infracção das regras técnicas de construção das estradas, se exige, no cumprimento do dever objectivo de cuidado, adequar o acto de condução, designadamente a velocidade, às características das vias e do veículo que conduz.

Em quadro de causas cumulativas ou de culpas concorrentes, não raro se suscitarão nos tribunais particulares dificuldades de determinação do nexo de causalidade adequada ou da medida de culpa com vista à determinação da obrigação de indemnizar nos seus aspectos qualitativos e quantitativos.

A obrigação de indemnizar é excluída quando se provam factos reveladores de ter sido usada a diligência exigível, segundo as concepções do tráfico jurídico, para prevenir o dano[8].

Podem suscitar-se conflitos entre presunções de culpa, por exemplo do comissário, nos termos do artigo 503.º, n.º 3, do Código Civil, e das referidas entidades gestoras das estradas.

## IX. Competência jurisdicional

A regra da competência dos tribunais da ordem judicial, segundo o chamado princípio residual, é a de que são da sua competência as causas não legalmente atribuídas aos tribunais de outra ordem jurisdicional (artigos 66.º do Código de Processo Civil e 18.º, n.º 1, da Lei de Organização e Funcionamento dos Tribunais Judiciais, aprovada pela Lei n.º 3/99, de 13 de Janeiro – LOFTJ).

O confronto, no quadro de litígios derivados do accionamento para a responsabilização civil de alguma das referidas entidades que haja, é delineado entre a competência dos tribunais da ordem judicial e a dos tribunais da ordem administrativa.

Ora, compete aos tribunais da jurisdição administrativa e fiscal a apreciação de litígios que tenham, nomeadamente, por objecto, além do mais, que aqui não releva, as questões em que, nos termos da lei, haja lugar a responsabilidade civil extracontratual das pessoas colectivas de direito público [artigo 4.º, n.º 1, alínea g), do ETAF].

Decorrentemente, como os municípios são pessoas colectivas territoriais que visam a prossecução de interesses próprios das populações respectivas, ou seja, pessoas colectivas de direito público, devem ser accionados, tal como os titulares dos seus órgãos, agentes e representantes, por virtude de responsabilidade civil por danos derivados de defeitos de concepção e construção de estradas, nos tribunais da ordem administrativa.

---

[8] MANUEL CARNEIRO DA FRADA, "Sobre a Responsabilidade Civil das Concessionárias por Acidentes Causados em Auto-Estradas", in Revista da Ordem dos Advogados, Ano 65, Lisboa, Setembro de 2005, páginas 419 a 424.

No que concerne à EP – Estradas de Portugal, SA, os titulares dos seus órgãos sociais, empregados ou mandatários, porque a respectiva responsabilidade civil extracontratual por danos decorrentes de defeitos de concepção, construção ou conservação de estradas é regida pelas disposições da Lei n.º 67/2007, de 31 de Dezembro, a competência em razão da matéria para a sua apreciação também se inscreve nos tribunais da ordem administrativa [artigo 4.º, n.º 1, alínea *i*), do ETAF].

Ao invés do regime de pretérito, a lei alargou o âmbito de jurisdição administrativa às questões de responsabilidade civil que envolvam pessoas colectivas de direito público, independentemente da questão de saber se as mesmas são regidas por normas de direito público ou por normas de direito privado.

É configurável que em relação ao mesmo evento estradal sejam accionados municípios ou a EP – Estradas de Portugal, SA e entidades meramente particulares, envolvendo, porventura, o julgamento de uns nos tribunais da ordem administrativa e de outros nos tribunais da ordem judicial, com a consequência nefasta da possibilidade de divergência ou mesmo de contradição de julgados.

Parece-nos, porém, que tal solução não é forçosa, isto por via da interpretação das normas sobre a legitimidade passiva nas acções da competência dos tribunais da ordem administrativa, que, de algum modo, interferem com a própria matéria da competência jurisdicional.

Com efeito, resulta das mencionadas normas, por um lado, que cada acção deve ser proposta contra a outra parte na relação material controvertida e, quando for caso disso, contra as pessoas ou entidades titulares de interesses contrapostos aos do autor (artigo 10.º, n.º 1, do CPTA).

E, por outro, poderem ser demandados particulares ou concessionários no âmbito de relações jurídico-administrativas que os envolvam com entidades públicas ou com outros particulares (artigo 10.º, n.º 7, do Código de Processo nos Tribunais Administrativos).

Assim, não se vê motivo legal para que o âmbito da previsão e da estatuição daqueles normativos não envolva o litisconsórcio voluntário passivo emergente de responsabilidade civil solidária ou conjunta extracontratual das entidades públicas e de entidades particulares[9].

---

[9] Neste sentido, ao que parece, veja-se MÁRIO AROSO DE ALMEIDA/CARLOS CADILHA, *Comentário ao Código de Processo nos Tribunais Administrativos*, Coimbra, 2005, páginas 80 a 82.

## X. Casuísmo jurisprudencial

Far-se-á neste ponto uma breve referência a decisões do Supremo Tribunal de Justiça e do Supremo Tribunal Administrativo que, ao longo do tempo, se pronunciaram sobre o tema em análise ou conexo.

A maior parte das decisões que se prendem com esta matéria tem a ver com a omissão da conservação das estradas nacionais e municipais por parte das entidades responsáveis pela respectiva gestão.

Foram casos de danos provocados pela queda de árvores sobre veículos, despenhamento de veículos devido ao aluimento de estradas por virtude da queda de muros de suporte, pela existência de areia não sinalizada à saída de curvas, de hidroplanagem em lençóis de água pluvial resultantes de deficiente escoamento, de obstáculos não sinalizados – blocos, caixas de saneamento sem tampa, tampas de caixas de saneamento quebradas e de ponta levantada não sinalizada próximo de entroncamento – por buracos não sinalizados dissimulados pelas águas das chuvas, pelo deficiente funcionamento da sinalização luminosa, pela omissão de reposição de sinal *stop* em entroncamento à saída de ruas gerando conflito de prioridades, e pela existência de óleo no pavimento.

Mas algumas delas, poucas embora, pronunciaram-se sobre a responsabilidade civil por danos derivados de defeito de concepção ou construção de estradas.

Num caso, o ente público foi condenado a indemnizar pelo dano decorrente da derrocada de um pedregulho de uma barreira de uma estrada nacional, que atingiu uma viatura devido à estrada ter sido objecto de obras de alteração que moldaram a barreira em termos de ficar com mais dez metros de altura e inclinação entre sessenta e setenta graus e sem banquetas ou outra espécie de protecção da faixa de rodagem.

Noutro caso, a entidade pública foi condenada a indemnizar por não visualizar com antecedência e convenientemente o novo percurso feito em estrada que antes seguia em linha recta e depois passou a inflectir para a esquerda por curva em cotovelo de ângulo de cerca de noventa graus.

Em outro aresto o ente público foi condenado a indemnizar o dano decorrente do embate na extremidade de um *rail* de protecção num lado da estrada cuja ponta terminava em cunha viva, em vez de terminar em chapa espalmada encurvada para trás para amortecer o choque.

Num outro caso, um município foi condenado a indemnizar o dano parcialmente causado pela omissão de implantação de protecção metálica na estrada e de sinalização de aproximação a curva perigosa, precipício, via rápida e cruzamento.

Numa outra situação foi condenado um município a indemnizar o dano derivado do embate numa tampa de saneamento em virtude do piso irregular de uma via municipal, com uma lomba elevada em quinze centímetros, sem sinalização de aviso de perigo.

Na maioria destas acções são os próprios condutores de veículos automóveis, ou os seus sucessores que accionam as entidades públicas por danos próprios sofridos no âmbito da circulação estradal.

Raros são os casos em que um terceiro lesionado em resultado de colisão de veículos ou de atropelamento accionam a entidade gestora da estrada e o condutor do veículo que colide ou atropela.

Acredita-se que conferências e debates do tipo dos que estão aqui em curso constituem, por um lado, factores de informação jurídica e de melhor consciencialização dos cidadãos em geral e dos utentes das estradas em particular quanto aos seus direitos e deveres, e, por outro, elementos de mudança para melhor da situação no plano da prevenção e da reparação do danos.

# O manto diáfano da personalidade judiciária*

PROF.ª DOUTORA PAULA COSTA E SILVA

> SUMÁRIO: *1. Observações gerais. 2. Dr. Jeckill e Mr. Hide: quem é quem e quem fica vinculado ao quê? 3. O caso particular das sucursais, agências, filiais, delegações e representações. 4. A sanação da falta de personalidade judiciária das sucursais, agências, filiais, delegações e representações. 5. Balanço final.*

## 1. Observações gerais[1]

1. O capítulo relativo às Partes abre, no nosso Código, com a matéria da personalidade judiciária. Apesar do desconforto que este pressuposto provoca, que se intui nas palavras de Castro Mendes [Direito processual civil, II, p. 36] e que se lê em Anselmo de Castro [Direito processual civil declaratório, II, p. 108], é-lhe normalmente conferida uma posição de parca proeminência se comparado com a competência ou com os demais pressupostos referentes às partes.

Afirmando que a personalidade judiciária consiste na susceptibilidade de se ser parte (cfr. artigo 5/1), dispõe a lei, como regra fundamental, a coincidência entre a personalidade jurídica e a personalidade judiciária (cfr. artigo 5/2). Compreende-se bem o fundamento da coincidência. Não entrando, aqui, na polémica que envolve a vinculação do legislador a dados pré-legais, a coinci-

---

\* Artigo destinado aos Estudos em Homenagem ao Prof. Doutor José de Oliveira Ascensão.
[1] Pertencem ao Código de Processo Civil actualmente em vigor as disposições citadas sem indicação de fonte. A jurisprudência indicada sem mais pode ser consultada no site www.dgsi.pt.

dência significa que aqueles que o Direito reconhece enquanto pessoas têm a susceptibilidade de serem partes.

Num passo que cria agudas dificuldades dogmáticas, a lei atribui personalidade judiciária a realidades que não têm personalidade jurídica. Se os objectivos pragmáticos das regras de concessão de personalidade judiciária a realidades que não são pessoas podem compreender-se e aceitar-se como imediatamente bons, deles resulta uma série de problemas que são desconhecidos dos sistemas que não operam semelhante atribuição.

A concessão de personalidade judiciária a realidades destituídas de personalidade jurídica significa, em primeira linha, que a lei reconhece a susceptibilidade de terem o estatuto de partes realidades que são destituídas de personalidade jurídica. Se assim é, deverá aceitar-se que figurem como autor e/ou como réu realidades que, por não serem pessoas jurídicas, integram, de um ponto de vista do direito material, categoria diversa da das pessoas. Em alguns casos serão coisas (*v.g.*, a herança ou os patrimónios equiparados, o navio), noutros serão meros suportes de exercício da actividade de pessoas colectivas destituídos de personalidade (as sucursais, as agências, as filiais, as delegações e as representações). O que vem a significar que, à luz do nosso sistema, podem ser referentes de situações jurídicas processuais, realidades diversas das pessoas.

2. Até aqui, os efeitos podem considerar-se de somenos. No entanto, há que projectá-los para a decisão de mérito e para a questão dos limites subjectivos do caso julgado. A personalidade judiciária não decorrente da personalidade jurídica implica a concessão do estatuto de parte a quem não é o titular das situações litigiosas. Cumprirá saber, em face da delimitação subjectiva do caso julgado, se essas não pessoas podem ser os referentes dos efeitos materiais da decisão. Realidades que não são pessoas jurídicas podem ser condenadas em pedidos ou deles serem absolvidas quando as situações litigiosas, por imposição do Direito material, pressupõem uma esfera jurídica enquanto suporte de imputação, esfera que estes entes não têm?

Por outro lado, ainda mais críticos são os casos em que as partes (ou uma delas) são (ou é) destituídas, para além de personalidade jurídica, ainda de personalidade judiciária. Nestas hipóteses, não é possível encontrar justificação pragmática (seja através do critério da imputação do acto, seja através do critério da autonomia ou diferenciação patrimonial) para a escolha de uma coisa enquanto referente dos efeitos da decisão. O regime que a lei manda aplicar é o seguinte: nos termos do artigo 494/*c*), a falta de personalidade judiciária constitui uma excepção dilatória de conhecimento oficioso (artigo 495). Segundo o artigo 288/1*c*), a falta de personalidade judiciária cria, para o julgador, o dever de abstenção de conhecimento do mérito e de absolvição do réu da instância.

Lembre-se que a falta de personalidade judiciária somente emerge ou quando a parte é destituída de personalidade jurídica ou quando, para além de ser destituída de personalidade jurídica, é ainda destituída de personalidade judiciária. O traço comum a todos os casos de falta de personalidade judiciária é o da falta de personalidade jurídica: demandou ou foi demandada uma coisa à qual nem mesmo o direito adjectivo concede personalidade judiciária, pensa-se que pela razão de não estarem verificadas as necessidades pragmáticas a que este tipo de personalidade responde.

3. Pergunta-se: é dogmaticamente aceitável que se absolva uma coisa da instância?

E, já antes disso, quando a parte seja destituída de personalidade jurídica, mas não de personalidade judiciária, é dogmaticamente explicável que uma coisa seja condenada ou absolvida de um pedido?

Castro Mendes, afirmando que o "regime legal que, aprofundado, mostra algumas dificuldades", concluía que "a absolvição é antes uma absolvição de aparência de instância se a não-parte for autora) ou uma aparente absolvição da instância (se a não-parte for ré)" [Direito processual civil, II, 1987, p. 34]. Compreendem-se as dificuldades peculiares, envolvidas nas hipóteses em que a parte é destituída de personalidade. Mas não pode acompanhar-se o Autor quando se refere a uma *não-parte*. Com efeito, e uma vez que a personalidade é um pressuposto que adere à parte, sendo a parte formalmente definida [parte é aquela que demanda em nome próprio e aquela que é demandada em nome próprio], apesar de não ter personalidade, a parte e parte, sendo encabeçada no estatuto que este termo convoca. As dificuldades suscitadas pela personalidade judiciária enquanto reflexo da personalidade jurídica decorrem de ter de se aceitar a existência de um processo, mesmo que, numa situação extrema, nenhuma das partes tenha personalidade jurídica/judiciária. E é um facto que, uma vez proposta a acção, o exercício da função jurisdicional pelo tribunal, ainda que seja para o proferimento de uma decisão estritamente formal, é absolutamente legítimo.

Primeira observação: porquanto conseguimos apurar, a autonomização da personalidade judiciária face à capacidade judiciária é uma peculiaridade do nosso sistema jurídico. Da falta de consagração expressa de um pressuposto processual que respeite à personalidade não resulta que, em outros sistemas, se não levantem problemas que decorrem da constituição da instância entre realidades que não têm personalidade. No entanto, a solução que aí recebem não toma como ponto de referência o regime típico das condições de admissibilidade. A situação que mais se aproxima daquela que resulta, entre nós, da recondução da falta de personalidade a uma excepção dilatória ocorre, por exemplo, no sistema jurídico alemão a propósito de entidades às quais, não sendo reconhecida capacidade jurídica de gozo, é conferida capacidade de gozo judiciária passiva, nesta se incluindo a faculdade de dedução de reconvenção. E uma vez que essa capacidade se reconduz à admissibilidade da constituição destas entidades como partes, os problemas que aí avultam aproximam-se daqueles que temos de defrontar, mas sob o pressuposto da personalidade judiciária [sobre a constituição, como partes, de entidades destituídas de capacidade de gozo e seus reflexos, para o sistema jurídico alemão, Rosenberg/Schwab/Gottwald, Zivilprozessrechts 16.ª, §43.II.5 a 7].

Entre nós, Castro Mendes, numa posição que veremos próxima daquela que é defendida na Alemanha por Rosenberg/Schwab/Gottwald, afirmava que, quando a parte seja destituída de personalidade judiciária, "(f)alta a instância, embora haja uma aparência de instância, que chega para fundamentar os actos de processo que se pratiquem" [Direito processual civil, II, 1987, p. 18]. Numa posição que era já defendida por Rosenberg [Lehrbuch des deutschen Zivilprozesrechts 9.ª, §40.V], entendem Rosenberg/Schwab/Gottwald que, verificando-se que afinal a parte não existe, tanto porque jamais teve existência jurídica, sendo mera criação do autor, ou porque, tendo-a tido, veio a perdê-la (por morte, nas pessoas singulares, por extinção, nas pessoas colectivas), deve a pretensão substantiva ser declarada inadmissível, terminando a acção com uma decisão processual/formal e sendo as custas suportadas pelo autor. Já a decisão de mérito que haja sido proferida a favor ou contra uma parte não existente é necessariamente destituída de efeitos [Zivilprozessrechts 16.ª, §41.V].

Segunda observação: a personalidade judiciária, enquanto pressuposto autónomo, é consagrada somente no CPC de 39. No Código de 1876, aspectos de regime que implicavam, umas vezes, questões de personalidade e outras de capacidade surgiam misturados (cfr. artigos 9, onde se dispunha que "(s)ó os que tiverem capacidade legal podem pessoalmente recorrer aos tribunais ou ser a elles chamados" e 11, § 2.º, onde se lia que "(a)s succursais, agências ou estabelecimentos filiaes de qualquer banco, sociedade ou companhia serão representados pelos seus chefes na séde da respectiva administração."). É no CPC de 39 que se passa a regular primeiro a matéria da personalidade e, só posteriormente, a matéria da capacidade.

Terceira observação. Ao explicar a personalidade judiciária escreve Alberto dos Reis que a distinção entre a personalidade judiciária e a capacidade judiciária é "paralela à que o Código Civil estabelece entre a capacidade de direitos ou personalidade jurídica (...) e a capacidade do exercício de direitos" [Código de Processo Civil anotado, I, p. 26]. Recorde-se que ao tempo de redacção deste preceito vigorava o artigo 1 do CC de 1876, nos termos do qual "(s)ó o homem é susceptível de direitos e obrigações. N'isto consiste a sua capacidade jurídica, ou a sua personalidade" [Sobre a indistinção entre a personalidade e a capacidade jurídicas e a evolução dos dois conceitos, Menezes Cordeiro, Tratado de Direito Civil, I, Tomo III[2004], ns. 96 e 97].

Quarta observação: no plano do discurso jurídico, a personificação judiciária de certas entidades provoca dificuldades. A análise de algumas decisões proferidas quando se discutem questões relacionadas, *v.g.*, com o condomínio permite esta conclusão. Na solução do caso, o tribunal por vezes oscila entre a personalidade judiciária, a representação judiciária de entidades sem personalidade jurídica e a legitimidade [a título exemplificativo, acórdão do Supremo Tribunal de Justiça, de 14 de Março de 2006 (Urbano Dias) onde se conclui, a nosso ver, de modo absolutamente adequado que não é possível a sanação da falta de personalidade judiciária de sociedade dissolvida; no entanto, o fundamento a que o tribunal recorre para esta impossibilidade é o artigo 23, relativo à representação/capacidade judiciária; ainda acórdão do mesmo tribunal, de 17 de Junho de 1986 (Lima Cluny), onde se afirma que determinado estabelecimento de ensino particular, tendo o estatuto de fundação, havia adquirido personalidade e capacidade judiciária ao abrigo dos artigos 5 e 6; cfr., ainda, acórdão do Supremo Tribunal Administrativo, de 25 de Setembro de 2001, onde se lê que cabendo a representação do Município ao Presidente da Câmara Municipal, é neste que devem radicar-se a personalidade e a capacidade judiciárias].

Quinta observação: vem-se verificando uma certa indiferença ao trecho final do artigo 6/*a*). Assim se verificou no recente acórdão do Supremo, de 6 de Março de 2003 (Oliveira Rocha). Discutia-se a personificação judiciária de um fundo de investimento. O Supremo conclui que este tem personalidade judiciária porque é um património autónomo. No entanto, a lei não elege exclusivamente o critério da autonomia patrimonial como índice de personificação. Exige mais: exige que, para além de ser constituído como património autónomo, este património não tenha titulares determinados. Se os tiver e apesar da sua autonomia, não goza o património de personalidade judiciária. Assim sucede, *v.g.*, com o EIRL. Não obstante ser constituído como um património autónomo, o seu titular está necessariamente identificado. Se assim é, parte em acção relativa a situações jurídicas respeitantes ao estabelecimento (e não do estabelecimento) é o seu titular, não o EIRL. Esta observação corresponde aos dados do sistema. Na al. *a*) do artigo 6 lê-se que é concedida personalidade judiciária à herança jacente e aos patrimónios autónomos semelhantes *cujo titular não estiver determinado*. Ora, é exactamente este trecho final do artigo 6/*a*) que permite a equiparação da herança jacente (aquela que, já aberta, ainda não foi aceite pelo que não tem titulares determinados) e os demais patrimónios. E é a ausência de identificação dos titulares de um património que explica a solução, estritamente pragmática, de não bloquear quer o exercício por, quer o exercício contra esses mesmos patrimónios. Tendencialmente, um dia, terão um titular. Mas, enquanto o não tiverem, não ficam impossibilitados de demandar e de serem demandados.

Sexta observação: o que acaba de ser dito não significa que o artigo 6/*a*) não possa ser interpretado no sentido em que, não obstante a determinação ou determinabilidade dos titulares do património autónomo seja razoável atribuir personalidade judiciária a este património. Pode ter sido esta a razão implícita para a posição do Supremo, assumida no acórdão já referido de 6 de Março. O fundo não é um património sem titular. Nem é um património que se não sabe a quem pertence: pertence, em regime de propriedade de mão comum, ao colectivo dos titulares de unidades de participação. Esta colocação retira o fundo, enquanto património autónomo, do campo do artigo 6/*a*): apesar de estarmos perante um património autónomo, o seu titular está determinado. Desta conclusão não deve, porém, imediatamente inferir-se que, em casos análogos ao do fundo, não deva o património ser judiciariamente personificado. E, mais uma vez, esta personificação é justificada por razões de ordem pragmática: perante a operosidade de uma acção que tivesse todos os titulares do património como autores ou que fosse instaurada contra todos os titulares do fundo, o direito intervém, criando um esquema de simplificação. Esta, tal como sucede com a acção colectiva que permite evitar coligações com uma pluralidade quase incomportável de compartes, pode residir na personificação judiciária do património autónomo, *rectius*, do fundo. No final, a decisão do Supremo Tribunal é boa; talvez implicasse um maior esforço argumentativo.

## 2. Dr. Jeckill e Mr. Hide: quem é quem e quem fica vinculado ao quê?

4. Os objectivos que presidem à concessão de personalidade judiciária a realidades que não integram a categoria das pessoas jurídicas são claramente pragmáticos [Alberto dos Reis, Código de Processo Civil anotado, I, p. 26: "Para levar mais longe a facilidade de movimentos, a lei permite que as sucursais (…), posto que não tenham personalidade jurídica, demandem e sejam demandadas; quer dizer, atribui personalidade judiciária às sucursais e outras

delegações da administração central, a fim de se realizar mais completamente o objectivo a que obedece a criação de tais órgãos"]. A questão que avulta em torno de partes, que não são pessoas jurídicas, foi já apontada: elas serão os referentes, não apenas de todas as situações jurídicas processuais, mas dos efeitos materiais da decisão. Por outro lado, e quanto às partes que sejam simultaneamente destituídas de personalidade jurídica e de personalidade judiciária, a dificuldade reside no facto de se admitir serem elas o referente dos efeitos de uma decisão ainda que formal.

Que saída pode existir para esta contradição, traduzida na imputação de situações jurídicas materiais e/ou processuais a quem não tem personalidade jurídica, ou seja, a quem não tem a susceptibilidade de ser delas titular?

O problema implicado nesta questão não é particular do domínio das normas processuais; há muito que é conhecido no campo do direito substantivo, bastando recordar as figuras da sociedade civil, das associações sem personalidade jurídica, do navio, dos animais. Como se sai dele? Através da aceitação de que, afinal, é possível a imputação de situações jurídicas, prescindindo da personalidade jurídica. Supomos que, em parte das hipóteses em que a lei reconhece personalidade judiciária a entes destituídos de personalidade jurídica plena, a resposta passa pela aceitação da figura da personalidade rudimentar, à qual há que recorrer para compatibilizar o estatuto de alguns entes não personificados com os regimes legais para eles traçados. Assim sucede, seguramente, com a sociedade civil se se entender que esta não tem personalidade jurídica e, ainda, com as associações e comissões destituídas de personalidade, com o condomínio, as sucursais, agências, filiais, delegações e representações. Todas estas entidades têm uma organização mais ou menos sofisticada, evitando a respectiva personificação judiciária, nuns casos, a constituição como parte na demanda de uma pluralidade mais ou menos extensa de pessoas singulares (casos da sociedade e do condomínio) e noutros, a constituição como parte da própria pessoa colectiva.

Noutras hipóteses, falha a possibilidade de recurso à personalidade rudimentar, apoiada numa estruturação mais ou menos sofisticada de uma organização, para explicar a personalidade judiciária. Nestas, a personificação judiciária é o expediente técnico que permite o exercício de situações jurídicas que, sem esse instrumento, estariam paralisadas. Assim sucede no caso da herança jacente ou de outros patrimónios autónomos, cujo titular (ou titulares) não esteja(m) determinado(s).

5. Os problemas adensam-se, porém, no domínio processual uma vez que, se num primeiro plano, se imputam situações estritamente adjectivas à entidade

destituída de personalidade jurídica, num segundo momento haverá que determinar a quem vêm a ser imputados os efeitos da decisão. E esta pergunta traz consigo outra mole de questões.

Na verdade, se os efeitos materiais se disserem imputados à entidade destituída de personalidade, pergunta-se como pode ela ser o referente desses efeitos. Pergunta-se: como pode, *v.g.*, uma sucursal ser o referente dos efeitos de uma decisão de condenação no pagamento de uma determinada quantia? Esta pergunta atinge maior acuidade quando se pensa que a sucursal pode, inclusivamente, ser parte em processos em que se discutem situações que não procedem, sequer, de factos por elas praticados. Ao conceder personalidade judiciária à entidade que não tem personalidade jurídica, a lei parece despreocupar-se com o seu reflexo, ou seja, com a posição da pessoa jurídica, em cuja esfera acabarão por repercutir-se os efeitos da decisão e que não foi parte na acção. Começam a avolumar-se as dúvidas quanto a uma solução que permite a vinculação de um terceiro (por referência à parte processual) aos efeitos de uma decisão, obtida no confronto de uma parte que, no plano substantivo, dela não tem autonomia. A pessoa jurídica, sendo uma não-parte processual, é a parte em sentido material. Quem exerce as diversas situações processuais, que vão concorrer para a conformação da decisão de mérito não é a pessoa colectiva: poderá dizer-se que está assegurado, neste caso, o princípio do processo equitativo?

6. Tomando posição nesta questão, Anselmo de Castro [Direito processual civil declaratório, II, p. 108-109] diria que "(p)arece indiscutível que os efeitos da acção se produzem directamente sobre, v.g, a sociedade na acção da sucursal ou contra a sucursal (…), sobre a herança, ou melhor, sobre os futuros titulares dela que venham a determinar-se, nas acções de ou contra a herança de titular ainda não determinado, etc.. Quer dizer, partes na causa verdadeiramente são a sociedade, a herança (os herdeiros), a sociedade civil, etc., e não a sucursal, o administrador do património autónomo cujo titular não está identificado, etc., que são simples parte formal, ou meros representantes legais. Quando muito, a sua posição será a de um substituto processual. Na verdade, não pode admitir-se que os efeitos da acção ou da sentença se restrinjam, *v.g.*, à sucursal ou aos bens que estejam afectos à sua esfera de acção, que aliás não constituem património próprio, e não atinjam a própria sociedade".

Se o fundamento da vinculação do ente com personalidade jurídica, que não foi parte na acção, aos efeitos da decisão proferida no confronto da parte meramente judiciária se pode localizar, de acordo com o pensamento de Anselmo de Castro, numa pluralidade de figuras (desde a representação à substituição, passando por uma funcionalização clara do conceito de parte na aplicação das regras adjectivas, numa posição que é defendida, na Alemanha, por Wolfram Henckel e que acolhemos quando ensaiámos a explicação dogmática do conceito de substituição processual, com a inerente vinculação do substituído aos efeitos da decisão proferida em acção que teve o substituto como parte em *A transmissão da coisa ou direito em litígio. Contributo para o estudo da substituição processual*), interessa-nos, agora, sublinhar aquela que é a ideia fulcral da construção deste Autor. Segundo Anselmo de Castro, se a acção é proposta por ou contra uma parte com personalidade judiciária mas destituída de personalidade jurídica, os seus efeitos materiais atingem directamente a parte material e não a parte judiciária que, ainda segundo o Autor, é parte meramente formal. Neste sentido e não obstante o debate em torno da personificação judiciária das Câmaras Municipais [por último e com indicações jurisprudenciais, acórdão do Supremo Tribunal de Justiça, de 2 de Maio de 2002 (Neves Ribeiro)], vêm entendendo os tribunais superiores que a repercussão dos efeitos das decisões por elas obtidas na esfera dos Municípios [cfr. acórdãos do Supremo Tribunal de Justiça, de 3 de Outubro de 1991, com mais indicações; de 4 de Maio de 2000 (Duarte Soares)].

7. A dicotomia entre a parte judiciária formal e a parte pessoa jurídica material é plena de consequências, surgindo, de imediato, as que respeitam à execução. Se a parte da acção declarativa é destituída de personalidade judiciária mas se a decisão é proferida no seu confronto, quem deve ser a parte na execução? A parte judiciária formal ou a parte judiciária material?

Nada se dispondo, em particular, quanto à personificação das entidades enumeradas nos artigos 6 e 7 do CPC na acção executiva, toma-se, regra geral, como a esta aplicáveis as disposições claramente pensadas para a acção declarativa. Deixar-se-ão de fora desta análise os casos em que o título não é judicial [cfr., exemplificativamente, o acórdão do Supremo Tribunal de Justiça, de 27 de Setembro de 2001 (Oliveira Barros), onde se admite a propositura da acção executiva pelos herdeiros entretanto determinados da herança do tomador]. Estes poderão interessar quando se aprofunda a aplicabilidade directa, à execução de títulos extrajudiciais, das regras vigentes em matéria de personalidade judiciária. Ficarão igualmente de fora os casos em que, sendo o título obtido no confronto de pessoa jurídica estrangeira se pergunta se, v.g., a sucursal, localizada em Portugal, pode ser constituída como parte.

Esta questão merece uma resposta intuitivamente negativa mas por uma razão estranha à personalidade judiciária. Com efeito, negar-se-á, de imediato, a possibilidade de constituição da sucursal como parte na medida em que não é ela quem figura no título como credora ou devedora. Mas veja-se que se responde já com base num pressuposto diverso da personalidade judiciária, a saber, com fundamento no regime peculiar de legitimidade estritamente formal, vigente na acção executiva.

Não obstante a distinção entre os dois pressupostos – personalidade judiciária e legitimidade –, certo é que, entre eles, se verifica uma relação de implicância inversa. Se é verdade que a parte só pode ser legítima se, antes disso, se puder constituir como parte, ou seja, se antes disso se concluir que ela tem personalidade judiciária, verdade é, também, que quando a lei atribui legitimidade processual a uma entidade destituída de personalidade jurídica para accionar determinadas situações jurídicas, esta legitimidade implica a sua possibilidade de efectivamente as accionar. Ora, se a sua constituição como parte não for admitida, a sua legitimidade não tem projecção. Isto mesmo resulta, com toda a evidência, do acórdão do Supremo Tribunal de Justiça, de 19 de Janeiro de 2004 (Silva Salazar), onde se lê que a "legitimidade (…) obviamente pressupõe o reconhecimento de personalidade judiciária activa, sem a qual, não podendo o autor ser parte, a concessão de legitimidade seria pura inutilidade sem sentido." [Quanto à necessidade de reconhecimento de personalidade judiciária a uma entidade a que a lei reconhece capacidade judiciária uma vez que esta não se concebe sem aquela, acórdão do Supremo Tribunal de Justiça de 4 de Maio de 1982 (Amaral Aguiar)].

8. Centremo-nos, então, na hipótese mais simples, ou seja, nos casos em que o título é uma sentença condenatória e a parte na acção declarativa é destituída de personalidade jurídica, beneficiando de uma concessão de personalidade judiciária.

Quem são as partes na execução?

Atendendo à distinção que Anselmo de Castro traçava, ao analisar o pressuposto da personalidade judiciária na acção declarativa, entre a parte formal e a parte material e à conclusão que dela extraía – a necessidade de considerar que os efeitos dos actos praticados pela parte formal se repercutiam directamente na esfera da parte material – era óbvia a necessidade de conhecer a posição deste Autor em sede de execução. Porém, ao descrever os pressupostos processuais relativos às partes, começa, logo, pela legitimidade, não fazendo referências à personalidade judiciária (e à capacidade). Teria este Autor imposto que, sendo a parte material a pessoa jurídica e não a pessoa judiciária, que fosse aquela e não esta a parte na execução? Teria interpretado os termos *credor* e *devedor*, constantes do artigo 55, em termos materiais, não com o sentido de serem efectivamente sujeitos das posições jurídicas implicadas pelo dever de prestar, mas no de serem os referentes dos efeitos materiais da decisão condenatória?

Sobre questão análoga àquela que nos ocupa pronunciou-se o Supremo Tribunal de Justiça, em acórdão de 23 de Março de 1994 (Miranda Gusmão). No caso decidido pelo Supremo, determinada sociedade requerera, em acção declarativa, a condenação do Colectivo dos Trabalhadores da Empresa da então autora a indemnizá-la pelos lucros cessantes e pelos danos emergentes, ocorridos durante o período em que a empresa se encontrara em autogestão. O pedido foi julgado procedente e o Colectivo de Trabalhadores foi condenado. Com base nesta sentença, a sociedade instaurou acção executiva contra alguns dos que haviam sido trabalhadores da empresa durante o período da autogestão. A execução foi liminarmente indeferida com fundamento em ilegitimidade passiva: entendeu a primeira instância que a execução deveria ser instaurada contra aquele que no título ocupava a posição de devedor, a saber, o Colectivo dos Trabalhadores. A exequente interpôs recurso para a Relação, sendo este julgado improcedente. Interposto recurso para o Supremo, concluiu o Tribunal que a execução deveria ser instaurada contra aquele que no título figurava como devedor, ou seja, contra o Colectivo dos Trabalhadores da empresa, sendo os trabalhadores partes ilegítimas.

Apesar de as dúvidas terem gravitado em torno da legitimidade, certo é que o Supremo não desconsiderou a personalidade estritamente judiciária do Colectivo dos Trabalhadores, permitindo que a execução fosse instaurada contra diversas pessoas jurídicas que, no pensamento de Anselmo de Castro, seriam os referentes necessários dos efeitos materiais da decisão.

Situação curiosa foi decidida pelo Tribunal da Relação do Porto. No caso decidendo, estava-se perante execução de sentença condenatória de um Município. Sendo este constituído executado, os embargos foram deduzidos pela Câmara Municipal respectiva. Ao invés de serem deduzidos pelo executado, os embargos foram deduzidos por um órgão do executado. Nesta sequência, os exequentes/embargados, deduziram a excepção de ilegitimidade do embargante. Esta, na sequência da contestação, requereu a intervenção principal do Município. Apoiando-se em diversas decisões do Supremo Tribunal Administrativo, concluiu a Relação que não haveria que requerer a intervenção principal do Município, mas que proceder a uma mera rectificação da petição de embargos, de modo a que desta figurasse, como autor, o Município e não a Câmara Municipal. Já antes, e através de acórdão de 4 de Maio de 2000 (Duarte Soares), o Supremo Tribunal de Justiça havia decidido que sendo a Câmara Municipal destituída de personalidade jurídica e de personalidade judiciária, não poderia ser demandada como parte mas estar na acção somente enquanto representante do Município. Sendo demandada a Câmara, haveria que entender-se que fora demandado o Município. Em idêntico sentido, pode, também, confrontar-se o acórdão do Supremo de 2 de Maio de 2002, nos termos do qual deve entender-se como mero lapso de identificação e não como questão eventualmente atinente à falta de personalidade judiciária da ré a circunstância de o autor ter dirigido a acção contra a Câmara Municipal e não contra o Município.

9. O que pensar quanto à vinculação aos efeitos da decisão? Pode afirmar--se que a parte vinculada é a parte processual, destituída de personalidade judiciária? Ou ficará vinculada a pessoa jurídica que não foi parte no processo?

Curiosamente, não uma mas duas respostas parecem intuitivamente correctas.

Por um lado, se observada a questão do ponto de vista substantivo, dir-se--ia que vinculada aos efeitos materiais da decisão apenas poderia ser a pessoa jurídica. Com efeito, se a parte processual é destituída de personalidade jurídica, a situação jurídica objecto do procedimento não é sua. Mas, da perspectiva do direito substantivo, também não é de terceiro, sendo que, da óptica do direito processual, aparentemente o é.

Por outro, se o problema for visto da perspectiva processual, dir-se-ia que apenas a parte processual fica vinculada aos efeitos da decisão, conclusão decorrente do artigo 672. Isto porque se é a parte que delimita os efeitos do caso julgado, se parte é a entidade destituída de personalidade judiciária, apesar desta circunstância, ela ficaria vinculada à decisão.

10. A força persuasiva de um argumento literal extraído do artigo 672 pode ser ultrapassada. E deverá sê-lo na resolução do nosso problema uma vez que esta regra deve ser conjugada com uma pluralidade de outras mais.

Enunciemos aquela que nos parece ser a boa solução: a parte vinculada aos efeitos da decisão não é a parte processual, pessoa meramente judiciária, mas a pessoa jurídica, que não é parte processual. Dir-se-á que esta solução atenta contra a regra geral de não vinculação de terceiros ao caso julgado. Sim e duplamente não.

Sim se se entender que a parte judiciária se distingue da pessoa jurídica que não foi parte. Se esta distinção se pode operar num plano estritamente adjectivo, ela não é sustentável no plano material, aquele em que se produzem os efeitos igualmente materiais da decisão. Por esta razão, o sim já se aproxima de um sim muito interrogado ou mesmo de um não.

Mas ainda não por uma outra ordem de razões.

Em primeiro lugar, não pode impressionar-nos imediatamente uma qualquer resposta que tenha como efeito o da vinculação de um terceiro – por referência à instância – aos efeitos da decisão. Se a regra geral é a de que só a parte processual fica vinculada aos efeitos do caso julgado material, também regra geral a legitimidade é uma legitimidade directa. Exactamente para impedir que terceiros não legitimados extraordinariamente possam provocar decisões que vinculem aquele que não pode postular, logo, que não pode influenciar o sentido da decisão através da sua conduta processual. Mas se esta é a regra, inúmeras são as excepções que comporta. E comporta-as exactamente nos casos em que a um terceiro – por referência à situação material controvertida – é conferida legitimidade para actuar uma situação jurídica alheia.

Ora, supomos ser esta a hipótese que encontramos quando há dissociação entre a parte processual, à qual é conferida personalidade judiciária, e a parte material, que não actua no processo.

Comecemos por perguntar em que situação se encontra a litigar a parte processual, que é destituída de personalidade judiciária. Ela actua processualmente em nome próprio, sendo, assim, parte. Por outro lado, ela actua por uma situação jurídica que é alheia já que, ela própria, é destituída de personalidade jurídica. A lei confere-lhe, não apenas personalidade judiciária, mas legitimidade (extraordinária e indirecta) para litigar por situação jurídica alheia. Se as afirmações antecedentes corresponderem aos dados do sistema, então a parte judiciária actua enquanto substituto processual. E actua em substituição da pessoa jurídica que, em concreto, não é parte no processo. A aceitação desta legitimidade extraordinária e indirecta é o corolário da personificação judiciária.

Mas a legitimidade, directa ou indirecta, não é um pressuposto sem função. Mesmo que aferido formalmente, ele pressupõe uma ligação privilegiada entre a parte e o objecto do processo, destinada a assegurar que a decisão produza, no plano substantivo, um efeito útil. Por isso se entende que a concessão de legitimidade indirecta pressupõe a vinculação da parte material aos efeitos da decisão proferida no confronto da parte estritamente formal. Se assim não fosse, aquele que litiga no confronto de uma parte formal jamais conseguiria impor a decisão à parte que é o verdadeiro referente dos efeitos materiais da sentença, a saber, a parte material. Nesta linha se afirma que a substituição processual é a situação em que alguém, o substituto, litiga em nome próprio por direito alheio, ou seja, por direito do substituído, com vinculação necessária desta parte – apenas material e não processual – aos efeitos da decisão proferida no confronto da parte processual.

Tudo isto pode parecer estranho quando se pensa que um terceiro, o substituído, é vinculado aos efeitos de uma decisão, que não pôde influenciar com a sua conduta processual. Paira no ar o espectro das garantias fundamentais do processo. Mas as posições jurídicas não podem — ou não devem — ser absolutizadas. Há em todas as hipóteses de substituição processual que, até ao início deste trabalho, havíamos identificado, razões que justificam a concessão de uma legitimidade extraordinária ao substituto com a necessária vinculação do terceiro substituído ao caso julgado. O ponto do sistema com o qual mais detidamente nos tínhamos confrontado respeita aos casos cobertos pelo artigo 271. Aí, e de modo abreviado, a legitimidade extraordinária é crucial para impedir uma manipulação da instância através da criação de situações de ilegitimidade superveniente, com a consequente produção de decisões de absolvição da instância. A posição do substituído não deve ser absolutizada; ela deve ser aquilatada com a posição da contraparte na acção.

11. Em matéria de substituição, havia ainda mais um mecanismo que permitia salvaguardar a posição do substituído. Ora, será neste ponto que vamos encontrar algumas dificuldades específicas no caso que agora nos ocupa. Referimo-nos directamente à faculdade de habilitação, de que goza o substituído e, em situação próxima, a faculdade de auto-exclusão em processos para tutela de interesses difusos ou de interesses colectivos, submetidos a um regime artificialmente único. A habilitação permite que a parte material assuma a posição de parte processual, restabelecendo-se a coincidência entre aquele que litiga (e que é o sujeito das situações processuais que lhe permitem influenciar o sentido da decisão) e aquele que é o referente dos efeitos materiais da sentença. De outro lado, o direito de auto-exclusão permite que aquele que é substituído na acção popular se exclua dos efeitos do caso julgado.

Se é possível a habilitação da parte material em casos de dissociação entre a personalidade jurídica e a personalidade judiciária — por exemplo, nos casos de determinação superveniente dos titulares da herança ou de outro património autónomo de titular não identificado —, esse incidente, que provoca uma modificação subjectiva da instância, não está desenhado para a maioria das hipóteses em que a lei atribui personalidade judiciária a entes destituídos de personalidade jurídica. O que vem a significar que o substituído, ou seja, a parte material que é a pessoa jurídica, em cuja esfera se vão repercutir os efeitos da decisão, não pode assumir a posição de parte processual. Esta circunstância pode não surgir como gravosa se a parte destituída de personalidade jurídica assumir a posição de autora na acção. Neste caso, pressupõe-se a escolha da parte pela pessoa jurídica. Exemplificando, é a pessoa colectiva quem decidirá se se constitui como autora ou se atribui essa qualidade a uma sua sucursal.

12. Mas será comportável a vinculação da parte material, que se vê impedida de se habilitar, na situação inversa? Será admissível a vinculação da sociedade quando o autor decidiu demandar uma sucursal daquela?

A dúvida pode receber respostas em diversos planos.

Numa primeira impressão, a vinculação da sociedade parece afrontar o princípio do devido processo legal. Se ela não foi nem pôde ser parte, não pôde influenciar, com a sua actuação, o devir do procedimento.

Num mesmo nível argumentativo, dir-se-ia, em contrário, que a impossibilidade de habilitação não afronta o direito de defesa porquanto, afinal, a pessoa jurídica de que se fala é sempre a mesma: a sociedade.

Supomos que há que ponderar alguns dados antes de uma tomada de posição.

Primeiro aspecto: a lei nem impõe a constituição da sucursal, agência, filial, delegação ou representação como parte activa ou passiva nos casos em que lhe atribui personalidade judiciária, nem, inversamente, proíbe a constituição da pessoa colectiva como parte nestas situações. Este ponto é da maior relevância uma vez que a opção (e não a imposição) significa que a parte tem uma faculdade alternativa na conformação subjectiva da instância. Quer sendo a pessoa colectiva/sucursal, agência, filial delegação ou representação a exercer esta opção, quer seja a contraparte.

Se mesmo no campo processual (já que, no plano substantivo, a personalidade judiciária, instrumental à prossecução de objectivos de ordem pragmática, não surge como a interposição de uma nova entidade) existe uma faculdade alternativa de conformação subjectiva da instância, isto significa que tanto pode ser parte na acção a pessoa colectiva, quanto a sucursal, agência, filial, delegação ou representação. Esta conformação alternativa da parte (activa ou passiva) verifica-se tanto nas situações previstas no n.º 1, quanto naquelas a que se refere o n.º 2. Sucede, porém, que, de um ponto de vista da proximidade da pessoa meramente judiciária aos factos há uma diferença assinalável: se, nos casos que se reconduzem ao n.º 1 e não obstante a imputação dos efeitos dos seus actos à pessoa colectiva, ela esteve directamente envolvida na situação litigiosa, nas hipóteses cobertas pelo n.º 2, ela não tem qualquer ligação a esses factos. Trata-se, aqui, de uma concessão de personalidade que não pode ser justificada por razões de mais eficaz exercício do direito de acção atendendo ao autor material dos factos que fundamentam a acção. Se assim é, quando a lei atribui à parte contrária a faculdade alternativa de demandar, por factos praticados pela pessoa colectiva, tanto esta quanto a sucursal, agência, filial, delegação ou representação, na ponderação dos interesses da parte e da pessoa colectiva, é dada prevalência clara aos interesses daquela.

13. O que está, agora, em causa é determinar se essa prevalência deve ser absoluta ou se, ao invés, tem ainda a pessoa colectiva algum meio de intervir directamente na acção. Como acima se disse, a situação não é crítica, do ponto de vista desta última, se a faculdade alternativa de conformação subjectiva da instância está na sua disponibilidade. O problema só avulta quando é a contraparte a escolher. Se ela escolhe a sucursal, a agência, a filial, a delegação ou a representação nada pode a pessoa colectiva fazer de modo a ter a direcção efectiva do processo?

Os nossos tribunais afastaram — e pensamos que bem — a possibilidade de a pessoa colectiva se constituir como parte principal em posição litisconsorcial com a sua sucursal, agência, filial, delegação ou representação [Rosenberg/Schwab/Gottwald, Zivilprozessrecht 16.ª, § 43.II.5, admitindo a intervenção principal ou acessória dos associados em acção instaurada contra a associação destituída de capacidade de gozo]. Afinal, a pessoa colectiva não tem um interesse igual ao da ré; o seu interesse é o interesse da ré que, por razões pragmáticas, é uma pessoa meramente judiciária. E também por esta mesma razão — e ainda por maioria de razão — não podem a pessoa colectiva e a sucursal, agência, filial, delegação ou representação litigar como compartes coligadas.

Mas o que se pergunta é se a pessoa colectiva não poderá ser admitida a deduzir incidente de habilitação, fazendo cessar a situação de substituição processual. Afinal, são os seus interesses que estão em jogo, não os interesses da sucursal, agência, filial, delegação ou representação. Não obstante a substituição existir em casos em que ela é contrária aos interesses do substituído, sendo unicamente justificada por interesses da contraparte, como sucede nas hipóteses previstas no artigo 271, ainda assim o substituído é admitido a habilitar-se. E a habilitação só é indeferida se a contraparte alegar (e, diríamos, demonstrar) que a transmissão só foi feita para tornar a sua posição no processo mais difícil [cfr. artigo 376/1a)].

14. Contra a admissibilidade da habilitação da pessoa colectiva poderá dizer-se que ela é operativamente inútil. Com efeito, se é certo que, em concreto, a pessoa colectiva não age directamente no processo, actuando através de uma estrutura, certo é, também, que esta está sob seu controlo directo. A pessoa colectiva está dotada dos meios que lhe permitem determinar o sentido da actuação da sucursal no processo: esta receberá instruções que lhe são dadas pelos órgãos competentes da sociedade. Se, no plano formal, a parte é a sucursal, no plano substancial a sua actuação não é determinada por uma vontade própria. Quer isto dizer que os resultados obtidos no processo, em tese, não se

podem pensar diversos daqueles que se obteriam caso actuasse como parte a sociedade e não uma sua estrutura.

Por outro lado, dir-se-á que as estruturas que dependem da pessoa colectiva estão na sua esfera de risco. É ela quem beneficia das vantagens de uma estrutura diversificada pelo que é ela quem deve sofrer os efeitos negativos dessa sua forma de organização.

Estas duas linhas de força, que se movimentam num plano substancial, apontam uma solução: a circunstância de a sociedade não se poder habilitar no processo não consubstancia uma violação do princípio do devido processo legal. Se, no plano da realidade, alguma daquelas premissas falhar – se a sucursal actuar contra as instruções recebidas – a questão deve ser resolvida no plano puramente interno das relações entre a pessoa colectiva e as suas estruturas de actuação. Porque, objectivamente, a pessoa colectiva não pode ser prejudicada através do comportamento processual da sua sucursal, agência, filial, delegação ou representação, já que é ela quem dirige, no plano das relações internas, a actuação destas no processo, nenhuma razão justifica a sua habilitação.

15. Apesar de se ter atingido uma resposta possível, diremos que ainda há mais dados que devem ser ponderados.

Se, de um ponto de vista abstracto, a pessoa judiciária deve agir segundo as instruções recebidas da pessoa jurídica, certo é que, na prática, pode assim não suceder. E quanto mais complexa e ampla for a estrutura da pessoa jurídica, mais difícil se torna, para esta, comandar à distância a intervenção processual das suas sucursais, agências, filiais, delegações ou representações. Se é certo que é ela quem beneficia das vantagens desta forma de organização, devendo sujeitar-se aos inconvenientes dela decorrentes, cumpre perguntar se é exigível que se submeta aos efeitos de um caso julgado obtido através da intervenção da pessoa estritamente judiciária – fenómeno tão peculiar do sistema jurídico português – sem possibilidade da sua habilitação. É evidente – ou assim nos parece – que o sistema não dá resposta directa a esta interrogação, talvez por os reflexos dos artigos 6 e 7 não terem sido equacionados globalmente. Por esta razão a solução deverá resultar de uma ponderação dos diferentes interesses em presença.

Supõe-se que quando a contraparte demanda a pessoa judiciária o faz porque lhe é mais fácil litigar com ela do que com a pessoa jurídica. Mas, para que esta facilidade possa ser factor de ponderação na resolução jurídica da equação, ela deve fundar-se em razões que possam admitir-se como juridicamente boas quando se pensa no exercício do direito de acção.

Já acima referimos qual a grande vantagem de a contraparte litigar contra a pessoa judiciária e não contra a pessoa jurídica nos casos referidos pelo n.º 2 do artigo 7: a anulação de factores de estraneidade, através da concessão de personalidade judiciária à sucursal, agência, filial, delegação ou representação, evitam a necessidade de prática de actos processuais no estrangeiro (nomeadamente, citações e notificações quando estas devam ser feitas na pessoa da parte e não na do seu mandatário), com toda a demora que este tipo de intervenção implica. Por outro lado, dir-se-á que é mais fácil para a contraparte litigar contra uma estrutura mais pequena.

Equacionemos os dois vectores.

16. O primeiro, não vale nos casos cobertos pelo n.º 1 do artigo 7 pelo que, nesse contexto, não releva na justificação da inadmissibilidade de habilitação da pessoa colectiva. De um ponto de vista da celeridade processual, é equivalente litigar contra a pessoa colectiva ou contra uma sua sucursal, agência, filial, delegação ou representação.

Ora, o que há que ponderar, nas hipóteses reguladas pelo n.º 2 do artigo 7 é se o interesse da contraparte em anular os factores de estraneidade do processo é de tal modo ponderosa que implique a impossibilidade de habilitação da pessoa colectiva. A resposta parece ser claramente positiva. Com efeito, são exactamente estes interesses da contraparte que determinam o legislador a atribuir personalidade meramente judiciária à sucursal, agência, filial, delegação ou representação. Se a parte contrária pudesse alterar a conformação subjectiva da instância, através da dedução de incidente de habilitação pela pessoa jurídica, anularia os efeitos que resultam da concessão da faculdade de demanda da sucursal que a lei confere à contraparte. Esta, podendo escolher, optou pela sucursal. A pessoa colectiva afastaria os efeitos desta opção, habilitando-se. Veja--se que a argumentação não é puramente formal. O que está em causa é impedir que a pessoa colectiva possa, por comportamento seu, afastar as vantagens que a lei confere à parte contrária.

A ser verdadeiro o que se afirma, dir-se-á que a habilitação deve ser admitida em todas as situações em que dela não podem resultar desvantagens para a parte que é titular da faculdade alternativa de conformação da instância, ou seja, quer quando é a pessoa colectiva a poder exercer tal faculdade, quer quando, sendo demandada a pessoa judiciária, a habilitação da pessoa colectiva não traga consigo os factores de estraneidade que a lei quis anular – o que ocorre nas hipóteses cobertas pelo artigo 7/1. De fora ficarão as situações em que a pessoa colectiva é estrangeira e em que, por factos por ela praticados, é demandada uma sucursal, uma agência, uma filial, uma delegação ou uma representação situada em território nacional.

17. E não deve ponderar-se a segunda linha acima identificada, ou seja, não deve atender-se ao interesse da contraparte em litigar contra uma estrutura mais pequena, assim se inviabilizando toda e qualquer faculdade de habilitação da pessoa colectiva? Na verdade, é à parte contrária que a lei, atendendo aos interesses desta, concede a faculdade alternativa de conformação subjectiva da instância.

Far-se-á aqui um paralelo com a disposição já acima citada e que respeita à habilitação do transmissário. Referimo-nos ao artigo 376/1*a*). Esta regra permite que a parte estranha à transmissão inviabilize a habilitação do transmissário da posição jurídica litigiosa. E o fundamento que deve ser alegado e provado respeita às razões da transmissão: se a parte a ela estranha, que não pode impedi-la, demonstrar que a transmissão teve como objectivo dificultar a sua posição no processo, a habilitação será indeferida. A disposição não é linear uma vez que fica por compreender que efeitos se repercutem sobre o próprio negócio transmissivo. A lei apenas nos diz que a habilitação não é possível, parecendo ficar incólume o negócio, com vinculação necessária do transmissário aos efeitos do caso julgado formado sobre a decisão proferida no confronto do transmitente. Tudo se passará como se tivesse havido ou uma transmissão inoponível à parte a ela estranha durante a pendência da acção ou uma sucessão na posição jurídica ulterior à decisão.

Se transpusermos esta solução para o nosso problema, diremos que, ao invés do que sucede com a transmissão da coisa ou direito em litígio, hipótese em que a lei faculta à parte contrária a faculdade de oposição à modificação subjectiva da instância, nas situações cobertas pelo artigo 7 tal faculdade não deve admitir-se uma vez que a parte contrária não teve como interlocutor, num primeiro momento, uma pessoa para, em momento subsequente, passar a ter um outro. É evidente que esta argumentação pressupõe que o ponto de referência para a determinação de quem é o interlocutor da contraparte seja a situação material. Isto porque, se for a instância, a admitir-se a habilitação da pessoa colectiva, a contraparte passaria a confrontar-se com uma nova parte: a sociedade, ao invés da sucursal, agência, filial, delegação ou representação. Mas se bem observarmos o ponto de referência do artigo 376/1*a*) é também a instância: não obstante a transmissão haver sido feita para dificultar a posição da parte a ela estranha no processo por troca de sujeitos na contraparte, a lei não interfere com a transmissão no plano substantivo. Esta interferência seria, aliás, desnecessária já que aquilo que está em causa é simplesmente impedir a habilitação pois que, afinal, a transmissão foi destinada a operá-la; inviabilizando-a, inviabilizam-se os efeitos (reprováveis) que presidiram à transmissão.

18. Onde ficamos, no que respeita à admissibilidade da habilitação da pessoa colectiva?

Diremos que há que retroceder na proposta que há pouco fizemos. Com efeito, se a lei concede uma faculdade alternativa de conformação subjectiva da instância à contraparte e se esta opta por litigar contra a estrutura não personificada, aceitar a habilitação da pessoa colectiva, em homenagem à coincidência entre a parte processual e o sujeito dos efeitos do caso julgado, se seria a solução uma resposta adequada, não é aquela que resulta do sistema.

Talvez se possa dizer que a solução não é boa nem justificável no plano internacional. Dificilmente uma pessoa colectiva estrangeira, que organizou as suas estruturas de acção sem lhes conferir uma autonomia tal que implique a personificação, compreenderá um regime como o do artigo 7/2. Dir-se-á que os objectivos pragmáticos que presidem à personificação destas estruturas não personificadas não devem prevalecer sobre a vinculação da não-parte processual ao caso julgado. Mas, ultrapassar estes inconvenientes, pressuporá uma alteração no regime positivo.

## 3. O caso particular das sucursais, agências, filiais, delegações e representações

19. O artigo 7/1 atribui personalidade judiciária às sucursais, agências, filiais, delegações e representações quando a acção proceda de facto por elas praticado. Por seu turno, o artigo 7/2 permite, ainda, que seja constituída como parte a sucursal, a agência, a filial, a delegação ou a representação quando o facto não haja sido praticado por ela se se verificarem, cumulativamente, dois requisitos: situar-se a sede da administração principal no estrangeiro; ter sido a obrigação contraída com um português ou com um estrangeiro domiciliado em Portugal.

Para além de quanto já se disse, estas duas regras impõem alguns esclarecimentos adicionais.

Em primeiro lugar, quando a lei refere *a sede da administração principal*, estará reportando-se ou simplesmente à localização (e não à sede) da administração principal, podendo esta coincidir ou não com a sede da pessoa colectiva, ou referir-se-á à sede da pessoa colectiva, seja qual for o lugar da sua administração principal. Isto porque a administração não tem sede; só a pessoa colectiva a tem, podendo discutir-se (e discutindo-se, vivamente) se esta sede coincide ou não, de um ponto de vista espacial, com a localização da sua administração. A resposta a esta questão, que seguramente interfere com os dados do problema [cfr. o famoso acórdão Centros], não releva directamente na interpretação do artigo 7.

Que deve entender-se por *sede da administração principal*? Que a lei concede uma personalidade judiciária a sucursais, agências, filiais, delegações ou representações de *pessoas colectivas, que tenham a sua sede no estrangeiro*? Ou, ao invés, que a lei concede tal personalidade a estes entes não personificados quando *a administração principal se localiza no estrangeiro*?

20. Avancemos formulando e respondendo a outras perguntas.

Porque terá o legislador referido a sede da administração principal no artigo 7/2 quando é certo que, dogmaticamente, a administração, sendo um órgão da pessoa colectiva, não tem sede, podendo, regra geral, ser simplesmente localizada?

Supomos que por duas ordens de razões. Em primeiro lugar, talvez porque se tenha transposto para o artigo 7/2, numa formulação menos conseguida, a teoria da coincidência entre a sede (da pessoa colectiva) e a localização da administração principal. Em segundo lugar e partindo da primeira premissa, porque se pensou que o órgão competente para representar organicamente a pessoa colectiva em juízo é a sua administração.

Façamos mais uma pergunta: se não fosse concedida personalidade judiciária à sucursal, agência, filial, delegação ou representação, quem seria a parte (com personalidade jurídica e judiciária) na acção? A administração principal? Ou a pessoa colectiva?

Seguramente que a pessoa colectiva já que, reitere-se, a administração é um órgão desta última. É este o sentido que supomos dever imputar às palavras de Alberto dos Reis quando escreve: "A acção, em vez de ser proposta pela sucursal ou contra a sucursal, pode ser proposta, em nome da sociedade, pela administração principal ou contra esta" [Código de Processo Civil anotado, I, p. 26].

Em suma, dir-se-á que quando o artigo 7/2 refere a sede da administração principal deverá entender-se a sede da pessoa colectiva, cuja administração principal se situa no estrangeiro ou, dito de outro modo, a pessoa colectiva estrangeira, cuja sede se localiza necessariamente no estrangeiro (já que a pessoa colectiva nacional tem a sua sede em Portugal, aí se localizando, necessariamente, a sua administração principal) [Varela/Bezerra/Nora, Manual de processo civil, p. 113].

21. A segunda precisão requerida pelo artigo 7/2 respeita ao segundo requisito pressuposto para a concessão de personalidade judiciária à sucursal, agência, filial, delegação ou representação: ter sido a *obrigação* contraída com um português ou com um estrangeiro domiciliado em Portugal.

Nas situações reguladas pelo artigo 7/2 não poderia prevalecer o critério da imputação do acto. Com efeito, a aplicação do artigo 7/2 pressupõe uma disjunção entre o autor do facto de que procede a acção (a pessoa colectiva estrangeira) e aquele que pode ser parte numa acção que deriva desse facto. Ao invés do que ocorre no artigo 7/1, porque o autor do facto não é a sucursal, a agência, a filial, a delegação ou a representação, não pode, nesta situação, apoiar-se a sua personificação judiciária na prática desse acto. Mais uma vez, intervêm razões de ordem pragmática na personificação destas realidades: essencialmente para que não seja necessária uma citação no estrangeiro (caso a pessoa colectiva estrangeira seja a parte passiva/demandada) mas também para evitar a imposição de um acompanhamento da acção por uma parte (activa ou passiva) que se situa no estrangeiro, a lei estende a personalidade judiciária da sucursal, da agência, da filial, da delegação e da representação para além da sua concreta esfera de actuação.

22. Pergunta-se: o que deve entender-se pela expressão *obrigação contraída*, constante do artigo 7/2?

O texto da regra aponta para a preexistência de um acto de autodeterminação na constituição da obrigação, cujo cumprimento (ou os efeitos do incumprimento) é (ou são) exigido(s) na acção. O verbo *contrair* em ligação com o termo *obrigação* significa *tomar sobre si uma responsabilidade, assumir uma obrigação, contratar*. Estará o campo de aplicação do artigo 8 confinado aos casos em que a obrigação que serve de fundamento à acção tenha fonte contratual?

Alguns exemplos permitem ilustrar a dúvida.

Suponha-se que uma pessoa colectiva estrangeira arrenda a um cidadão português um imóvel sito em Portugal. Suponha-se, ainda, que a pessoa colectiva estrangeira tem representação em Portugal. Suponha-se, por fim, que o cidadão português realiza obras no prédio arrendado que lhe alteram a estrutura. Pode a acção de despejo ser proposta pela representação? Poderá afirmar-se que, nesta acção, está em causa uma obrigação contraída com o arrendatário?

Mudem-se ligeiramente os dados da hipótese. Suponha-se que, celebrado o mesmo contrato de arrendamento, a sociedade o denuncia. Suponha-se, agora, que o arrendatário decide requerer a apreciação da validade e da eficácia desta denúncia. Pode demandar a representação da pessoa colectiva? Terá de demandar directamente a sociedade?

Outro exemplo, ainda. Suponha-se que uma sociedade estrangeira é titular de um direito industrial exclusivo. Verifica-se a violação deste direito por uma sociedade portuguesa. Terá de ser a sociedade estrangeira a demandar a sociedade portuguesa por violação do exclusivo/responsabilidade extracontratual? Ou pode uma sucursal desta sociedade estrangeira demandar a sociedade portuguesa?

Perante esta última hipótese, invertam-se as posições. Suponha-se que é a sociedade estrangeira a violar o direito exclusivo da sociedade portuguesa. Pode a representação da sociedade estrangeira ser constituída como parte numa acção de responsabilidade civil fundada em violação do exclusivo?

Em nenhum destes casos parece estranho que possa ser a sucursal a demandar ou a ser demandada. Verifica-se, no fundo, uma relação de proximidade entre o lugar em que o facto ocorreu e aquela que intuitivamente se diria poder ser constituída como parte. Mas se se aceitar que esta proximidade geográfica releva, não somente no plano da competência, como também no da personalidade, não se estará incorrendo na confusão para a qual alertava José Alberto dos Reis [Código de Processo Civil anotado, I, p. 27]?

Supomos que não.

Com efeito, há que distinguir os campos (e os efeitos) de aplicação dos artigos 7/2 e, actualmente, 86/2, no sentido em que o primeiro determina quem pode ser parte da acção e o segundo se destina a fixar, uma vez determinado quem é a parte na acção, onde pode essa parte ser demandada. Na hipótese extrema, em que não é possível constituir como parte a sucursal, a agência, a filial, a delegação ou a representação, a pessoa colectiva, parte na acção, será considerada domiciliada no lugar da sucursal, agência, filial, delegação ou representação [em crítica a esta solução se a ficção do domicílio da pessoa colectiva em Portugal estiver desacompanhada de qualquer outra conexão relevante com o território nacional, Machado Vilela, Boletim da Faculdade de Direito de Coimbra, ano 17, p. 342].

23. Não estará, afinal, o critério da proximidade implícito na expressão *obrigação contraída*?

Sobre este termo, que surgia na versão originária do artigo 65, § 1 do CPC de 1939 – aí se dispunha que quando para a acção fosse competente, segundo a lei portuguesa, o tribunal do domicílio do réu, os tribunais portugueses poderiam exercer jurisdição desde que, encontrando-se o réu acidentalmente em território português, a obrigação houvesse sido contraída com um português – pronunciaram-se Alberto dos Reis [Comentário ao Código de Processo Civil, I, p. 123] e Machado Vilela [Boletim da Faculdade de Direito de Coimbra, ano 17, p. 325-326]. Recordando que o termo constava já dos artigos 28 e 29 do Código Civil de 1876 [e ainda do seu artigo 26, do qual aqueles eram sequência], os Autores sustentam que o termo obrigação sempre foi entendido em seu sentido genérico e não em seu sentido específico. Quer isto dizer que, por obrigação, ter-se-á entendido um vínculo correspondente a qualquer direito [Alberto dos Reis, Comentário ao Código de Processo Civil, I, p. 123] ou *qualquer obrigação civil* correspondente a *qualquer direito civil* [Machado Vilela, Boletim da Faculdade de Direito de Coimbra, ano 17, p. 325] e não um vínculo correspondente a um direito de crédito.

Destas posições resulta que o termo *obrigação contraída* não deve restringir-se a dever de prestar com fonte contratual. Qualquer dever de prestar estaria abrangido por aquela noção. Mas diremos que a noção pode ainda ser ampliada, de modo a permitir a constituição do ente destituído de personalidade jurídica como parte em acção de simples apreciação de factos. Em suma, e seja qual for o escopo da acção (condenação, constituição ou apreciação) bem como a situação jurídica subjacente a essa acção pode a sucursal, a agência, a filial, a delegação ou a representação ser constituída como parte se a pessoa colectiva for estrangeira.

24. Terceira precisão: quando a lei estende a personalidade judiciária das sucursais, agências, filiais, delegações e representações das pessoas colectivas pode entender-se que esta extensão abrange os casos em que a obrigação foi contraída por um português independentemente da localização do seu domicílio? A extensão vale se ele for domiciliado no estrangeiro? Ou vale somente se o domicílio se localizar em Portugal?

É aqui que vai avultar o elemento de proximidade, que acima deixámos em aberto. Na sua formulação originária, dispunha o artigo 8 na versão do Código de 39 que a personalidade apenas se estendia quando a obrigação fosse contraída com um português. É no Código de 61 e com alegado fundamento no princípio da equiparação constitucional entre portugueses e estrangeiros que se procede a esta ampliação [Lopes Cardoso, Código de Processo Civil anotado, 1962, sub artigo 8]. No entanto, não é qualquer estrangeiro que se equipara ao português, é apenas o estrangeiro domiciliado em Portugal [artigo 7, § único da Constituição de 33, na sequência do artigo 26 do CC de 1876].

Pergunta-se: tem sentido alargar a personalidade judiciária da sucursal, agência filial, delegação ou representação quando a obrigação que funda a acção haja sido contraída com um português, mas este não tenha domicílio em Portugal?

Se se entender que os objectivos da regra são estritamente pragmáticos, ou seja, se através da regra se visa facilitar a propositura e o acompanhamento da acção, os factores de estraneidade (necessidade de citação da parte no estrangeiro ou acompanhamento da acção pela parte a partir do estrangeiro) inviabilizam aqueles objectivos. E supomos serem exactamente estes factores que podem justificar a constituição como parte da sucursal, agência, filial, delegação ou representação, sita em Portugal, de pessoa colectiva estrangeira, cuja administração se localiza no estrangeiro. E são-no, também, quando se verifica uma restrição da constituição como parte dos estrangeiros, num contexto em que se estende a personalidade judiciária das sucursais, agências, filiais, delegações ou representações: para que estas possam ter semelhante estatuto, deverá o estrangeiro estar domiciliado em Portugal, ou seja, deverão ser anulados os factores de estraneidade que tornariam injustificada a extensão da personalidade judiciária das diversas entidades referidas no artigo 7/2. Isto porque se a parte fosse um estrangeiro não domiciliado em Portugal, avultaria a necessidade de citação (caso esta fosse ré) no estrangeiro, bem como o acompanhamento por este da acção instaurada contra a sucursal situada em Portugal a partir do estrangeiro.

25. Quarta precisão: quando a lei se refere, na última parte do artigo 7/2, a obrigação contraída com um português ou com um estrangeiro domiciliado em Portugal, deve entender-se que o referente é qualquer pessoa? Serão somente pessoas singulares? Serão tanto pessoas singulares quanto pessoas colectivas?

O problema apenas se colocará se, quanto às pessoas colectivas, se voltar a entender que, tanto estão abrangidas essas pessoas, quanto as pessoas meramente judiciárias, que se localizem em Portugal.

No entanto, esta hipótese parece de afastar já que o ponto de referência na parte final do artigo 7/2 não é a instância mas a situação de direito material. Ora, relativamente a esta, o sujeito apenas pode ser a pessoa jurídica, não uma qualquer estrutura que integra a sua organização.

## 4. A sanação da falta de personalidade judiciária das sucursais, agências, filiais, delegações e representações

26. Entre as alterações introduzidas no sistema processual em matéria de pressupostos na reforma de 95/96 [Decretos-Leis n.ºs 329-A/95, de 12 de Dezembro e 180/96, de 25 de Setembro] conta-se o regime do artigo 8, relativo à sanação da falta de personalidade judiciária de sucursais, agências, filiais, delegações e representações e cujo regime corresponde, *grosso modo*, à solução que a doutrina já admitia como boa. Se bem que o regime de sanação expressamente constante do capítulo referente à personalidade judiciária apenas diga directamente respeito àquele tipo de entidades, a jurisprudência tem percor-

rido um sábio caminho e, apoiando-se no artigo 265/2, vem admitindo a sanação da falta de personalidade judiciária em outras casos absolutamente justificados [cfr., a título de exemplo, Acórdão do Supremo Tribunal de Justiça de 31 de Maio de 2006, proferido em acção em que foi admitida a sanação da falta de personalidade judiciária da ré, Estádio Universitário de Lisboa, por intervenção do Estado].

Atendendo ao tipo de situação subjacente à falta de personalidade judiciária, a sanação do vício somente pode ocorrer se a instância tiver como parte, ao invés da sucursal, da agência, da filial, da delegação e da representação, a própria pessoa colectiva [e não a sua administração principal, que é mero órgão, se bem que aquela seja organicamente representada por esta].

O que nos diz a lei?

Diz-nos, no artigo 8, que a sanação ocorre mediante a intervenção da administração principal/pessoa colectiva e a ratificação ou a repetição do processado [para o acolhimento da repetição enquanto meio de sanação ao lado da ratificação, Teixeira de Sousa, Apreciação de alguns aspectos da revisão do processo civil. Projecto, ROA, II/1995, p. 374].

27. Pergunta-se: é pressuposto da sanação da falta de personalidade judiciária da parte que, para além da respectiva citação, ocorra, cumulativamente, uma ratificação ou uma repetição dos actos até então praticados pela sucursal, agência, filial, delegação ou representação? Ou deverá operar-se uma distinção, na aplicação do artigo 8, idêntica àquela que se opera quando o vício é o da falta de capacidade (artigo 23), o da falta de patrocínio (artigo 33) da parte ou o da falta, insuficiência ou irregularidade do mandato (artigo 40)?

Tanto quando o vício é o da falta de capacidade judiciária, como quando é o da falta de patrocínio ou o da falta, insuficiência ou irregularidade do mandato, a lei traça regimes distintos de sanação consoante o vício atinge a parte activa ou a parte passiva da instância. Esta conclusão é, aliás, bem patente quando se analisa o artigo 494/h: somente a falta de patrocínio do autor ou os vícios do mandato do mandatário do autor [só ele pode ter proposto a acção, consoante se lê no trecho final do artigo 494/h)] constituem excepção dilatória. A sua superveniência, quando atinjam a posição do réu, não desencadeia uma excepção pelo que, não obstante a respectiva verificação, não está impedido o conhecimento do mérito da causa.

Se o vício é o da falta de capacidade judiciária ou o da irregularidade de representação e se este atinge a parte activa, a sua sanação pressupõe, efectivamente, para além da citação do representante ou do representante legítimo, quer a ratificação dos actos praticados, quer a respectiva repetição. Na verdade, se assim não fosse e se o vício pudesse considerar-se sanado com a mera citação do representante da parte activa, poderia suceder que, não obstante a sanação do vício, nenhum acto houvesse sido eficazmente praticado no processo pelo autor.

O mesmo não ocorre, já, quando o vício atinge o réu. Nesta hipótese, é necessário que o vício se considere sanado com a citação dos representantes da parte passiva. Na verdade, se – para que a sanação se verificasse – se exigisse a prática de qualquer acto pelos representantes do incapaz, deixar-se-ia na respectiva disponibilidade a sanação da excepção. O autor ficaria à mercê dos representantes da parte passiva uma vez que estes poderiam manipular, com a sua conduta, a sanação da excepção. Para que esta não ocorresse, bastaria que, citados, nada fizessem. O réu seria absolvido da instância. Por esta razão deve entender-se que a falta de capacidade judiciária passiva, em sentido amplo, se sana com a citação dos representantes ou dos legítimos representantes do incapaz. A tutela desta parte sai reforçada já que, não obstante a ineficácia dos actos por ela praticados e a sua consequente revelia, esta é, nas hipóteses abrangidas pelo artigo 485/b), inoperante.

Regime em tudo idêntico ao acabado de descrever é o da falta de patrocínio e o da falta, insuficiência ou irregularidade do mandato.

28. Pergunta-se, novamente: tem sentido que a falta de personalidade judiciária passiva apenas se sane com a citação da pessoa colectiva, na sua administração, acompanhada de uma intervenção activa desta no processo, quer através da ratificação dos actos anteriormente praticados, quer através da respectiva repetição? Pode aceitar-se para a falta de personalidade um regime que permita a manipulação do suprimento do vício pela parte passiva? Haverá alguma razão que imponha, quanto à personalidade judiciária, um regime diverso daquele que encontramos para a falta de capacidade judiciária ou para a falta de patrocínio?

Supomos que a resposta a todas estas interrogações é negativa. A personalidade não apresenta nenhuma especialidade, v.g., por referência à capacidade judiciária que imponha, perante a respectiva falta, regimes de sanação diferenciados. E, não obstante o ónus do preenchimento dos pressupostos processuais pelo autor, nada poderia justificar que, sendo possível esta sanação na pendência de um processo, essa sanação dependesse da conduta da parte que, por ela, pode ser prejudicada. Com efeito, significa permitir que a pessoa colectiva, de cuja conduta dependeria a sanação, poderia optar entre ratificar ou repetir actos, assim concorrendo para a regularização da instância, ou nada fazer, aguardando comodamente uma decisão de absolvição da instância. Dir-se-á que seria para ela bem melhor obter uma decisão absolutória do pedido. Mas, podendo ser eventualmente condenada no pedido, talvez não queira correr este risco, nada fazendo e contentando-se, mesmo que provisoriamente, com uma decisão absolutória formal.

Deste modo, diremos que a partícula *e* usada na parte final do artigo 8 deve ser interpretada diversamente consoante a falta de personalidade atinja o autor ou o réu. Se a parte atingida pelo vício for a activa, a sanação da falta de personalidade depende, efectivamente, da citação da sociedade e da ratificação ou da repetição dos actos processuais praticados pela sucursal, agência, filial, delegação ou representação. Diversamente se o vício atinge a parte passiva. Nesta hipótese, a sanação não pode depender de uma efectiva intervenção da sociedade sob pena de manipulação da regularização da instância. A sanação ocorre simplesmente com a sua citação, não sendo cumulativos os requisitos previstos no artigo 8. Se a pessoa colectiva, uma vez citada, nada fizer, entrará como qualquer réu, em situação de revelia.

## 5. Balanço final

29. Terminado este brevíssimo excurso pela personificação judiciária de entidades destituídas de personalidade jurídica, muita coisa ficou por dizer (e, possivelmente, o pouco que foi dito, por aprofundar). Mas talvez possa aceitar-se que pelo menos alguns dos problemas levantados tenham pertinência mesmo que o não tenham as soluções apontadas.

No final, ficou-nos uma certeza: quanto se esconde sob o manto diáfano da personalidade judiciária!

Fevereiro de 2008

# A responsabilidade administrativa pelo risco na Lei n.º 67/2007, de 31 de Dezembro: uma solução arriscada?

PROF.ª DOUTORA CARLA AMADO GOMES

SUMÁRIO: *1. Considerações introdutórias. 2. Da excepcional à especial perigosidade da actividade: 2.1. A avaliação abstracta da especial perigosidade. 3. Do dano especial e anormal para... o dano. 4. Responsabilidade pelo risco: uma responsabilidade subsidiária? 5. Os riscos da responsabilização pelo risco nos termos do artigo 11.º da LRCEE. 6. Reflexões finais.*

## 1. Considerações introdutórias

O instituto da responsabilidade administrativa pelo risco surge associado a uma ideia de justiça. O Sr. *Cames*, operário de uma fábrica metalúrgica estadual ligada à Defesa Nacional francesa, sofreu um acidente de trabalho, em 1892, que o deixou incapacitado de utilizar a mão esquerda. O Estado ofereceu-lhe uma compensação; ele quis mais. Chamado a decidir, o Conselho de Estado francês, considerando embora não existir culpa de nenhuma das partes, entendeu que a atribuição de um montante superior era uma questão de justiça, dado que o Sr. *Cames* era o sustentáculo da economia familiar e havia ficado gravemente amputado na sua capacidade laboral[1]. A primeira aparição

---

[1] *Arrêt Cames*, do Conselho de Estado, de 21 de Junho de 1895 (*in Les grands arrêts de la jurisprudence administrative*, coord. de M. LONG, P. WEIL, G. BRAIBANT, P. DELVOLVÉ e B. GENEVOIS, 11ª ed., Paris, 1996, pp. 38 segs).

do risco na jurisprudência administrativa[2] deu-se, assim, na modalidade de risco profissional, e a decisão *Cames* foi decisiva para a regulação legislativa da questão dos acidentes de trabalho (através de uma lei de 1898)[3].

A lógica que presidiu à decisão dos juízes do *Palais Royal* está na base da *teoria do risco criado*: quem cria um risco deve suportar os custos que este acarreta (a não ser que os transfira, através de um contrato de seguro). Esta teoria, aplicada no contexto do Direito Administrativo, foi-se expandindo, ao longo do século XX, a outros sectores da actuação externa da Administração, agora por apelo à ideia de "risco social": há um conjunto de actuações desenvolvidas pela Administração essenciais à prossecução de missões de interesse público que, não obstante, são susceptíveis de gerar prejuízos aos particulares. Ora, se toda a colectividade lucra com a actuação dos serviços administrativos, então é justo que os prejuízos não recaiam apenas sobre alguns cidadãos, devendo repercutir-se sobre a comunidade no seu todo, através de mecanismos indemnizatórios.

Em França, as actividades de polícia de segurança, as manobras militares, e as obras públicas foram consideradas actividades perigosas[4]. Como também o foram a administração de transfusões sanguíneas, a realização de determinadas intervenções cirúrgicas a pacientes cujas características físicas agravaram a "álea terapêutica"[5], a guarda de presos, de doentes mentais e de menores delinquen-

---

[2] Na jurisprudência cível, a responsabilidade pelo risco foi "inventada" pelo juiz britânico, na célebre decisão *Rylands vs Fletcher* (1866), da qual se retira que quem acumule na sua propriedade substâncias que, pela sua qualidade ou quantidade, possam, se libertadas sem culpa sua, causar danos a terceiro, deve indemnizar (o caso prende-se com o rebentamento de um reservatório de água que inundou uma mina, mas a regra foi depois alargada a um sem número de substâncias bem mais perigosas) – ELSPETH REID, *Liability for dangerous activities: a comparative analysis*, in ICLQ, 1999/4, pp. 731 segs, 733 segs.
[3] Como refere PASCALE FOMBEUR [*Les évolutions jurisprudentielles de la responsabilité sans faute*, in AJDA, 1999 (n.º especial), pp. 100 segs, 100], "(...) il n'est sans doute pas utile de rappeler que la responsabilité sans faute constitue une innovation du juge administratif".
[4] Cfr. J. J. GOMES CANOTILHO, *O problema da responsabilidade do Estado por actos lícitos*, Coimbra, 1974, pp. 242 segs; JACQUES MOREAU, *La responsabilité administrative*, 2ª ed., Paris, 1995, pp. 87 segs; CHRISTOPHE GUETTIER, *Du droit de la responsabilité administrative dans ses rapports avec la notion de risque*, in AJDA, 2005/27, pp. 1499 segs, *passim*.
[5] Cfr. o *Arrêt* do Conselho de Estado *Hôpital Joseph-Imbert d'Arles*, de 3 de Novembro de 1977, no qual se reconheceu o direito à indemnização pelo risco dos pais de um jovem que faleceu em virtude de uma anestesia realizada de acordo com todos os deveres de cuidado exigíveis pelas *leges artis*. O risco era totalmente imprevisível, o que leva a doutrina a criticar o Acórdão por considerar que o Tribunal extravasou o plano da responsabilidade e entrou no campo da solidariedade, reservado ao legislador – ETIENNE FÂTOME, *Audaces et prudences en matière de responsabilité de la puissance publique*, in AJDA, 1999 (n.º especial), pp. 94 segs, 94.

tes. E ainda, recentemente, a vigilância de menores carenciados em regime de assistência educativa[6]. Em contrapartida, o Conselho de Estado descartou a vacinação obrigatória como actividade perigosa[7].

O conceito de responsabilidade pelo risco revela-se, assim, tudo menos unitário[8]. A análise da casuística do Tribunal francês demonstra, por um lado, que o conceito de "actividade perigosa" é, em grande medida, político – utilizado, umas vezes, como fórmula excludente da responsabilidade pública, outras como via subsidiária de compensação de lesados que se vêem impossibilitados de fazer a prova da culpa, do funcionário ou "do serviço"[9]. Por outro lado, a jurisprudência do *Conseil d'État*, como forma de auto-contenção, tende a reservar a qualificação de *perigosas* para actividades que revelem um potencial significativo de perigosidade – daí a adjectivação "excepcionalmente perigosas"[10]. Finalmente, e alegadamente sob pena de inversão do princípio de justiça que preside à repartição dos encargos públicos, só o dano especial e anormal merece indemnização através do esquema da responsabilidade pelo risco.

---

[6] *Arrêt GIE Axa Courtage*, do Conselho de Estado, de 11 de Fevereiro de 2005 – in *RFDA*, 2005/3, pp. 595 segs [com anotação de PIERRE BON, *Vers une responsabilité de plein droit du fait des personnes dont on a la garde?*, loc. cit., pp. 602 segs, 606 – o Autor considera que, com esta decisão, o Conselho de Estado abriu, qual caixa de Pandora, a porta a uma terceira categoria de risco (além do *risco profissional* e do *risco excepcional*), traduzida no *risco assumido* decorrente de deveres de vigilância: "à partir du moment où l'administration a le pouvoir d'organiser, de diriger ou de contrôler la vie d'une personne, elle assume les risques que cette dernière peut faire courir aux tiers"].

[7] Cfr. J. J. GOMES CANOTILHO, *O problema...*, cit., pp. 251-252.

[8] CHRISTOPHE GUETTIER, *Du droit...*, cit., p. 1500: "Il n'y a pas à franchement parler de critère exprimant l'essence du risque. Au mieux, le risque se conjugue au pluriel plutôt qu'au singulier et encore de façon sélective".

[9] Cfr. MARYSE DEGUERGUE, *Le contentieux de la responsabilité: politique jurisprudentielle et jurisprudence politique*, in *AJDA*, 1995 (n.º especial), pp. 211 segs, max. 218 segs.

[10] A fórmula nasce com o *Arrêt Consorts Lecomte* (do Conselho de Estado, de 24 de Junho de 1949, *in Les grands arrêts de la jurisprudence administrative*, cit., pp. 415 segs). Faleceu um cidadão atingido por uma bala perdida, no âmbito de uma operação policial que visava deter uma viatura com indivíduos procurados pela polícia. O Alto Tribunal obtemperou nesse caso que "si, en principe, le service de police ne peut être tenu pour responsable que des dommages imputables à une faute lourde commise par ses agents dans l'exercice de leurs fonctions, la responsabilité de la puissance publique se trouve engagée, même en l'absence d'une telle faute, dans le cas où le personnel de police fait usage d'armes ou d'engins comportant des risques exceptionnels pour les personnes et les biens, et où les dommages subis dans de telles circonstances excèdent, par leur gravité, les charges qui doivent être normalement supportées par les particuliers en contrepartie des avantages résultant de l'existence de ce service public".

Estas premissas encontravam eco no artigo 8.º do Decreto-Lei n.º 48.051, de 27 de Novembro de 1967, que precedeu o actual artigo 11.º da Lei n.º 67/2007, de 31 de Dezembro (Regime da responsabilidade civil extracontratual do Estado e demais entidades públicas = LRCEE). Certo, não se aludia a dano especial e anormal, mas essa era uma construção jurisprudencial que se assumia subentendida, e que a análise de Gomes Canotilho, realizada em 1974 na obra "*O problema da responsabilidade do Estado por actos lícitos*" veio confirmar. A Administração responderia pelo risco de actividades excepcionalmente perigosas, perante cidadãos especial e anormalmente atingidos, desde que não se verificasse motivo de força maior ou facto de terceiro. A lei não estabelecia quaisquer limites para os montantes indemnizatórios.

Resumindo a jurisprudência do STA sobre a matéria, podemos afirmar que o conceito de *actividade excepcionalmente perigosa* coincide fundamentalmente com operações de polícia de segurança com uso de armas de fogo[11], e com manobras e exercícios militares[12]. Pontualmente, reconheceu que a actividade de prestação de cuidados médicos pode ser incluída naquela categoria[13]. E desqualificou a guarda de reclusos como actividade excepcionalmente perigosa[14]... Não é uma jurisprudência abundante, nem empolgante, e denota uma clara tendência restritiva, apostando na *reductio ad minimum* das actividades excepcionalmente perigosas como forma de limitar os encargos indemnizatórios das entidades públicas[15].

Subitamente, porém, com a entrada em vigor da LRCEE, a responsabilidade pelo risco perde, de um só golpe, os seus dois pressupostos fundamentais: o carácter excepcionalmente arriscado da actividade; e a especialidade e anormalidade do dano. Que consequências advêm destas alterações? Vamos debru-

---

[11] Acórdãos do STA, I, de 8 de Fevereiro de 1989, in *Apêndice ao DR* de 14 de Novembro de 1994, pp. 890 segs; de 24 de Outubro de 1991, in *Apêndice ao DR* de 31 de Outubro de 1995, pp. 5864 segs; de 26 de Maio de 1992, in *Apêndice ao DR*, de 16 de Abril de 1996, pp. 3367 segs.
[12] Cfr. Acórdão do STA, I, de 20 de Janeiro de 1977, in *AD* 183, pp. 54 segs.
[13] No âmbito da responsabilidade por actos médicos praticado em hospitais públicos, a jurisprudência é, no mínimo, errática. Confrontem-se dois acórdãos do STA, do mesmo ano – 2005: Acórdãos de 1 de Março e de 14 de Dezembro –, em casos muito semelhantes (infecção de pacientes através de transfusões de sangue contaminado com o vírus HIV), o segundo dos quais nos mereceu anotação [*(Ir)responsabilidade do Estado por transfusão de sangue infectado com o vírus HIV: a tradição ainda é o que era (?)*, in *CJA*, n.º 57, 2006, pp. 39 segs].
[14] Acórdão do STA, I, de 22 de Junho de 2004, in *AD* 518, 2005, pp. 183 segs.
[15] Para uma resenha dos casos apreciados pelo STA, veja-se MARIA DA GLÓRIA DIAS GARCIA, *A responsabilidade civil do Estado e demais pessoas colectivas públicas*, Lisboa, 1997, p. 47.

çar-nos, num primeiro momento, sobre cada um dos dois segmentos (2. e 3.). A "depuração" sofrida pelo instituto só ficará, todavia, totalmente iluminada quanto aos resultados práticos após procedermos à sua articulação com a responsabilidade por facto ilícito[16], sobretudo quando pensamos nas competências autorizativas em contextos de incerteza (4.). Então estaremos em condições de perceber, num segundo momento reflexivo, o quão arriscada – ou não – é a solução veiculada pelo artigo 11.º da LRCEE (5.). Remataremos esta incursão com algumas observações conclusivas (6.)[17].

## 2. Da *excepcional* à *especial* perigosidade da actividade

A responsabilidade pública pelo risco é, ao contrário da sua congénere civil, estabelecida através de uma cláusula geral. Com efeito, enquanto o artigo 483.º/2 do CC dispõe que "Só existe obrigação de indemnizar independentemente de culpa nos casos especificados na lei", o artigo 11.º da LRCEE (bem como o seu antecessor) adopta a técnica da cláusula geral. Sendo certo que encontramos um idêntico radical para o instituto em ambos os ramos de Direito – a criação do risco onera quem dele retira benefícios, sejam privados ou públicos –, a "generosidade" do Direito Administrativo prende-se com a multiplicidade de tarefas da Administração prestadora, que torna impossível a definição exaustiva prévia de actividades perigosas. Daí que o legislador tenha optado por uma fórmula que remete para os tribunais a densificação evolutiva do conceito de actividade *perigosa*.

Não teria forçosamente que ser assim. À data da elaboração do Decreto--Lei n.º 48.051, já resultava um lote apreciável de actividades qualificadas como (excepcionalmente) perigosas, sobretudo se atentássemos na fonte de inspiração consubstanciada nas decisões do Conselho de Estado francês. Mas o legislador não desejou fixar um elenco, ainda que meramente exemplificativo, nem tão pouco estabelecer critérios de orientação dos juízes – e o facto é que

---

[16] Sobre esta modalidade de responsabilidade na LRCEE, v. o nosso *A responsabilidade civil extracontratual da Administração por facto ilícito: Reflexões avulsas sobre o novo regime da Lei 67/2007, de 31 de Dezembro*, em curso de publicação na Revista *Julgar*.
[17] Vamos eximir-nos de tecer quaisquer considerandos gerais sobre a LRCEE, dado que já procedemos a essa tarefa num texto anterior, em curso de publicação na revista *Julgar*, citado na nota anterior.

os tribunais fizeram uma aplicação a todos os títulos parcimoniosa do instituto ao longo das quatro décadas de vigência do Decreto-Lei n.º 48.051[18].

Ao nível comparado, podem recensear-se várias técnicas de responsabilização pelo risco[19], para além da mais rígida, traduzida na consagração legal específica expressa adoptada pela nossa lei civil, bem como pela lei alemã. No Direito italiano, existe uma presunção de culpa pelos danos provocados por coisas e actividades perigosas, ficando o operador investido no ónus de demonstrar que usou as medidas idóneas para evitar o dano[20]. O Código Civil da Federação Russa apresenta uma lista exemplificativa de actividades perigosas: transporte, construção civil, instalações de produção de energia, fábricas de produtos químicos e de explosivos. Variante desta solução é a remissão para listas de actividades anexas a diplomas que versam especificamente sobre segurança de instalações ou avaliação de impactos.

Uma outra alternativa consubstancia-se na definição de critérios para a qualificação jurisprudencial de actividades excepcionalmente perigosas[21]. O *Second Restatement on the Law of Torts* americano, de 1977, prescreve detalhadamente, no § 520, as características que este tipo de actividades devem revestir:

*a)* geração de risco significativo para pessoas e bens;
*b)* possibilidade de os danos serem vultuosos;
*c)* incapacidade de eliminação do risco através de medidas de diligência normal;
*d)* desenvolvimento da actividade fora dos parâmetros habituais;

---

[18] A título exemplificativo, citamos aqui um passo argumentativo de um recente Acórdão do STA, em que se recusou a qualificação da guarda de reclusos como "excepcionalmente perigosa":

> A diferença de tratamento [dos actos de gestão privada relativamente aos actos de gestão pública da Administração] radica na consagração de que é razoável exigir aos particulares o risco próprio da vida em colectividade e da sua organização, ou seja, da actividade administrativa, até limites aceitáveis de perigosidade, só havendo responsabilidade quando esses limites forem ultrapassados, o que só se deve considerar em casos excepcionais, isto é, de muito elevada perigosidade (*cit.*, p. 194).

[19] Cfr. ELSPETH REID, *Liability...*, *cit.*, pp. 732 segs; GENEVIÈVE SCHAMPS, *La mise en danger: un concept fondateur d'un principe général de responsabilité. Analyse de Droit Comparé*, Paris, 1998, *passim*.
[20] Em especial sobre a solução italiana – que assumidamente faz da responsabilidade pelo risco uma "costela" da responsabilidade aquiliana –, GIANFRANCO BRONZETTI, *La responsabilità nella pubblica amministrazione*, 2ª ed., Milão, 1993, pp. 115 segs; GENEVIÈVE SCHAMPS, *La mise en danger...*, *cit.*, pp. 26 segs, *max.* 70 segs.
[21] Sobre os "critérios de perigosidade", veja-se GENEVIÈVE SCHAMPS, *La mise en danger...*, *cit.*, pp. 862 segs.

*e)* inadequação da localização da actividade em função das características do local onde é exercida;
*f)* ultrapassagem do valor social da actividade pelo seu potencial de risco.

Estes critérios não são cumulativos. Ao abrigo desta previsão, já foram consideradas actividades excepcionalmente perigosas as que envolvem: uso de explosivos; construção civil; queimadas; rupturas de canalizações; emissões tóxicas e radioactivas; contaminação de solo e água[22].

No fundo, o que se pretende é fornecer ao juiz algumas linhas de orientação para a densificação do conceito – cuja maior ou menor amplitude pode ter consequências financeiras muito significativas. Sublinhe-se que a entrega exclusiva aos tribunais da definição dos pressupostos da responsabilidade pelo risco constitui uma fonte de incertezas para os operadores económicos, na medida em que a responsabilidade, embora possa ser transferida – mas com limites –, sempre constituirá um custo de produção. No que concerne à responsabilidade das entidades públicas, a tendência será a de um maior *liberalismo* nas instâncias inferiores – com juízes mais novos, mais sensíveis aos casos da vida, mais "justiceiros" no sentido da compensação dos particulares –, e de um *conservadorismo* nas instâncias superiores – com juízes mais velhos, mais sensíveis às particularidades da acção administrativa, mais protectores do erário público...

Ao abdicar do patamar da excepcionalidade, *rebaixando-a* à especialidade e prescindindo de quaisquer critérios de qualificação, o legislador da LRCEE – no intuito de "soltar" os juízes administrativos –, deu um claro sinal de abertura à responsabilização pelo risco num conjunto cada vez mais alargado de actividades que envolvem risco social.

## 2.1. *A avaliação abstracta da especial perigosidade*

Não podemos dar este ponto por enunciado sem aludir brevemente à forma de caracterização da perigosidade. Esta questão é importante na medida em que, se atendermos a um critério de qualificação concreta, uma actividade totalmente inócua pode revelar-se extraordinariamente perigosa em razão de circunstâncias pontuais. Enquanto que, caso optemos por uma abordagem abstracta, independente de um concreto circunstancionalismo, a perigosidade emergirá de uma conjugação de factores objectivos que podem razoavelmente,

---

[22] ELSPETH REID, *Liability...*, *cit.*, p. 735.

de acordo com regras de experiência e de ciência, fundamentar um tal juízo. Escusado será dizer que a segunda tese restringe consideravelmente o universo de hipóteses de responsabilidade pelo risco.

Imagine-se o seguinte cenário: brincando no relvado de um jardim público, uma criança de 3 anos é atingida pelo jacto de uma mangueira de rega, que sofreu um desvio súbito e totalmente inesperado em virtude de uma alteração de pressão. O jardineiro não merece qualquer censura, uma vez que, na fracção de segundos em que tudo aconteceu, lhe era impossível ter manobrado a mangueira de modo a evitar atingir a criança. Os pais desta tão-pouco podem ser acusados de omissão de vigilância, pois não descuraram os cuidados a que razoavelmente estavam obrigados. Pode à Administração (local) ser imputada responsabilidade pelo risco por danos decorrentes do acidente (escoriações várias e cuidados médicos a que a criança foi submetida)?

A nossa resposta é negativa. Conforme explica Schamps, é imperativo que a actividade implique "uma propensão típica para gerar o dano"[23]. O "risco caracterizado" resulta da conjugação de dois critérios: a probabilidade de ocorrência do dano e a intensidade do efeito lesivo. Bastar-se com apenas um deles significaria abrir de tal forma o universo de hipóteses possíveis de dano que desvirtuaria o instituto. A pura e simples verificação de um dano, ainda que catastrófico, adveniente do exercício de uma actividade/manuseamento de uma coisa inócua não chega para operacionalizar a subsunção na responsabilidade pelo risco.

Esta mesma lógica justifica a subtracção da indemnização por danos causados pela Administração agindo em estado de necessidade do âmbito da responsabilidade pelo risco[24]. Quando o artigo 3.º/2 do CPA se reporta ao direito dos lesados à indemnização por actos administrativos (aqui em sentido amplo) praticados à margem da legalidade em virtude de circunstâncias anormais "nos termos gerais da responsabilidade da Administração", está a remeter tendencialmente para a responsabilidade por facto lícito – que a LRCEE acolhe no

---

[23] GENEVIÈVE SCHAMPS, La mise en danger..., cit., p. 867.

[24] Segundo MÁRIO ESTEVES DE OLIVEIRA, PEDRO GONÇALVES e J. PACHECO DE AMORIM, os pressupostos do estado de necessidade (que o CPA não elenca nem tinha que elencar, uma vez que nesta matéria há uma necessidade intrínseca do recurso a conceitos indeterminados a preencher em função das circunstâncias do caso concreto) são, além da impossibilidade de fazer face a um perigo através dos meios normais, a ocorrência de factos graves e anormais, a existência de perigo iminente, deles derivado, para bens de interesse público e a não proveniência do facto gerador do perigo de uma actuação administrativa – *Código do Procedimento Administrativo, Anotado*, 2ª ed., Coimbra, 1997, p. 93.

artigo 16.º –, não para o regime das actividades especialmente perigosas. Não é a circunstância que funda a perigosidade, mas sim a probabilidade típica de realização do dano, ainda que em circunstâncias que não correspondam ao desenvolvimento normal da actividade (leia-se: com observância dos deveres de cuidado, que reduziriam o risco a zero). O factor de risco é externo à actividade administrativa praticada em estado de necessidade e torna o seu exercício válido (se estritamente necessário); já na responsabilidade pelo risco, este é intrínseco à actividade.

### 3. Do dano *especial* e *anormal* para ... o dano

É comum a afirmação de que a responsabilidade administrativa pelo risco, como forma de responsabilidade objectiva, pressupõe a especialidade e anormalidade do dano – é, de resto, um dos pilares argumentativos do *Conseil d'État* e foi pacificamente acolhido pela nossa jurisprudência, com o aconchego doutrinal incontestado de Gomes Canotilho[25]. Reportando-se ao artigo 8.º do Decreto-Lei n.º 48.051, afirmava o Mestre de Coimbra:

> *É indubitável que a responsabilidade por risco não deixa de levantar primordialmente o mesmo círculo de problemas que suscitam as intervenções estaduais licitamente lesivas: as relações entre o Estado e os particulares e a medida de protecção da esfera jurídico-patrimonial dos cidadãos perante as ingerências, intencionais ou acidentais dos poderes públicos. Na ideia do nosso legislador (...) devia ter estado presente esta especial unidade. Não pressupondo a responsabilidade por risco, no direito civil, a causação de um dano especial e anormal para desencadear o fenómeno reparatório, no direito público vemos condicionar o dever indemnizatório estadual a dois requisitos tradicionalmente exigidos para os danos emergentes de actos lícitos [especialidade e anormalidade do dano]*[26].

É duvidoso, salvo o devido respeito, que a exigência do dano especial e anormal seja pressuposto da responsabilidade pelo risco no Direito público. Ela decorre da necessidade de conter o pagamento de indemnizações dentro de limites apertados no âmbito do Direito Administrativo, em razão do universo exponencialmente superior de lesados por actividades que a Administração

---

[25] Aderindo expressamente a esta posição, ANTÓNIO DIAS GARCIA, *Da responsabilidade civil objectiva do Estado e demais entidades públicas*, in *Responsabilidade civil extracontratual da Administração Pública*, coord. de Fausto de Quadros, Coimbra, 1995, pp. 189 segs, 200 e 207.
[26] J. J. GOMES CANOTILHO, *O problema da responsabilidade...*, cit., p. 122.

tem que prosseguir com vista à realização do interesse público[27]. Curiosamente, todavia, a responsabilidade civil pelo risco contempla tectos indemnizatórios (cfr. os artigos 508.º e 510.º do CC), o que significa que, também aí, há uma preocupação do legislador em não contribuir para a falência dos operadores económicos num domínio em que a sua diligência se pautou pelos padrões exigíveis. Do mesmo modo, a modulação da equidade (artigo 494.º do CC) contribui para sustentar a contenção do juiz. Donde, a fórmula do dano especial e anormal representa uma *interpretação adaptativa restritiva* dos mecanismos civilísticos de limitação, qualitativa e quantitativa, dos montantes indemnizatórios por danos decorrentes de actividades perigosas desenvolvidas licitamente, numa lógica de igualdade na repartição dos encargos públicos[28].

Quanto a nós, esta associação não colhe. Começámos por escrever que a lógica de justiça (*dar a cada um o que é seu,* na velha máxima de Ulpiano) subjacente à *teoria do risco criado* vale tanto para a responsabilidade pelo risco privada como para a pública. Quem cria um risco – o operador privado; a Administração – tem que suportar os custos, porque aproveita os benefícios – o operador privado; a colectividade. A proibição da especial oneração de alguns em proveito de um universo alargado de beneficiados outros decorre da própria lógica da imputação do risco, e não de qualquer exigência de redistribuição dos prejuízos. A *teoria do risco criado* basta como fundamento da responsabilidade pública pelo risco. Então, como sustentar a especialidade e anormalidade do dano?

Parece-nos que o *écran protector*[29] da especialidade deve ceder perante esta análise. Qualquer cidadão afectado por uma actuação pública especialmente perigosa deve, uma vez demonstrado o nexo de causalidade[30], ser ressarcido do prejuízo sofrido pelo agente que controla a fonte de risco, salvo interposição de terceiro ou motivo de força maior. O número de sujeitos afectados não será,

---

[27] Como nota CHRISTOPHE GUETTIER (*Du droit...*, cit., p. 1501), a noção de "risco especial" subjacente ao prejuízo especial e anormal é o equivalente da "falta grave" no âmbito da responsabilidade aquiliana, um filtro que visa excluir um número considerável de vítimas. É, por isso, uma noção meramente funcional.

[28] JACQUES MOREAU (*La responsabilité...*, cit., pp. 107-108), apelando embora a esta associação, reconhece as dificuldades de articulação entre o risco excepcional e a indemnização restrita ao dano especial.

[29] CHRISTOPHE GUETTIER, *Du droit...*, cit., p. 1502.

[30] Particularmente sobre os critérios de estabelecimento do nexo de causalidade na responsabilidade objectiva da Administração, MARGARIDA BELADIEZ ROJO, *Responsabilidad e imputación de daños por el funcionamiento de los servicios públicos*, Madrid, 1997, pp. 92 segs.

*em regra*, relevante para a determinação da obrigação de indemnizar[31] – cujos limites máximos conviria[32], no entanto, estabelecer[33] –, devendo a equidade, em hipóteses de grande número de lesados, ter um papel regulador. Isto é: a atribuição de indemnização deve ficar sujeita a um duplo limite, global e individual. Por um lado, a cada lesado deverá ser destinado um montante máximo, em função do tipo de danos sofridos (limites qualitativos); por outro lado, tendo em conta o universo dos lesados, este limite poderá sofrer redução, em razão da equidade (limites quantitativos).

Já o mesmo não pensamos relativamente à anormalidade do dano: esta tem que ser real, embora avaliada casuisticamente[34]. O lesado deve provar que o prejuízo sofrido reveste um grau superior ao que decorre da vida em socie-

---

[31] A ressalva prende-se com situações em que os lesados sejam tão numerosos – *v.g.*, vacina venenosa; explosão em fábrica; contaminação de estação de tratamento de água, com impacto lesivo de nível nacional – que o efeito compensatório seja anulado (quem paga – os contribuintes – é quem recebe).

[32] Como explica JORGE SINDE MONTEIRO (*Alteração dos limites máximos da responsabilidade pelo risco*, in BMJ 331, 1983, pp. 5 segs, 19 e 20), "não se descortina motivo para estabelecer um limite máximo para a indemnização; se a função da responsabilidade é a de prover à reparação dos prejuízos inevitavelmente ligados ao exercício de certas actividades, logicamente devem ser reparados todos os danos, nos termos gerais de direito, e não apenas uma parte (...).

Esta colocação do problema já nos diz que a questão dos limites máximos deve ser encarada pela óptica dos lesados. É em atenção aos seus interesses que existe esta espécie de responsabilidade; a consideração dos interesses (patrimoniais) dos lesantes pode intervir como factor de moderação do que seria ideal, mas sempre a título secundário.

Todavia, uma responsabilidade objectiva ilimitada pode conduzir à ruína do lesante; daí que, como regra, só deva aceitar-se em paralelo com um seguro obrigatório de responsabilidade também ilimitado, ao menos no respeitante a danos pessoais, ou de um montante tão elevado que, na prática, se lhe equivalha".

[33] Reconhecemos que é difícil estabelecer tais limites quando a técnica é a da cláusula geral. Mas certo é que a aplicação analógica dos artigos 508.º e 510.º não é viável, dada a excepcionalidade do instituto da responsabilidade pelo risco no Direito Civil, e a sua obrigatória previsão específica expressa. Mais a mais, a relação estabelecida entre limites indemnizatórios e alçada da Relação parece-nos redutora: melhor teria sido acatar a sugestão de JORGE SINDE MONTEIRO, aferindo tais montantes a partir do salário mínimo nacional (pelo menos para lesões pessoais, com ou sem reflexos económicos) – *Alteração dos limites..., cit.*, pp. 23 segs.

[34] Esta avaliação casuística não significa que se prescinda do requisito da generalidade do risco, ou seja, de que este incida indiferenciadamente sobre todos os cidadãos. Por outras palavras, a anormalidade não pode ficar na dependência de características particulares do sujeito (ruído continuado de obras que provoca a alguém uma depressão), antes deve traduzir uma oneração especialmente gravosa que resulta de circunstâncias extrínsecas e aleatórias (o que em linguagem coloquial se designaria por "azar").

dade. Note-se que é mais uma vez a *teoria do risco criado* a servir de alavanca a este argumento: o lesado é simultaneamente beneficiado e prejudicado. Logo, só se o risco exceder o grau de suportabilidade médio se justificará a atribuição de indemnização[35].

## 4. Responsabilidade pelo risco: uma responsabilidade subsidiária?

O que separa a responsabilidade pelo risco da responsabilidade por facto ilícito é a impossibilidade de, utilizando embora a maior diligência e cuidado no desenvolvimento de uma actividade cujo risco é superior à média, evitar a consumação do dano. Tudo se joga, do lado da Administração, na capacidade de antecipação de riscos previsíveis, ou na incapacidade de formular juízos de prognose que permitam conformar a sua actividade de molde a evitar riscos que poderia ter evitado. No âmbito dos riscos tecnológicos, esta é uma fronteira extremamente difícil de traçar, dada a dose de incerteza inerente à sua caracterização e gestão.

O critério de aferição da eventual responsabilidade da Administração por défice de ponderação dos factores de risco parece residir na possibilidade prática de exclusão da sua eclosão, à luz das melhores técnicas disponíveis[36]. Ainda que se aceite a eventualidade de eclosão do risco (em virtude da especial perigosidade da actividade), este só será imputável à entidade que desenvolve a actuação ou que a autoriza relativamente a terceiros *a título de facto ilícito* caso se demonstre – e é à Administração que cabe o ónus da prova, por força do princípio da prevenção que sobre si impende[37] – que aquela não usou de toda

---

[35] Aprovando a abdicação, quer da especialidade quer da anormalidade, Luís CABRAL DE MONCADA, *A responsabilidade civil extracontratual do Estado e demais entidades públicas*, in Estudos em homenagem ao Professor Doutor Marcello Caetano no centenário do seu nascimento, II, Lisboa, 2006, pp. 9 segs. 71.

[36] Decisão de 19 de Dezembro de 1985 (*Wyhl*), in *Entscheidungen des Bundesverfassungsgerichts*, Band 72, pp. 300 segs.
Nos termos desta importante decisão do Tribunal Constitucional alemão, a Administração deve ter em consideração, não apenas os dados científicos objecto de consenso na comunidade científica, mas também todas as opiniões que revistam um mínimo de solidez e credibilidade (*alle vertretbaren wissenchaftlichen Erkenntnisse in Erwägung ziehen*).
Decisão *Wyhl, cit.*, p. 315.

[37] Cfr. CARLA AMADO GOMES, *Risco e modificação do acto autorizativo concretizador de deveres de protecção do ambiente*, Coimbra, 2007, pp. 409 segs; ANA PERESTRELO DE OLIVEIRA, *Causalidade e imputação na responsabilidade civil ambiental*, Coimbra, 2007, pp. 91 segs.

a diligência, pautada pelo recurso à melhor informação disponível (ainda que não unânime) e ao melhor apetrechamento técnico, científica e economicamente possível, com vista à sua evitação ou minimização. Não se provando negligência na aferição da existência do factor de risco e do seu grau de lesividade (porque pode tratar-se de um risco despiciendo ou socialmente tolerável), e ficando atestada a causalidade adequada entre facto e dano, a responsabilidade, a despontar, será forçosamente objectiva[38].

A Administração fica, assim, investida numa obrigação de fundamentação da decisão tomada em cenários de incerteza por recurso à mais credível informação disponível[39], mas também num dever de conformação da relação jurídica com uma plasticidade suficiente que lhe permita resistir ao risco eventual, no sentido da minimização dos efeitos deste. Por outras palavras, ainda que autorize o desenvolvimento de determinada actividade, a comercialização de certo produto, a Administração tem que transmitir ao destinatário a percepção da precariedade da sua situação, clarificando os dados, técnicos e científicos, em que assentou a sua decisão – e aqueles que descartou e porquê –, e sujeitando a autorização a revisão, caso as circunstâncias o exijam.

É cristalino que esta actividade autorizativa pode gerar responsabilidade por facto ilícito não apenas no momento de emissão da autorização – por défice de ponderação de circunstâncias de risco –, mas também ao longo da vida desta, caso as circunstâncias se alterem e a entidade autorizante não diligencie adequada e atempadamente no sentido de evitar ou minimizar os efeitos lesivos que possam decorrer da actividade.

Ainda que se observem os padrões de cuidado legal, científica e tecnicamente aplicáveis, ficará sempre, todavia, uma margem de risco por cobrir – e não estamos a referir-nos ao risco imprevisível e totalmente incomensurável, à luz dos melhores conhecimentos disponíveis. Esse, julgamos, fará parte do risco residual, da álea natural à vivência numa sociedade dominada pela técnica, que gera conforto mas também inquietação. Danos provenientes da margem de risco tolerável não deverão ficar ao abrigo do instituto da responsabilidade, mas ser relegados para o campo da solidariedade social[40]. O risco de consumação

---

[38] Para mais desenvolvimentos sobre este ponto, ver o nosso *Risco e modificação...*, *cit.*, esp. pp. 399 segs.
[39] Cfr. CARLA AMADO GOMES, *Risco e modificação...*, *cit.*, pp. 486 segs; CHRISTOPHE GUETTIER, *Du droit...*, *cit.*, pp. 1503 segs.
[40] É esta, de resto, a solução da lei procedimental espanhola – artigo 141/1, com a redacção que lhe foi dada pela lei 4/1999 –, e que reza como segue: "Sólo serán indemnizables las lesiones producidas al particular provenientes de daños que éste no tenga el deber jurídico de soportar de

de danos ligados ao exercício de actividades especialmente perigosas – e quais não o serão, hodiernamente? – traduz-se, isso sim, na possibilidade de eclosão de prejuízos para terceiros causalmente derivados da prossecução da actividade, que não puderam ser evitados pelo operador actuando na sua máxima diligência – nem pela autoridade autorizante –, e que não tiveram origem na conduta de estranhos nem em caso de força maior.

Quando falamos de responsabilidade pelo risco falamos, assim, de riscos previsíveis – no sentido de potenciais, evitáveis por recurso às melhores técnicas e no uso da maior diligência[41]. Esta previsibilidade não acarreta, forçosamente, responsabilidade por facto ilícito. O facto de o risco ter sido ponderado, na escolha da actividade e na concessão da autorização, equivale a dizer que, pelas suas características, aquela actividade poderá gerar, em caso de acidente, algum dano, num quadro de hipóteses mais ou menos delimitado a partir de juízos de prognose baseados em dados científicos. Mas o operador, bem como a entidade autorizante estão obrigados a agir no sentido da prevenção de riscos num cenário de normalidade, não a multiplicar a sua diligência por todos os riscos, possíveis e imaginários[42].

Assim se compreende a afirmação de alguma doutrina no sentido de que a responsabilidade pelo risco é um penhor da eficácia da actuação administrativa. Note-se que, não existindo o instituto, funcionários e agentes poderiam

---

acuerdo con la Ley. No serán indemnizables los daños que se deriven de hechos o circunstancias que no se hubiesen podido prever o evitar según el estado de los conocimientos de la ciencia o de la técnica existentes en el momento de producción de aquéllos, todo ello sin perjuicio de las prestaciones asistenciales o económicas que las leyes puedan establecer para estos casos".
Em Portugal, temos um exemplo de concretização desta postura no regime de responsabilidade pelo risco do produtor por produtos defeituosos. Nos termos do artigo 5.º/e) do Decreto-Lei n.º 383/89, de 6 de Novembro (alterado pelo Decreto-Lei n.º 131/01, de 24 de Abril, "O produtor não é responsável se provar que o estado dos conhecimentos científicos e técnicos, no momento em que pôs o produto em circulação, não permitia detectar a existência do defeito". No sentido do dever de suportação do "risco de desenvolvimento" pelo operador, GENEVIÈVE SCHAMPS, La mise en danger..., cit., pp. 953 segs (mas admitindo que esta é uma opção claramente política, podendo o legislador optar por esta ou outra solução, desde que assegure o ressarcimento).
[41] Cfr. ELSPETH REID, Liability..., cit., pp. 740 segs.
[42] ELSPETH REID (Liability..., cit., 749) cita a fórmula utilizada por um juiz chamado a decidir um caso de responsabilidade de uma companhia de caminhos de ferro por uma inundação, presumivelmente causada por acumulação de água nos carris, de um terreno agrícola próximo. O juiz rejeitou o pedido, afirmando que o réu estava "bound to provide against the ordinary operations of nature, but not against her miracles".

sentir-se paralisados perante a necessidade de desenvolver actuações com um risco superior à média e que são essenciais à organização social: operações policiais; intervenções cirúrgicas; guarda de presos; treinos militares... Contando com esta cobertura extra(ordinária), a Administração não se sentirá inibida de prosseguir o interesse público, ainda que em condições arriscadas – salvaguardando, bem entendido, os deveres de cuidado razoavelmente exigíveis[43].

A questão que se coloca é a de saber se há responsabilidade da Administração pelo risco por autorização de actividades/produtos especialmente perigosos desenvolvidas/comercializados por terceiros, caso daqui resulte algum dano não imputável, nem a qualquer défice de ponderação de circunstâncias de risco, nem à incúria do operador, nem tão-pouco a omissão de deveres de vigilância da Administração Pública. Parece-nos que esta hipótese, a existir, deverá estar expressamente prevista, enquanto decorrência da competência autorizativa[44]. A responsabilidade pelo risco da autorização deverá ser subsidiária relativamente à responsabilidade primária do operador/comerciante – ou a quem este a tiver transmitido, através de contratos de seguro e na parte transferida –, na medida em que *é o operador quem retira proveito económico da actividade*[45] e não há culpa, nem deste nem da entidade autorizante. O ente público actuará aqui numa posição secundária, quer a fim de evitar situações--limite de inindemnizabilidade por danos decorrentes de actividades que relevam para o interesse público, quer prevenindo falências de operadores cuja

---

[43] Na expressão de CHRISTOPHE GUETTIER (*Du droit...*, *cit.*, p. 1501), trata-se de uma "responsabilidade-prémio". Anotando também esta virtualidade da responsabilidade pelo risco, PASCALE FOMBEUR, *Les évolutions...*, *cit.*, p. 100.

[44] Ao contrário da responsabilidade por facto ilícito, que decorrerá do princípio geral *quem, com dolo ou mera culpa, viola ilicitamente o direito de outrem, deve indemnizar* (artigo 483.°/1 do CC). Neste caso, a Administração, porque descurou a sua obrigação de ponderação dos factores de risco e por isso desencadeou uma causalidade lesiva, conjuntamente com o destinatário da autorização, é solidariamente responsável com este perante os lesados, salvo se demonstrar que usou de toda a diligência cabível no caso (ilidindo a presunção de *culpa in vigilando* – artigos 493.° do CC; 10.°/3 da LRCEE) ou se conseguir fazer a prova de que, mesmo que tivesse cumprido os seus deveres de cuidado, o dano sempre teria ocorrido por culpa do lesado (cfr. o artigo 4.° da LRCEE).
Note-se que quando falamos de solidariedade não excluimos, naturalmente e de acordo com apreciação casuística, a repartição desigual dos quantitativos indemnizatórios (em função, *v.g.*, da boa ou má fé do operador, do grau de culpa da entidade autorizante na avaliação dos factores de risco).

[45] Vincando a relação entre responsabilidade pelo risco e domínio, económico e técnico, da actividade ou coisa perigosa, GENEVIÈVE SCHAMPS, *La mise en danger...*, *cit.*, pp. 921-923.

actividade tem uma finalidade social relevante⁴⁶ – seja na perspectiva meramente formal do desenvolvimento económico, seja (também) na perspectiva material de colaboração entre o particular e a Administração na realização de objectivos socialmente relevantes⁴⁷.

Cumpre fazer uma referência, nesta sede, ao regime da responsabilidade do produtor por produtos defeituosos, plasmado no Decreto-Lei n.º 383/89, de 6 de Novembro (com alterações pelo Decreto-Lei n.º 131/2001, de 24 de Abril), o qual parece afastar-se desta linha argumentativa. Este diploma impõe a solidariedade de todos os que tiverem participado na importação, produção ou fornecimento (noção ampla de produtor) de um produto cuja utilização/consumo tenha causado danos. É certo que se não alude expressamente a *participação* no sentido da *autorização*, mas julgamos que a fórmula da lei a abarca. De qualquer modo, nos termos deste diploma, há sempre responsabilidade por facto ilícito das autoridades (e está excluída a do produtor) quando os danos resultam do cumprimento de normas imperativas [que, pela sua inadequação, geraram defeitos de produção e danos aos consumidores – artigo 5.º/e)].

Outra solução decorre, em contrapartida, da Directiva 2004/35/CE, do Parlamento Europeu e do Conselho, de 21 de Abril. Desta Directiva (cujo prazo de transposição expirou em 30 de Abril de 2007) resulta que: os danos ecológicos⁴⁸ (cfr. os artigos 2.º/1 e 3.º) e *só* estes (cfr. o considerando 14) devem ser reparados pelos operadores, em caso de dano provocado com culpa (artigo 8.º/1). Não havendo culpa e desenvolvendo o operador a actividade⁴⁹ ao abrigo de uma autorização validamente concedida, os Estados-membros *podem* isentá-lo dos custos das acções de reparação⁵⁰ (bem assim como à sua seguradora), arcando eles próprios

---

⁴⁶ Aludindo a estes casos e sugerindo a possibilidade de concessão de subsídios estatais a empresas privadas oneradas por pesados deveres indemnizatórios a título de responsabilidade pelo risco, Geneviève Schamps, *La mise en danger...*, cit., p. 933. Mas a Autora chega mesmo a admitir uma responsabilidade subsidiária do Estado caso os danos sejam de tal forma elevados que, nem os seguros, nem eventuais fundos, cubram as necessidades (*idem*, p. 963).

⁴⁷ Chamando a atenção para o paradoxo a que pode levar a leitura excessivamente publicista do dever de prevenção, fazendo incorrer a entidade autorizante em praticamente toda a responsabilidade pelo uso da autorização, Yves Jegouzo, *De certaines obligations environnementales: prévention, précaution et responsabilité*, in *AJDA*, 2005/12, pp. 1164 segs, 1165.

⁴⁸ Danos "significativos", na acepção do artigo 2.º/1/a) e no Anexo I da Directiva.

⁴⁹ Actividade essa que deve encontrar-se listada no Anexo III.

⁵⁰ Sublinhe-se que, nos termos do artigo 3.º/3 da Directiva, a indemnização por danos ecológicos nunca pode dar origem à atribuição de quantias pecuniárias aos particulares/organizações que tenham denunciado a situação e avançado para a acção judicial de efectivação da responsabilidade do lesante. Veja-se a descrição dos objectivos da reparação de danos, enunciados no

com tais custos [artigo 6.º/3, articulado com o artigo 8.º/4/*a*)]. Esta fórmula aponta para a possibilidade de opção entre a teoria do risco criado – que responsabiliza o operador – e a lógica de responsabilização primária do Estado por recuperação da integridade de bens de fruição colectiva na ausência de culpa do operador autorizado [e também quando o dano for totalmente imprevisível – alínea *b*) do artigo 8.º/3]. Julgamos que a isenção total será uma má solução, pois tende a desincentivar o operador da adopção das melhores práticas, mas compreendemos a razão da abertura: a natureza colectiva da dimensão imaterial dos bens ecológicos, enquanto bens comunitariamente fruíveis[51].

A responsabilidade da Administração pelo risco é susceptível, destarte, de revestir carácter subsidiário em dois planos: por um lado, na relação com a responsabilidade aquiliana, tanto mais quanto a noção de actividade perigosa for *abandonada* pelo legislador ao juiz; por outro lado, na relação com a responsabilidade do operador autorizado pelo risco, se expressamente prevista e tanto mais quanto socialmente relevante a actividade se perfilar.

## 5. Os riscos da responsabilização pelo risco nos termos do artigo 11.º da LRCEE

A responsabilidade administrativa pelo risco é claramente um *plus* de garantia dos particulares em face de uma Administração tentacular, no plano jurídico como material. Sediar ou não o instituto no artigo 22.º da CRP –

---

Anexo II da Directiva, que descarta expressamente a compensação financeira para "membros do público" no caso da reparação compensatória (1.1.3., *in fine*), facto que se compreende, quer em razão da natureza dos bens, quer para evitar enriquecimentos indevidos dos autores populares. Esta norma não inviabiliza, todavia, a afectação de quantias a Fundos, geridos por entidades públicas com competência no domínio do ambiente, com vista ao desenvolvimento de acções de reparação.

[51] Sem embargo de louvarmos a iniciativa legislativa da Comunidade nesta sede – que tem, desde logo, a virtualidade de autonomizar o dano ecológico do dano pessoal e patrimonial –, deve, todavia, sublinhar-se a estreiteza do âmbito de aplicação da Directiva no que tange à responsabilidade objectiva. Como nota BARBARA POZZO (*La nuova direttiva 2004/35 del Parlamento europeo e del Consiglio sulla responsabilità ambientale in materia di prevenzione e riparazione del danno*, in *RGA*, 2006/1, pp. 1 segs, 16), a directiva estabelece uma dupla limitação: só as actividades listadas (o que nos parece bem) + só os danos inflingidos aos recursos naturais indicados (circunscrição criticável). Ademais, e agora também em sede de responsabilidade aquiliana, atente-se nas exclusões constantes do artigo 4 e nas cláusulas de irretroactividade ínsitas no artigo 17.

filiação questionável em razão da referência à solidariedade, que pressupõe a culpa[52] – é relativamente indiferente em face da cláusula de Estado Social de Direito (artigo 2.º da CRP). O Estado não se pode demitir da compensação pelos danos que a sua actividade provoca, caso estes revistam uma intolerabilidade superior à normal. Ponto é que os limites entre responsabilidade (pelo risco) e solidariedade sejam respeitados, sob pena de banalização da primeira e funcionalização da segunda a fins de oportunismo – *rectius*: oportunidade – política[53].

O artigo 11.º da LRCEE reza como segue:

> *1. O Estado e as demais pessoas colectivas de direito público respondem pelos danos decorrentes de actividades, coisas ou serviços administrativos especialmente perigosos, salvo quando, nos termos gerais, se prove que houve força maior ou concorrência de culpa do lesado, podendo o tribunal, neste último caso, tendo em conta todas as circunstâncias, reduzir ou excluir a indemnização.*
>
> *2. Quando um facto culposo de terceiro tenha concorrido para a produção ou agravamento dos danos, o Estado e as demais pessoas colectivas de direito público respondem solidariamente com o terceiro, sem prejuízo do direito de regresso.*

Depois da breve revisitação dos pressupostos da responsabilidade pelo risco, que avaliação merece o regime estabelecido neste dispositivo?

*i)* A LRCEE impõe como pressuposto da responsabilidade administrativa o desenvolvimento de actividades ou serviços e a utilização de coisas "especialmente perigosas". A lei abdica da excepcionalidade do perigo relacionado com a coisa ou actividade, alargando assim exponencialmente o âmbito de danos indemnizáveis[54]. Sem embargo de considerarmos que esta alteração consubstancia um sinal, positivo, dirigido pelo legislador ao juiz no sentido da liberalização da concessão de indemnizações a este título, não deixamos de lamentar dois pontos:

---

[52] No sentido de restringir o âmbito do artigo 22.º da CRP à obrigação de implementação de mecanismos de responsabilidade subjectiva, RUI MEDEIROS, *Ensaio sobre a responsabilidade civil do Estado por actos legislativos*, Coimbra, 1992, pp. 92 segs.

[53] Cfr. as considerações de CARLOS CADILHA, *Responsabilidade da Administração Pública*, in *Responsabilidade civil extra-contratual do Estado. Trabalhos preparatórios da reforma*, Coimbra, 2002, pp. 235 segs, 255.

[54] A favor desta solução manifestou-se MARGARIDA CORTEZ – *Contributo para uma reforma da lei da responsabilidade civil da Administração*, in *Responsabilidade civil extra-contratual do Estado. Trabalhos preparatórios da reforma*, Coimbra, 2002, pp. 257 segs, 262.

– por um lado, a não delimitação de critérios orientadores – ou a remissão para uma lista, ou a enunciação exemplificativa – para a determinação do que deve entender-se por actividade e coisa especialmente perigosa. Os efeitos perversos podem começar logo por inibir o julgador, habituado a um sistema restritivo, levando-o a agarrar-se às situações já identificadas e não evoluindo para outras possíveis – ou, ao contrário, induzir um efeito multiplicador das hipóteses, que banalizará o instituto e será prejudicial para o erário público;

– por outro lado, o não estabelecimento de limites dos montantes indemnizatórios, nem quanto ao tipo de danos, nem quanto ao universo de lesados (limites qualitativos e quantitativos). Esta omissão é perniciosa, em nossa opinião, por equiparar responsabilidade pelo risco a responsabilidade aquiliana, induzindo a demissão da Administração da adopção dos deveres de cuidado razoavelmente exigíveis. Não pode olvidar-se que a responsabilidade pelo risco actua independentemente de culpa, jogando a favor do lesado mas não contra a Administração – ao contrário da responsabilidade por facto ilícito, que penaliza, ética, disciplinar, penal e civilmente funcionários e agentes;

*ii)* Ao autonomizar a responsabilidade pelo risco das outras formas de responsabilização da função administrativa – por facto ilícito e pelo sacrifício –, a LRCEE vedou a extensão da limitação da indemnização pelo risco aos danos "especiais e anormais". Tal operação interpretativa tornar-se-ia difícil, ainda que a arrumação formal fosse diversa, na medida em que, no artigo 16.º, a LRCEE define o dano indemnizável pelo sacrifício como especial e anormal, e bem assim estabelece que os danos causados por actos da função legislativa só serão ressarcíveis se anormais (artigo 15.º/1). Ou seja, o legislador deliberada e conscientemente "libertou" o dano causado por actividades e coisas perigosas dos requisitos da especialidade e da anormalidade.

Já observámos que, quanto à especialidade, ela resultava de um equívoco. A *teoria do risco criado* implica que o agente do dano seja responsável perante qualquer lesado, independentemente do seu número – uma vez que aproveita os benefícios da actividade, também deve suportar os custos. O factor corrector da equidade servirá de travão em situações de desequilíbrio flagrante entre a capacidade ressarcitória do agente do dano e as necessidades efectivas – ressalvadas as hipóteses de transferência de risco (que normalmente se traduzirão em indemnizações parciais). O artigo 566.º/1, *in fine*, do CC (que ecoa no artigo 3.º/1 da LRCEE), atesta bem da moderação que o legislador quis impor nesta sede, obstaculizando à *reconstitutio in natura* quando esta se mostre excessivamente onerosa para o devedor. Mais concludente ainda é a remissão operada pelo artigo 499.º do CC para o regime da responsabilidade por facto ilícito meramente culposo, nomeadamente para o artigo 494.º do CC, que permite a fixação equitativa dos montantes indemnizatórios tendo em atenção a situação económica do lesante e do lesado e outras circunstâncias cabíveis.

Ora, sendo certo que o julgamento segundo critérios de equidade deve ser expressamente autorizado pelo legislador, ou pelas partes – assim dispõe o artigo 4.º do CC –, não teria sido difícil incluir esta ressalva na LRCEE, salvaguardando assim o Estado (e demais entidades, públicas e privadas – cfr. o artigo 1.º) de se constituir em segurador universal[55] (o legislador fê-lo, de resto, no artigo 15.º/6 da LRCEE). Operando a LRCEE várias remissões para disposições do Código Civil, é duvidoso que se possa considerar aplicável o artigo 499.º deste Código, mais a sua remissão para o artigo 494.º, ao regime da responsabilidade administrativa pelo risco no plano da gestão pública – embora seja de utilização inquestionável no âmbito das actividades de gestão privada[56].... Constituindo-se o regime da LRCEE como diverso da responsabilidade civil pelo risco – desde logo na técnica determinativa dos pressupostos da imputação –, e sendo a fixação de limites estranha ao instituto[57], julgamos que a equidade deveria ter sido expressamente prevista como factor modulador do *quantum* imdemnizatório, em caso de alargamento exponencial do universo de lesados.

O outro pólo de preocupação neste ponto é a supressão da referência à anormalidade do dano. Dir-se-ia que o facto de não constar do preceito não veda ao julgador a possibilidade de utilizar esse critério, que resulta da essência do instituto da responsabilidade pelo risco – só danos que, "ultrapassando os custos próprios da vida em sociedade, mereçam, pela sua gravidade, a tutela do direito" (artigo 2.º da LRCEE)[58]. Mas, tendo a LRCEE disposto expressa-

---

[55] Apelando à modulação da equidade como forma de equilibrar hipóteses de multiplicação de lesados, MARGARIDA CORTEZ, *Contributo...*, *cit.*, p. 263.
[56] Cfr. o artigo 1.º/2 da LRCEE, que perpetua a distinção entre actos de gestão pública e actos de gestão privada sob outra designação: "acções e omissões adoptadas no exercício de prerrogativas de poder público, ou reguladas por disposições ou princípios de direito administrativo".
[57] Cfr. *supra*, nota 32.
[58] MARGARIDA BELADIEZ ROJO (*Responsabilidad...*, *cit.*, p. 120) define o que deve considerar-se risco socialmente admissível: "el riesgo de padecer daños inmediatos se ve compensado con la posibilidad de obtener un *beneficio mediato* que tiene su origen en la actividad generadora del riesgo inicial; riesgo que, además, que, en el caso de realizar-se y produzirse el daño, *no debe suponer un sacrificio mayor que al resto de los ciudadanos le supone la instalación de un servicio análogo*".

mente nesse sentido noutras disposições mas não no artigo 11.º, será aceitável pensar que o julgador pode limitar a indemnização a danos deste tipo? Tenderíamos a responder afirmativamente – dada a pressuposição do risco anormal na lógica da responsabilização pelo risco –, mas ficaríamos mais confortados (e seguramente, também os juízes) se a lei tivesse incorporado no texto do artigo 11.º a menção à anormalidade do dano...;

*iii*) O voluntarismo da LRCEE não se ficou, todavia, por aqui. Não satisfeito com o rebaixamento do limiar de perigosidade da coisa ou actividade, e com a supressão e do pressuposto da especialidade e anormalidade do dano, o legislador ainda veio atribuir mais uma garantia de pagamento de indemnizações pelo risco no n.º 2 do artigo 11.º. Esta solução era afastada pelo artigo 8.º do Decreto-Lei n.º 48.051 – embora a jurisprudência francesa a aceite, sempre sujeita a regresso contra o terceiro[59]. Em nossa opinião, este espírito de liberalidade faria mais sentido no contexto das actividades autorizadas do que por facto de terceiro, ao qual a Administração é totalmente alheia. A LRCEE opta aqui por um garantismo *a outrance*, que a lógica do instituto em nada justifica e do qual o erário público se poderá vir a ressentir – além de constituir uma tendencial desresponsabilização de terceiros... Se quiséssemos ser irónicos, diríamos que ao legislador só faltou franquear um último patamar para constituir as entidades públicas (e privadas que desenvolvam funções materialmente administrativas) em seguradoras universais: responsabilizar a Administração mesmo em caso de verificação de motivo de força maior!

Em suma: o regime da responsabilidade pelo risco desenhado no artigo 11.º da LRCEE é altamente arriscado – diríamos mesmo: temerário – do ponto de vista da oneração do erário público. Esta reacção a um quadro reconhecidamente restritivo é excessivamente penalizadora da comunidade em favor do indivíduo ou de grupos de indivíduos, e a sua conformidade com os padrões de necessidade, adequação e proibição do excesso impostos pelo artigo 18.º da CRP ficará tributária da actuação dos juízes – nomeadamente, quanto à avaliação da "anormalidade" do dano indemnizável. Uma interpretação conforme à Constituição[60] é susceptível de salvar, no limite, a constitucionalidade

---

[59] Cfr. JACQUES MOREAU, *La responsabilité...*, *cit.*, p. 105.

[60] Conforme à cláusula do Estado Social (artigo 1.º da CRP), que é um Estado suportado pelas contribuições fiscais dos contribuintes os quais se aproveitam, por seu turno, das actividades desenvolvidas pela Administração. Logo, só riscos que excedam o limiar de suportabilidade normal devem entrar no cômputo da responsabilidade pelo risco, sob pena de violação de um princípio de racionalidade de gestão de recursos escassos.

do artigo 11.º/1 nesse particular, mas temos sérias dúvidas de que o n.º 2 não padeça de inconstitucionalidade por manifesta desnecessidade.

## 6. Reflexões finais

Os resultados do regime de responsabilidade pelo risco traçado na LRCEE são uma incógnita. Se por um lado se alargou o leque de actividades que a podem gerar, bem como se flexibilizou os pressupostos de atribuição da indemnização, tal prodigalidade do legislador pode, por outro lado, ter o efeito reverso de devolver ao juiz a reposição de um equilíbrio demasiado próximo dos parâmetros tradicionais. A contiguidade entre responsabilidade por facto ilícito e pelo risco pode também condicionar a operatividade do regime lançado pelo artigo 11.º da LRCEE.

Com efeito, a substituição da excepcionalidade pela especialidade na qualificação do risco potencial da actividade ou coisa, aliado ao facto de o legislador ter abdicado do estabelecimento de critérios parametrizadores das actuações de risco, leva a que as fronteiras entre responsabilidade por facto ilícito e pelo risco se esbatam. Isto porque, tratando-se de uma actividade especialmente perigosa – e, numa sociedade altamente complexificada como a actual, a densificação do conceito poderá redundar num âmbito muito amplo de actividades –, é possível que o julgador, não logrando obter dos autos prova bastante da responsabilidade subjectiva, tente a qualificação da responsabilidade a título objectivo, ou seja, pelo risco[61]. Por outras palavras: se os juízes quiserem potenciar a "generosidade" do legislador, a responsabilidade pelo risco tem possibilidade de adquirir carácter subsidiário em face da responsabilidade aquiliana – coisa que, no regime anterior, raramente acontecia, dada a necessária qualificação da actividade administrativa como "excepcionalmente perigosa".

A ténue fronteira entre ilicitude e risco – entre previsibilidade e impossibilidade de, através da *melhor técnica disponível* ou da observação das melhores práticas, evitar o dano –, justifica esta subsidiariedade. Fazendo nossas as palavras de Pontier:

> *Não se pede ao Estado que preveja o imprevisível. A imprevisibilidade é justamente*

---

[61] Como salienta CARLOS CADILHA, não se trata, nestas situações, de modificar a causa de pedir, mas de reconhecer ao tribunal competência para alterar a qualificação jurídica dos factos materiais da causa – *Convolação da responsabilidade civil extracontratual por facto ilícito em responsabilidade pelo risco. Anotação ao Acórdão do STA, I, de 3 de Março de 2005*, in CJA, n.º 57, 2006, pp. 18 segs.

uma das características da força maior, que exonera o Estado de responsabilidade, quer no âmbito contratual, quer extracontratual. Mas a imprevisibilidade das catástrofes, sejam naturais ou tecnológicas, não pode ser argumento para justificar a demissão dos poderes públicos das suas responsabilidades, para os desincumbir da prossecução de uma política de prevenção de riscos: em primeiro lugar, não cabe aos poderes públicos dizer o que é e o que não é imprevisível; depois, o que é imprevisível hoje pode não sê-lo, ou sê-lo em diversa medida, amanhã; finalmente, é obrigação dos poderes públicos reduzir a distância, necessariamente imprecisa, entre o previsível e o imprevisível. Na realidade, o problema não é saber o que é previsível e gera obrigações e o que é imprevisível e dispensa o cumprimento destas; a questão, hoje, reside em distinguir entre o certo, o provável e o improvável[62].

O "arco" entre a ilicitude e o risco não deve, assim, constituir fundamento de redução dos deveres de cuidado. A responsabilidade pelo risco deve sempre ser uma forma residual de responsabilização, por inexistência de culpa ou por impossibilidade de a provar. Mas a LRCEE, ao aligeirar o grau de culpa responsabilizante a título subjectivo – que passa a bastar-se com falta leve –, e ao estabelecer (mal) uma presunção de culpa leve na prática de actos jurídicos ilícitos (artigo 10.º/2), válida também (aqui, bem) no plano da omissão de deveres de vigilância (artigo 10.º/3), pode levar a que a Administração não se sinta especialmente incentivada a observar os padrões de diligência médios, pois bastará um "deslize" para ser responsabilizada, de uma forma ou de outra (desde que na zona de sobreposição dos dois institutos: actividades e coisas especialmente perigosas). O que conduzirá, eventualmente, à absorção da responsabilidade pelo risco pela responsabilidade por facto ilícito.

Não se perca de vista que a responsabilidade pelo risco se impôs, fora do âmbito do risco profissional, para permitir aos lesados obter ressarcimento em situações de difícil ou impossível prova da culpa do lesante. Quanto mais baixo for o grau de culpa exigível – e sobretudo se suportado por uma presunção –, mais fácil se torna obter uma condenação[63]. A "promiscuidade" entre estas duas modalidades de responsabilidade administrativa, nos termos em que resulta da LRCEE, só vem beneficiar os lesados: duplica-lhes a hipótese de se verem res-

---

[62] JEAN-MARIE PONTIER, *La puissance publique et la prévention des risques*, in *AJDA*, 2003/33, pp. 1752 segs, 1759.
[63] Atente-se, no entanto, nas palavras de CARLOS CADILHA (*Regime geral da responsabilidade civil da Administração Pública*, in *CJA*, n.º 40, 2003, pp. 18 segs, 29): "A presunção de culpa não equivale, sem mais, a um dever objectivo de indemnizar, mas tão-somente determina um agravamento da posição processual da Administração, que terá de comprovar que se empenhou na procura da solução legal".

sarcidos, e por montantes idênticos, uma vez que o legislador não estabeleceu limites para a responsabilidade pelo risco.

Descontados os actos jurídicos ilícitos e as omissões materiais de vigilância, para a responsabilidade pelo risco "restarão" os casos de actuações materiais comissivas, no âmbito das quais não há presunções de culpa, bem assim como os casos em que a Administração consiga inverter a presunção de culpa (leve) e o julgador considere estarmos num domínio de actividade especialmente perigosa (domínio de subsidiariedade). É ainda um considerável leque de hipóteses em que o cidadão-lesado ficará a ganhar relativamente ao sistema antigo. Mas o cidadão-contribuinte fica certamente a perder com tamanha e voluntariosa abertura. O risco é evidente: quando o Estado paga, pagamos todos.

Lisboa, Junho de 2008

# Dois parlamentarismos: a institucionalização da responsabilidade política no Reino Unido e em França

DR. PEDRO LOMBA

> SUMÁRIO: 1. *Introdução: a ideia de responsabilidade política*. 2. *Responsabilidade política e responsabilidade ministerial*. 3. *Dois parlamentarismos e dois regimes constitucionais: A) O parlamentarismo monista ou de gabinete: a construção de um executivo responsável no Reino Unido; B) O parlamentarismo dualista: a construção da responsabilidade política em França*. 4. *Conclusão*.

## 1. Introdução: a ideia de responsabilidade política

É conhecida e frequentemente evocada a importância do princípio da responsabilidade política para a consolidação dos regimes constitucionais dos séculos XIX e XX[1]. Firmemente avesso à concentração do poder das monarquias absolutas, o advento do constitucionalismo moderno caracterizou-se pela hostilidade à «imunidade»[2] e à irresponsabilidade dos governantes. Desde logo, a ideia de responsabilidade política surgiu no constitucionalismo moderno em ligação ao princípio representativo[3]. Com efeito, a representação política

---

[1] Sobre a construção da responsabilidade política no quadro do pensamento constitucional, veja-se o meu livro *Teoria da Responsabilidade Política*, Coimbra, 2008 (no prelo).
[2] LUIS DIEZ PICAZZO, *La criminalidad de los gobernantes*, p. 150.
[3] Observando que a responsabilidade política e «a adopção do governo representativo caminham a par», CHRISTIAN BIDÉGARAY, "Le principe de responsabilité fondement de la démocratie", in *Pouvoirs* – n.º 92, 2000, p. 7; ver também JOHN DUNN, "Conclusion", *Democracy – the Unfinished journey 508 BC to AD 1993* (ed. John Dunn), p. 249; RAFAEL GISBERT, *La responsabilidad política del gobierno: realidad o ficción?*, pp. 14 e ss..

potenciou necessariamente o aparecimento de vínculos de responsabilidade política dos representantes[4]. Como escreve Denis Baranger, «representação e responsabilidade são os mediadores institucionais da sociedade política»[5]. É a responsabilidade política que, no contexto do regime representativo, permite o controlo da «identidade entre a vontade nacional e a vontade dos governantes», assegurando a contínua legitimação do exercício do poder[6].

Mas a ideia de responsabilidade política não pode ser apenas apreendida a partir dessa relação «difusa» entre governantes e governados, ou entre os "delegados" e os titulares originários do poder político. Uma segunda dimensão da responsabilidade política no quadro do constitucionalismo moderno assumiu como objectivo a limitação do poder político através de esquemas institucionais que procuraram garantir o equilíbrio entre os vários poderes do Estado. O constitucionalismo liberal, que procurou definir limites para o exercício do poder e afastar assim o abuso e a concentração, desenhou formas de organização política complexas, qualquer uma delas assente numa divisão racional do poder entre órgãos políticos distintos. À luz do pensamento liberal e do sistema de governo parlamentar, isso implicava desde logo a separação entre o poder legislativo e o poder executivo. Sucede, no entanto, que o modo como o constitucionalismo moderno definiu essa separação entre o poder legislativo e o poder executivo não foi uniforme e dependeu em grande medida do tipo adoptado de responsabilidade dos executivos perante os parlamentos. Se é usual distinguir-se dois tipos de sistema de governo parlamentar – o inglês e o francês[7] –, isso deve-se à existência de dois modelos de relações entre o executivo e legislativo e também, correlativamente, de dois modelos de responsabilidade política.

O presente artigo constitui um contributo para a clarificação destas duas experiências históricas de institucionalização da responsabilidade política que ditaram o surgimento de duas formas de construção e evolução do sistema parlamentar. Começarei por fazer uma distinção entre responsabilidade política e responsabilidade ministerial, que se deve ter como fundamental para com-

---

[4] GIANFRANCO PASQUINO, *Curso de Ciência Política*, p. 204; DENIS BARANGER, *Parlementarisme des origines*, pp. 21 e ss.; PHILIPPE SEGUR, "Qu'est-ce que la responsabilite politique", in *Revue du Droit Public*, n.º 6, 1999, pp. 1607 e 1608.

[5] DENIS BARANGER, *Le Parlamentarism des Origines – essai sur la construction d'un executif responsable en Angleterre*, p. 20.

[6] Ver PHILIPPE SÉGUR, "Qu'es-ce que la responsabilite politique", in *Revue...*, cit., p. 1607.

[7] Como faz LUCIEN JAUME, "Le Parlamentarisme: entre «Représenter» et «Gouverner»", in *L'État au XXe Siècle*, Paris, 2004, pp. 153 e ss..

preendermos a relação entre os executivos e os parlamentos no constitucionalismo liberal. Depois, abordarei com mais detalhe a experiência britânica e a experiência francesa de construção e institucionalização da responsabilidade política.

## 2. Responsabilidade política e responsabilidade ministerial

No contexto da divisão do poder entre vários órgãos políticos própria do constitucionalismo liberal, um aspecto essencial consistiu em regular o modo como se harmonizariam e relacionariam aqueles órgãos. Em primeiro lugar, embora as constituições liberais, em especial aquelas que mais rigidamente adoptaram a separação de poderes, tenham evitado proclamar o princípio da responsabilidade política do executivo perante o legislativo, não deixaram de consagrar a responsabilidade criminal dos ministros enquanto detentores do poder executivo[8]. Na explicação mais recorrente diz-se que esta responsabilidade criminal acabou por se converter em responsabilidade política, acompanhando a progressiva parlamentarização do sistema de governo. Note-se que esta posição dos ministros sempre implicava uma certa atenuação do princípio da separação de poderes, que, na sua formulação clássica, exigia a independência entre os órgãos legislativo e executivo[9].

Em segundo lugar, a divisão entre o legislativo e o executivo não impedia que existisse um órgão dominante no sistema, ao qual se cometia a função de garantir que nenhum outro órgão poria em causa as garantias constitucionais e o equilíbrio entre poderes. Um candidato óbvio a tal posição dominante era os parlamentos, devido ao seu estatuto de representantes da vontade popular. No entanto, como o constitucionalismo liberal precisou de "integrar" e salvaguardar os monarcas dentro do esquema de separação de poderes e supremacia formal do poder legislativo sobre o executivo, teve que conceber um novo poder na organização política do Estado: o poder ministerial. Dessa forma, coube aos ministros, detentores do poder ministerial, ocupar uma posição duplamente subordinada: subordinada à vontade do monarca que os nomeava e destituía; e subordinada ao "controlo" dos parlamentos que podiam efectivar a sua responsabilidade.

---

[8] Desde logo, por exemplo, a constituição francesa de 1791 ou a portuguesa de 1822.
[9] Ver MICHEL TROPER, *La separation des pouvoirs et l'histoire constitutionnelle française*, pp. 3 e ss. e pp. 71 e ss.; NUNO PIÇARRA, *A separação dos poderes como doutrina e princípio constitucional – um contributo para o estudo das suas origens e evolução*.

A responsabilidade dos ministros ou responsabilidade ministerial encerra, pois, um profundo significado histórico para a compreensão do constitucionalismo liberal e de um certo esquema de relação política entre parlamentos e ministérios. Ela permite-nos olhar para as experiências constitucionais oitocentistas e perceber que a continuidade e viabilidade dos diferentes projectos constitucionais dependeu, sobretudo, da responsabilidade dos ministros. Por um lado, esta responsabilidade exibia a supremacia do órgão legislativo, algo que, sem qualquer dúvida, o pensamento liberal considerava determinante e irrefragável. Por outro, a responsabilidade dos ministros salvaguardava o princípio da irresponsabilidade do Rei[10], o princípio de que os monarcas constitucionais actuam por intermédio dos ministros, assumindo estes, por completo, a responsabilidade política pelos seus actos.

O aparecimento do poder ministerial, de um poder próprio exercido pelos ministros, constitui uma consequência do sistema de responsabilidade política gizado pelas monarquias constitucionais. Como escreveu René Capitant, a quem devemos lúcidas páginas sobre a evolução dos sistemas parlamentares: «o aparecimento do poder ministerial oposto ao poder régio, introduz um dualismo na monarquia limitada. Os ministros emancipam-se, libertam-se do monarca e tornam-se um órgão de governo distinto.»[11] Isto é, no constitucionalismo monárquico e liberal a responsabilidade ministerial surgiu no meio de dois tipos legitimidades políticas: do parlamento e do Rei.

### 3. Dois parlamentarismos e dois regimes constitucionais

#### A) *O parlamentarismo monista ou de gabinete: a construção de um executivo responsável no Reino Unido*

Conforme sublinha Philippe Lauvaux, «um dos traços mais característicos das instituições pré-parlamentares europeias foi a vontade das assembleias, não tanto de controlar o executivo, mas de interferir no seu funcionamento e função»[12]. Mas a construção da responsabilidade política e do sistema parlamentar

---

[10] PHILIPPE LAUVAUX, "Aspects historiques de la responsabilité politique", in *La Responsabilité des Gouvernants*, p. 19.
[11] RENÉ CAPITANT, "Les transformations du parlamentarism", in *Écrits Constitutionnels*, p. 239.
[12] PHILIPPE LAUVAUX, "Aspects historiques…", cit., p. 20.

não se processou nos mesmos termos nos regimes do constitucionalismo liberal, tendo evoluído de modo diferente em duas das mais significativas experiências de governo parlamentar na Europa: França e Reino Unido.

Em Inglaterra, esta realidade explica o conflito precoce que opôs os parlamentos aos monarcas. Até ao século XVIII, a História constitucional europeia conheceu muitos casos de luta política entre parlamentos e monarcas, mas nenhum outro contexto político conheceu condições tão favoráveis à afirmação da responsabilidade política como o Reino Unido. Entre a Revolução Inglesa de 1689 e o fim do período Hanoveriano (1849), uma lenta evolução constitucional logrou afirmar o poder do parlamento inglês, criar um executivo responsável e politizar a responsabilidade criminal dos ministros. E daí que, segundo certos autores, «a mais peculiar contribuição da Constituição britânica para a ciência política não foi tanto o governo representativo mas, antes, o governo responsável»[13].

Correspondendo a um momento alto na afirmação do parlamento inglês, o *impeachment* foi o mais importante instrumento de responsabilidade dos ministros ou dos conselheiros do Rei utilizado pelo Parlamento[14]. Tratou-se de um procedimento criminal, surgido nos finais da Idade Média, que permitia ao parlamento destituir os ministros e afirmar a sua autoridade política sem questionar ou deslegitimar a autoridade régia[15]. Deste modo, o *impeachment* tornou-se um mecanismo judicial engendrado pelo parlamento com o objectivo de afastar os ministros. Como a iniciativa do procedimento estava reservada à Câmara dos Comuns – embora o julgamento competisse à Câmara dos Lordes –, o *impeachment* acabou por ser usado frequentemente por motivos políticos[16], afastando-se assim de um procedimento puramente criminal. Foi o seu desuso e a sua crescente politização que assinalam a afirmação da responsabilidade política. Diez Picazzo refere que «o conceito de responsabilidade política dos ministros parece ter surgido de uma mutação do instituto do *impeachment*, na medida em que este deixou de ser necessário para forçar os ministros a

---

[13] Ver IVOR JENNINGS, *The British Constitution*, p. 148.
[14] O *Bill of Attainder* constituía outro instrumento de responsabilização criminal. Tratava-se de uma lei incriminadora, emitida pelo Rei e dirigida contra um sujeito determinado, adversário da coroa. Eis como o *Biil of Attainder*, ao contribuir para o reforço do poder arbitrário do Rei, foi abandonado com o crescimento do poder do parlamento.
[15] Sobre isto, ver PHILIPPE LAUVAUX, Aspects historiques..., cit. pp. 23 e 24; CHRISTIAN BIDÉGARAY, "Le principe de responsabilité..., cit., p. 6; BIDÉGARAY/EMERI, *La responsabilité politique*, pp. 23 e ss.
[16] Ver BIDÉGARAY/EMERI, *La responsabilité politique*, p. 25.

demitir-se». Segundo Picazzo, «bastava a ameaça, expressa ou tácita, de exercer a acção penal»[17], o carácter «essencialmente garantístico»[18] do *impeachment*, para que os ministros preferissem a demissão voluntária à censura pública. De facto, de acordo com uma evolução histórica que vai da aplicação à ameaça e da ameaça ao crescente desuso, o *impeachment* acabou por conduzir à responsabilidade política[19]. Parece que em 1806 deixou de ser usado como instrumento político face ao aparecimento da responsabilidade política[20-21].

No século XVIII, o *impeachment*, usado com extraordinária eficácia política contra os ministros do Rei, acabou por servir dois fenómenos distintos mas indissociáveis: a erosão do poder real e, conforme já se referiu, a afirmação do poder do Parlamento[22]. Na verdade, a instituição da responsabilidade política dos ministros perante o Parlamento significou um desvio ao princípio de que os ministros careciam somente da confiança do Rei para subsistirem em funções.

O avanço da História britânica confirmou posteriormente a autonomização do gabinete e a afirmação do Primeiro-Ministro. Em 1721, Walpole resistiu a Jorge II, mantendo-se no poder durante quinze anos graças ao apoio do Parlamento. Este facto assumiu uma enorme importância, visto que implicou um forte ataque à faculdade exclusiva do Rei nomear ou demitir os ministros

---

[17] Ver DIEZ-PICAZZO, *La criminalidad...*, cit., p. 60.
[18] Ver PHILIPPE LAVAUX, "Aspects historiques"..., cit., in *La Responsabilité...*, cit., p. 24.
[19] Uma tal explicação não é aceite pela doutrina que se tem detido nas origens históricas e britânicas da responsabilidade política. PHILIPPE SÉGUR, por exemplo, recusa uma posição excessivamente linear ou «mecânica», que anteponha cronologicamente a responsabilidade criminal à responsabilidade política. Segundo SÉGUR, a frequente arbitrariedade dos actos de *impeachment* conduzidos pelas câmaras do parlamento inglês, mostra como, mais do que processos criminais regulados juridicamente, estes instrumentos consistiram, desde o início, em mecanismos de acusação política dos ministros (ver P. SÉGUR, *La Responsabilité politique*, p. 22: SÉGUR lembra, aliás, o caso americano, onde se procurou que o *impeachment*, sem perder a sua matriz criminal, se convertesse também num instrumento de responsabilização política). Também RESCIGNO contesta esta «opinião comum», sustentando que, «se confrontarmos o *impeachment* com a responsabilidade política institucional, veremos que a segunda, em vez de ser o seu desenvolvimento, é a antítese do primeiro.» Para este autor italiano, a responsabilidade política «nasce independentemente do *impeachment* e em oposição a este» (ver G. RESCIGNO, *La responsabilitá...*, cit., p. 159). Se existe ou não continuidade entre o *impeachment* e a responsabilidade política, é um problema cuja resolução requer um estudo de História constitucional comparada.
[20] Ver BIDÉGARAY/EMERI, *La responsabilité politique*, p. 26.
[21] D. BARANGER distingue três fases: na primeira, o *impeachment* conhece a sua formação no século XIV, decaindo depois para o *bill of attainder*; na segunda, correspondente à segunda metade do século XVII, o *impeachment* revaloriza-se; por fim, no século XVIII, conheceu a terceira época que assinala a sua decadência. D. BARANGER, *Parlementarisme...*, cit., p. 254.
[22] Ver BIDÉGARAY/EMERI, *La responsabilité politique*, pp. 26 a 29.

e, depois de estabelecido o princípio da confiança política entre o Parlamento e o Primeiro-Ministro, um passo decisivo para a parlamentarização do sistema de governo britanico. Quando, em 1746, o mesmo Walpole perdeu a confiança política do Parlamento e foi ameaçado de *impeachment*, optou por se demitir. Posteriormente, em 1782, quando sobre Lord North – um primeiro-ministro forte –, foi alvo de ameaça de *impeachment*, optou por apresentar a sua demissão ao Rei, assim como de todos os seus ministros. O Rei, em face da oposição parlamentar, viu-se obrigado a aceitá-la, não obstante contar com a sua confiança. Assim nasceu o governo parlamentar em Inglaterra, através da sobreposição da responsabilidade colectiva à responsabilidade individual[23]. A partir daqui, a autoridade do Rei para nomear e demitir os ministros entrou em declínio, ao mesmo que se acentuou a dependência dos ministros em relação ao Parlamento[24]. Como se pode ver, o sistema de gabinete implantou-se na Constituição britânica em duas fases: na primeira, os ministros eram escolhidos livremente pelo monarca que lhes garantia uma maioria parlamentar; na segunda, os ministros passaram a depender progressivamente do eleitorado[25].

A construção do Gabinete responsável constitui, assim, o facto político-constitucional mais marcante do final do século XIX em Inglaterra, contribuindo para a formação de um sistema de governo assente sobre a responsabilidade política do poder executivo. Correndo o risco de simplificação excessiva, podemos dizer que os princípios estruturantes desse sistema são os seguintes: em primeiro lugar, a existência de uma responsabilidade colectiva do Gabinete, uma vez que este actua como um órgão unido em face da Coroa e do Parlamento[26]. Em segundo lugar, a responsabilidade do mesmo Gabinete

---

[23] Ver BIDÉGARAY/EMERI, *La responsabilité politique*, p. 27; DIEZ PICAZZO, *La criminalidad...*, cit., pp. 58 e 58; ROSARIO MAHAMUT, *La responsabilidad penal de los miembro del gobierno*, p. 45, nota 8; PHILIPPE SÉGUR, *La responsabilité politique*, p. 21.
[24] S. D. KEIR, *The Constitutional History of England*, 335.
[25] S. D. KEIR, *The Constitutional...*, 373. Hoje, nas palavras de Colin Turpin, «o sentido convencional da responsabilidade ministerial reside na circunstância de os ministros terem que prestar contas (*accountability*) perante a Câmara dos Comuns pela actividade política e administrativa do ministério e dos serviços administrativos deles dependentes. Ver COLIN TURPIN, "Ministerial Responsibility", in *The Changing Constitution* (ed. Jeffrey Jowell and Dawn Oliver); ROBERT PYPER, "Parliamentary Accountabiliy", in *Aspects of Accountability in the British System of Government* (ed. Robert Pyper), pp. 45 e ss..; DIANA WOODHOUSE, "Individual Ministerial Responsibility and a "Dash of Principle", in *Essays in Honour of Geoffrey Marshall*; Ministerial Responsibility: Something Old, Something New", in *Public Law*, Summer 1997.
[26] Lord MORLEY, «The Principles of Cabinet Government», in GEOFFREY MARSHALL, *Ministerial Responsibility*, 18.

perante o Parlamento, tornando-se «a responsabilidade perante a Coroa uma ficção constitucional[27]». Em terceiro lugar, a natureza monopartidária dos governos e um sistema de partidos bipartidário. Em quarto lugar, o crescimento do poder do Primeiro-Ministro que se tornou o principal beneficiário da concentração de poder no Gabinete.

Em meados do século XIX, a unidade do gabinete do Primeiro-Ministro e a sua responsabilidade colectiva era um facto reconhecível sem dificuldade por qualquer observador do sistema constitucional britânico. A importante reforma de 1832 ajudou também à consolidação deste sistema. Embora a convenção da responsabilidade política se haja desenvolvido entre 1780 e 1832, só a partir do «Reform Act» de 1832 é que começou a sua verdadeira consolidação doutrinal[28]. Na verdade, coube a Dicey, em 1885, formular o enquadramento teórico para a responsabilidade ministerial[29] através da sua teoria das convenções constitucionais. Para Dicey, as diversas convenções constitucionais britânicas tinham uma propriedade comum: todas continham regras destinadas a regular a maneira como os poderes discricionários da Coroa deveriam ser exercidos; quaisquer actos da Coroa em que não houvesse recurso ao Parlamento, como a dissolução do Parlamento, a nomeação ou a demissão de um ministro[30]. A raiz destes poderes discricionários residia na prerrogativa que, para Dicey, correspondia à «parte remanescente da autoridade original da Coroa[31]».

No entanto, uma vez firmado o Governo de gabinete na experiência constitucional inglesa, que posição assumiria o monarca? É certo que, apesar de o sistema de Gabinete ter sido formado contra os poderes discricionários da Coroa (a prerrogativa), o poder real não desapareceu por completo no final do século XIX e século XX[32]. Mas essa permanência deu-se já no contexto de um parlamentarismo monista e, por isso, o estatuto do monarca britânico acabou por se limitar a uma magistratura essencialmente simbólica e representa-

---

[27] Lord MORLEY, «The Principles of Cabinet Government», in GEOFFREY MARSHALL, *Ministerial Responsibility*, 18.
[28] A. BIRCH, «Responsibility in British politics», in GEOFFREY MARSHALL, *Ministerial Responsibility*, 27.
[29] A.V. DICEY, «Ministerial Responsability and the Rule of Law», in GEOFFREY MARSHALL, *Ministerial Responsibility*, 22.
[30] A.V. DICEY, *Introduction to the Study of the Law of the Constitution*, 281.
[31] A.V. DICEY, *Introduction to the Study of the Law of the Constitution*, 282.
[32] Como mostra BOGDANOR, o período vitoriano, sobretudo a convivência entre a Rainha Vitória e Disraeli, representou uma readaptação das funções constitucionais da Coroa, *The Monarchy and the Constitution*, 23 e ss.

tiva. Como aliás escreveu Martin Kirsch, para que o parlamentarismo monista britânico se afirmasse foi necessário que o poder do Rei fosse transferido para o parlamento, perdendo o monarca a sua posição dirigente no sistema de governo e conservando uma prerrogativa limitada[33].

### B) *O parlamentarismo dualista: a construção da responsabilidade política em França*

As origens e a evolução da responsabilidade dos ministros têm sido largamente debatidas em França[34]. Marcado por um forte experimentalismo constitucional, o percurso francês é o de um confronto aberto de legitimidades políticas, conforme se poderá aferir pela vigência problemática e frágil das suas diferentes constituições. Diversamente do caso inglês, os franceses recusaram, de início, o modelo da constituição mista que inspirou o constitucionalismo flexível britânico, tal como recusaram consagrar explicitamente o princípio da responsabilidade política ministerial, no qual assentou o desenvolvimento do governo parlamentar do Reino Unido.

No entanto, se o parlamentarismo foi uma realidade tardia e titubeante na experiência francesa, a responsabilidade dos ministros perante o órgão legislativo não deixou de surgir, também em França, associada à responsabilidade criminal. Este fenómeno aproxima, curiosamente, o percurso francês ao percurso inglês, onde, conforme vimos, e segundo uma explicação clássica, a responsabilidade política nasceu de uma mutação constitucional sofrida pelo *impeachment* e pela responsabilidade criminal. De qualquer forma, enquanto que, no Reino Unido, o nascimento da responsabilidade política e o apagamento da responsabilidade criminal surgiram voluntariamente a partir da prática política,

---

[33] MARTIN KIRSCH, «Conceitos centrais da análise histórico-constitucional dos Estados», 204--206, in *Themis*, Ano III, n.º 5, 2002, 207.
[34] Para uma visão geral da responsabilidade ministerial em França, ver PHILIPPE SEGUR, *La Responsabilité politique*, pp. 23 e ss; BIDÉGARAY/EMERI, *La Responsabilité politique*, pp. 29 e ss; RENÉ CAPITANT, "Les transformations...", cit., in *Écrits Constitutionnels*, pp. 237 e ss.; L. DÍEZ-PICAZO, *La criminalidad...*, cit., pp. 103 e ss; G. RESCIGNO, *La Responsabilità...*, cit., pp. ???; MICHEL TROPER, "Responsabilité politique et fonction gouvernementale", in *La Responsabilité...*, cit.; MICHEL TROPER, *La séparation des pouvoirs et l'histoire constitutionnelle française*, pp. 71 e ss.; JEAN ROSSETO, *L'introuvable faute des gouvernants*, pp. 115 e 116.; DANIEL AMSON, "La responsabilité politique et pénale des ministres de 1789 à 1958", in *Pouvoirs – La responsabilité des gouvernants*, n.º 92, pp. 31 e ss..

em França a politização da responsabilidade criminal (ou a conversão da responsabilidade criminal em responsabilidade política) apareceu em sentido contrário à letra das primeiras constituições francesas.

Na verdade, o programa clássico do constitucionalismo francês – bem patente, desde logo, na Constituição de 1791 – assentou na separação de poderes entre o legislativo e o executivo[35], uma «monarquia limitada» caracterizada pela «independência e igualdade recíprocas entre a assembleia legislativa e o Rei»[36]. A independência dos poderes excluía a responsabilidade política dos ministros perante o parlamento. E a preservação da autoridade do Rei firmou-se, para além do poder de recusar a sanção sobre as leis da assembleia, através da subordinação política dos ministros, que assumiam a responsabilidade pelos actos do chefe de Estado.

Se quisermos uma explicação para o sistema de governo francês do texto constitucional de 1958 (o dualismo executivo nele vigente) e para a apreciável indistinção, hoje muito criticada, entre responsabilidade penal e responsabilidade política, teremos que recuar a esse longo século XIX que, com algum sentido, se pode designar a era das constituições. Efeito daquela separação não foi apenas a incompatibilidade defendida entre as funções ministeriais e as funções de deputado[37], que, de resto, subsiste hoje; efeito da separação rígida de poderes consistiu também no modo como foi concebido o poder executivo – um poder subordinado, de mera aplicação das leis[38], pertencente ao Rei mas exercido através de ministros escolhidos e demitidos por ele. E, também como o monarca, separados do parlamento.

A Constituição de 1791, que instituiu este regime, é, por isto, decisiva. Em 1791, os franceses recusaram a responsabilidade política dos ministros perante o parlamento[39]. Apesar do debate na Assembleia Constituinte[40] sobre o pro-

---

[35] A adopção deste regime de separação dos poderes legislativo e executivo tem outras razões que não aprofundarei aqui. Naturalmente, a História constitucional francesa não começou em 1789 e o Antigo Regime não deixou de conhecer, em França, momentos de conflito entre a assembleia e o monarca absolutista. Sobre o período pré-revolucionário, ver PHILIPPE SÉGUR, La responsabilité..., cit., p. 23.
[36] RENÉ CAPITANT, "Les transformations du parlamentarism", in Écrits Constitutionnels, pp. 238 e 239.
[37] L. DIEZ-PICAZZO, La criminalidad..., cit., p. 106.
[38] MICHEL TROPER, "Responsabilité politique...", cit., in La Responsabilité..., cit., pp. 34 e ss.
[39] Observem-se, todavia, dois aspectos. Em primeiro lugar, a rejeição da responsabilidade política não significa que a assembleia legislativa tenha recusado um poder de controlo – e, desde logo, um controlo financeiro – dos actos dos ministros (artigo 7.º da Constituição de 1791: Ver JORGE MIRANDA (org. e trad.), Textos Históricos do Direito Constitucional, p. 67.). Depois, ainda que tenha

blema, ficou apenas consagrada na Constituição uma responsabilidade criminal dos ministros. O afastamento da responsabilidade política e a consagração da responsabilidade criminal dos ministros representou um compromisso entre a separação de poderes e a garantida supremacia do poder legislativo da assembleia. Se a assembleia legislativa pudesse sancionar politicamente os ministros, isso envolveria uma concentração inaceitável dos poderes legislativo e executivo. Por outro lado, a negação da responsabilidade política é igualmente explicável pela natureza restritiva do poder executivo: se os ministros se limitam a executar as leis – as leis decididas pelo poder legislativo –, não chegam a decidir politicamente e, por isso, não podem incorrer em responsabilidade política. Podem apenas ser sancionados pela execução incorrecta das leis, isto é, podem apenas ser sancionados por actos contrários às leis que deveriam executar. Pode questionar-se porque é que uma tal execução incorrecta era passível de responsabilidade criminal. Mas tudo se deveu, como explicou Michel Troper, «a uma certa concepção das relações entre função legislativa e função executiva»[41].

A instituição da responsabilidade criminal dos ministros nasce com estes fundamentos. O conhecimento desta responsabilidade criminal ficou confiado ao órgão legislativo, o que significou, em certa medida, uma compensação para a ausência de um poder parlamentar de destituição dos ministros. Nas palavras de Díez-Picazzo, «em vez de exigir que o poder legislativo pudesse destituir os ministros, impôs-se uma ideia aparentemente menos maximalista: o poder legislativo deveria dispor, pelo menos, da faculdade de reagir contra os comportamentos ministeriais contrários à legalidade»[42]. Coube-lhe assim a importante prerrogativa de conduzir a acusação dos ministros pela prática dos chamados «crimes ministeriais», cujo regime será tão longamente discutido posteriormente. A Constituição de 1791 dispunha que «nenhum ministro, em funções ou fora delas» poderia «ser processado em matéria criminal» sem que fosse aprovado «um decreto do Corpo Legislativo»[43]. A responsabilidade cri-

---

prevalecido nos constituintes de 1791 o propósito de assegurar a separação de poderes, daí não resulta que os ministros fossem independentes da assembleia.
[40] Ver MICHEL TROPER, La separation..., cit., pp. 72 a 75. Curiosamente, a Lei de 7 de Novembro de 1789 sobre a organização ministerial previa que «a Assembleia podia comunicar ao Rei que os seus ministros perdiam a confiança da nação». Ver LUÍS DÍEZ-PICAZZO, La criminalidad..., cit., p. 108.
[41] MICHEL TROPER, La separation..., cit., pp. 82 e 83; também do mesmo autor "Responsabilité politique..., cit., in La Responsabilité..., cit., pp. 34 e 41.
[42] L. DÍEZ-PICAZZO, La criminalidad..., cit., p. 111.
[43] Veja-se a Secção IV da Constituição Francesa de 1791 (artigos 5.º a 8.º). Ver JORGE MIRANDA (org. e trad.), Textos Históricos do Direito Constitucional, p. 67.

minal, que a Constituição de 1791 não concretizou[44], era, por isso, indefinida e passível de se converter numa responsabilidade política[45]. Compreende-se, por isso, que autores como Michel Troper afirmem que os constituintes de 1791 não recusaram a responsabilidade política, instituindo a responsabilidade criminal no seu lugar. Acontece que o sistema de 1791 não é apenas caracterizável com uma ou outra[46].

Não nos esqueçamos, porém, da posição do Rei. Se no sistema constitucional britânico o monarca transigiu com a diminuição das suas prerrogativas, a França preservará, em qualquer caso, uma presença forte do Chefe de Estado, atribuindo-lhe o direito de recusar a sanção às leis da assembleia e confiando-lhe o poder executivo. Mas, na boa tradição do constitucionalismo monárquico, caberá aos ministros exercer, sob a sua autoridade, esse poder executivo. O monarca é irresponsável e inviolável e são os seus ministros que assumem, através da referenda ministerial, a responsabilidade pelos actos do poder executivo. A ideia e a prática de um poder executivo exercido por dois órgãos procede, em certa medida, desta irresponsabilidade régia e responsabilidade ministerial. Mas a sua verdadeira origem encontra-se, em rigor, noutro dualismo: a responsabilidade dos ministros perante a assembleia e perante o Rei[47]. Por isso, do mesmo modo que a assembleia, e apenas a assembleia, podia acusar criminalmente os ministros, só ao monarca, e apenas ao monarca, competia a demissão dos ministros. A assembleia não podia demitir os ministros e o Rei não podia subtrair os ministros à sua responsabilidade criminal[48].

---

[44] BIDÉGARAY/EMERY, *La Responsabilité...*, cit., pp. 30 e 31.
[45] O melhor exemplo disto é o decreto da acusação movida contra o ministro dos Negócios Estrangeiros, Delessart, por ter traído o interesse nacional, na sua relação e correspondência com o imperador da Áustria. A assembleia legislativa era hostil à Áustria e a Delessart, segundo a assembleia, faltara «firmeza», comprometendo seriamente os interesses da França. Delessart será absolvido mas não deixará de perder o cargo. Ver o conteúdo do decreto de acusação transcrito em MICHEL TROPER, *La séparation des pouvoirs...*, cit., pp. 80 e 81; V. também JEAN ROSSETO, "L'introuvable faute des gouvernants", in *Droits* – 5 – 1987, p. 110.; e DANIEL AMSON, "La responsabilité politique et pénale...", cit., in *Pouvoirs...*, cit., pp. 32 e ss..
[46] Ver MICHEL TROPER, *La séparation des pouvoirs...*, cit., p. 83. E daí as posições ulteriores da doutrina francesa que assimilam a responsabilidade política e penal numa única responsabilidade por culpa política. V. P. SÉGUR, "Qu'est-ce que la responsabilité politique", in *Revue de Droit Public* – n.º 6 – 1999, pp. 1599 e ss.
[47] Ver MICHEL TROPER, "Responsabilité politique..., cit.," in *La Responsabilité...*, cit., p. 40.
[48] Como dispunha o artigo 6.º da Secção IV da Constituição de 1791: «em caso algum pode uma ordem do Rei, verbal ou por escrito, subtrair um ministro à sua responsabilidade». Ver JORGE MIRANDA (org. e trad.), *Textos Históricos...*, cit., p. 67.

O que, historicamente, recebeu o nome de parlamentarismo dualista não surgiu, portanto, na monarquia de Julho, em 1830, quando Carlos X foi deposto pelos defensores do príncipe Luís Filipe. Os seus alvores encontram-se logo na Constituição francesa de 1791. Trata-se de um parlamentarismo que parte da supremacia do poder legislativo, conserva a autoridade do Chefe de Estado (seja este um monarca ou um presidente), submetida à lei e à constituição, e institui um ministério «que funciona como órgão de ligação, colaboração e arbitragem política»[49]. Dono do poder executivo e irresponsável perante a assembleia, o Rei não o exerce; deixa solicitamente «os ministros governar, embora os controle; e se os ministros perdem a sua confiança, ele exerce o seu direito de revogação»[50]. Além disso, os ministros precisam ainda da confiança dos parlamentos.

O resultado deste sistema de responsabilidade política-criminal dos ministros e de articulação entre o poder legislativo, o poder ministerial e poder real levou Benjamin Constant a expor «a primeira e mais brilhante teoria moderna da responsabilidade política»[51] quando publica em 1815 a brochura *De la responsabilité des ministres*, reeditada no segundo volume do seu conhecido *Cours de politique constitutionnelle*, de 1818.

A principal preocupação de Constant, então membro da Câmara dos Pares e muito influenciado pelo rumo da monarquia inglesa, consistiu em recolocar o Rei no conjunto dos poderes do Estado, harmonizando a sua legitimidade histórica com a legitimidade democrática do governo representativo. Constant reservou para o monarca um poder independente, passivo e moderador de todos os outros poderes; e aos ministros um outro poder (ministerial), executivo e responsável perante o órgão representativo. Constant insistiu especialmente nesta distinção de poderes, que lhe permitiu proteger a posição constitucional do Rei sem perturbar o princípio representativo, fundando a emergência de um «poder político novo»: o poder moderador[52].

A responsabilidade dos ministros figurou, pois, na base do pensamento constitucional de Constant.[53] Ele mesmo escreveu que «a responsabilidade dos

---

[49] RENÉ CAPITANT, "Les transformations...", cit., in *Écrits*..., cit., p. 243.
[50] RENÉ CAPITANT, "Les transformations...", cit., in *Écrits*..., cit., pp. 244 e 245.
[51] PEDRO DE VEGA, "El poder moderador", in *Revista de Estudios Politicos* – Num. 116 – Abril/Junho, 2002, p. 21.
[52] Ver PEDRO DE VEGA, "El poder moderador...", cit, in *Revista*..., cit., p. 16.
[53] Para uma visão do pensamento de CONSTANT, o clássico de PAUL BASTID, *Benjamin Constant et sa doctrine*, Tome II, pp. 867 e ss.

ministros é a condição indispensável de toda a monarquia constitucional»[54]. Para Constant, o poder neutro do Rei é um poder permanente e uma das suas prerrogativas consiste em nomear e destituir os ministros. Esse poder simbólico, perene, justamente neutro[55], não poderia, evidentemente, estar sujeito a responsabilidade de tipo algum[56]. Daí a importância da diferenciação dos poderes: ao separar o poder real do poder ministerial, Constant previne que a responsabilidade dos ministros, tão necessária para a conservação da aura monárquica, atinja a instituição real e comprometa o seu poder.

Até 1870, as câmaras procurarão cimentar o controlo político sobre os ministérios, com interpelações aos governos e outras iniciativas de fiscalização. O momento mais agudo do conflito que opôs os parlamentos à prerrogativa real de destituir os ministros deu-se com a Revolução de 1830[57]. A prática constitucional não deixaria de introduzir instrumentos de controlo e confiança política, como as interpelações parlamentares dirigidas ao governo ou a um ministro em particular.

A III e IV Repúblicas francesas instituíram um sistema de governo parlamentar caracterizado por uma forte instabilidade ministerial. A Lei Constitucional de 1875 previa a responsabilidade política solidária e individual dos ministros perante as duas câmaras[58]. A ausência de instrumentos susceptíveis de conter a utilização do controlo e da sanção política parlamentar provocou uma sucessão continuada de governos[59]. Tendo o Presidente da República cessado de exercer o poder de dissolução, o sistema de governo transformou-se num sistema de parlamentarismo de assembleia[60]. Para um dos seus comentadores, Leon Duguit, a III República francesa era um sistema parlamentar porque o

---

[54] Ver BENJAMIN CONSTANT, *Cours de politique constitutionnelle*, p. 170.
[55] A concepção do «poder neutro» de CONSTANT é inspirada num «modelo judiciário» da função do Rei. Veja-se o excelente artigo de LUCIEN JAUME, "Le concept de «responsabilité des ministres chez Benjamin Constant", in *Revue Française de Droit Constitutionnel*, 42, 2000, pp. 227 e ss.
[56] Evidentemente, o debate contemporâneo em torno da irresponsabilidade do Presidente da República francês no quadro da Constituição de 1958 exprime toda esta herança histórica.
[57] A revolução de 1830 que pôs no trono Luís Filipe deu-se depois de Carlos X ter dissolvido a Câmara dos Deputados, pelo facto de esta ter retirado a confiança política ao ministério de Polignac. BIDÉGARAY/EMERI, *La responsabilité...*, 42; P. SÉGUR, *La responsabilité...*, cit., 31.
[58] P. SÉGUR, *La responsabilité...*, 33. Sobre a III República, LOUIS FAVOREAU *et alia*, *Droit Constitutionel*, 471 e ss.
[59] P. SÉGUR, *La responsabilité...*, 35.
[60] Daqui nasceu a «Constituição Grevy» pelo facto de o Presidente Jules Grevy ter abdicado do poder de dissoluçao do Parlamento, aceitando remeter-se para a margem do processo político. Sobre a «Constituição Grevy», LOUIS FAVOREAU *et alia*, *Droit Constitutionel*, 474.

governo era politicamente responsável perante o parlamento. Mas Duguit foi um crítico do ascendente do parlamento e da instabilidade política, provocada pelo facto de o chefe de Estado não poder desempenhar as suas funções[61].

Na IV República, apesar de a Constituição de 1946 ter procurado racionalizar a responsabilidade política do governo e dos ministros – a apresentação da questão de confiança ficou sujeita a limites formais e temporais, por exemplo[62] – não evitou também semelhante fragilidade ministerial. É elucidativo que, de 1946 a 1958, se tenham sucedido 24 governos diferentes[63].

Face ao cenário de instabilidade política dos regimes anteriores, a V República veio instituir um sistema de governo fortemente racionalizado. Para evitar a instabilidade política, omitiu-se a responsabilidade política individual dos ministros[64] e recuperou-se o poder e a posição constitucional do chefe de Estado e Presidente da República. No célebre discurso de Bayeux, o General de Gaulle ensaiou aquilo que viria a ser a sua relação directa e quase plebiscitária com o povo francês. Segundo de Gaulle, a unidade da França exigia um poder executivo atribuído ao chefe do Estado, colocado acima dos partidos. Embora não exigisse ainda a eleição directa, alertava para a necessidade de o Presidente ser eleito, pelo menos, por um órgão vasto para se poder tornar no verdadeiro Presidente da República. O Presidente deveria depois possuir competências amplas: nomeação do Governo e dos ministros, promulgação de leis, presidência do conselho de ministros, garantindo a continuidade nacional e arbitrando os conflitos políticos. De Gaulle sugeria ainda que, em momentos de crise, o Presidente pudesse dissolver o Parlamento[65].

A Constituição de 1958 acabou por consagrar claramente um sistema dualista na condução do poder executivo e na responsabilidade política. Os governos, no regime constitucional francês, necessitam de uma dupla confiança política para continuarem em funções, sendo responsáveis perante o parlamento e perante o Presidente da República. Embora a Constituição de 1958 não consagre explicitamente a responsabilidade do Governo perante o Presidente, o sistema de governo evoluiu nesse mesmo sentido. E a V República é o mais emblemático dos regimes constitucionais em que os governos podem ser con-

---

[61] LEON DUGUIT, *Manuel de Droit Constitutionnel*, Paris, 1923, 205.
[62] Ver o artigo 49.º da Constituição francesa de 1946.
[63] P. SÉGUR, *La responsabilité...*, cit., p. 36.
[64] DANIEL AMSON, "La démission des ministres sous la IV et la V République", in *Revue du Droit Public et de la Science Politique*, 1975.
[65] General DE GAULLE, «Discurso de Bayeux», in *Parliamentary versus Presidential Government*, 140-141.

trolados na substância por um Presidente forte, estabelecendo com este relações de diarquia política complexas e instáveis. Em períodos de não coabitação política, o Presidente francês ocupa uma posição institucional reforçada e a responsabilidade do Governo perante o Presidente acentua-se.

Para alguns autores, a presidencialização do sistema de governo francês e a circunstância de, nos períodos de sintonia entre a as maiorias presidencial e parlamentar, o verdadeiro líder do executivo ser o presidente, contribuem para o fortalecimento de uma responsabilidade política dos ministros perante o Chefe do Estado[66] e, para mais, um Chefe de Estado politicamente irresponsável. Neste contexto, não é estranho que surjam opiniões a propugnarem o regresso da responsabilidade política individual dos ministros perante o parlamento[67]. Para Pierre Pactet é a partidarização do regime político e o apagamento das instituições parlamentares que conduziram à «diluição» da responsabilidade política, entendida, pelo menos, no seu sentido clássico[68]. Este aspecto contribuíu para o fortalecimento de uma responsabilidade política dos ministros perante o Chefe do Estado. Para Philippe Ardant, «o sistema parlamentar dualista constitui mesmo um monismo invertido[69]». O debate francês sobre a natureza do sistema de governo é altamente diversificado. A doutrina francesa oscila entre os conceitos de «neo-dualismo»[70], «dualismo[71]», «semi-presidencialismo[72], «hiper-presidencial».

A Constituição francesa concedeu ao Presidente da República importantes funções constitucionais, fazendo deste um cargo heterogéneo e expansivo.

---

[66] PHILIPPE ARDANT, *Responsabilité politique et pénale...*, cit, p. 484; V. também BIGAUT/CHANTEBOUT, "De l'irresponsabilité..., cit., p. 79

[67] É, designadamente, o caso de JEAN ROSSETO que advoga o regresso da responsabilidade individual dos ministros perante o parlamento. Segundo ROSSETO, este regresso permitirá cessar a criminalização da responsabilidade política e ultrapassar o obstáculo constitucional acerca da impossibilidade de o parlamento francês poder destituir os ministros em funções. Ver JEAN ROSSETO, "La V Republique entre pérennité et perfectibilité", in *Revue du Droit Public et de Science Politique*, 1/2, 2002, p. 167. V. também J.M. BLANQUER, *Un enjeu central: la responsabilité des ministres. Ou comment éviter les pièges de l'illusoire VI Republique*, in *Revue du Droit Public et de Science Politique*, 1/2, 2002, pp. 261 e ss..

[68] PIERRE PACTET, "L'Evolution contemporaine...", in *Mélanges offerts a Georges Burdeau – Le Pouvoir*, 203.

[69] PHILIPPE ARDANT, *Responsabilité politique et pénale...*, cit, 482 ss. Ver também BIGAUT/CHANTEBOUT, "De l'irresponsabilité..., cit., 79

[70] ARMEL LE DIVELLEC, «Parlementarisme dualiste: entre Weimar et Bayeux», in *Revue Française de Droit Constitutionnel*, 20, 1994, 757.

[71] DOMINIQUE TURPIN, *Droit Constitutionnel*,

[72] MAURICE DUVERGER, «Le concept de regime semi-présidentiel», 8 e ss..

Não por acaso o Presidente francês já foi classificado como o «executivo mais poderoso[73]». Nos termos do artigo 5.º da Constituição o Presidente da República protege a independência nacional, a integridade do território e a continuidade do Estado. Possui esferas de competência reservada em matéria de política externa e política de defesa. Paralelamente, a Constituição transformou o Presidente num órgão de excepção, uma vez que o artigo 16.º lhe atribuiu também importantes poderes de emergência. O Presidente dispõe ainda do poder de dissolução, podendo mesmo utilizá-lo de forma agressiva para acomodar a maioria parlamentar à maioria presidencial. Trata-se, pois, de um amplo leque de prerrogativas adequadas a circunstâncias políticas distintas que, quer na normalidade quer em períodos de crises, fazem do Presidente da República a instituição política central do sistema de governo da V República.

## 4. Conclusão

Os dois modelos históricos de institucionalização da responsabilidade política que aqui descrevemos correspondem a duas experiências de consolidação do sistema parlamentar: o parlamentarismo monista britânico e o parlamentarismo dualista francês. Em ambas o sistema de governo parlamentar foi concebido de modo diferente. Enquanto que no Reino Unido a consagração da responsabilidade do poder executivo conduziu ao fortalecimento progressivo do poder do Gabinete e, dentro deste, do Primeiro-Ministro, de acordo com um esquema unívoco de legitimidade de um regime maioritário, em França a afirmação da responsabilidade do poder executivo deu-se num sentido diferente, através da coexistência de dois tipos de legitimidade: a legitimidade dos representantes que traduzem a vontade do povo e impõem a subordinação do executivo; e a legitimidade da função de governo que hoje em dia se identifica com a legitimidade do Presidente da República eleito por sufrágio universal[74].

A contraposição entre as duas experiências constitucionais em causa comportou ainda outras consequências: no Reino Unido, a estabilidade do parlamentarismo de Gabinete conduziu a doutrina para explorar as situações de responsabilidade individual dos membros do Gabinete perante o Parlamento, uma

---

[73] Ezra Suleiman, «Presidencialismo y estabilidad politica en Francia», in *Las crisis del presidencialismo*, 211 e ss.
[74] Nestes termos, Lucien Jaume, "Le Parlamentarisme: entre «Représenter» et «Gouverner», in *L'État au XXe Siècle*, 163.

vez que a responsabilidade colectiva se "apagou" por detrás da fusão das maiorias parlamentares com os executivos; em França, o dualismo de legitimidades políticas implicou, para além de uma forte instabilidade e variabilidade das diferentes experiências constitucionais, a expansão do poder do Presidente da República directamente eleito por sufrágio universal e provocou a doutrina para a teorização de um novo tipo de sistema de governo: o sistema semi-presidencial.

# O valor jurídico das normas de decisão jurisprudenciais

DR. PEDRO MONIZ LOPES

> SUMÁRIO: *1. Introdução. 2. A criação de normas de decisão. 3. Silogismo legal e justificação. 4. As normas secundárias sobre fontes. 5. O direito válido. 6. O direito consuetudinário jurisprudencial. 7. A vinculatividade da norma de decisão. 8. Dez conclusões sobre a vinculatividade das normas de decisão.*

## 1. Introdução

O objectivo da presente investigação prende-se com a análise da vinculatividade das normas de decisão jurisprudenciais no sistema jurídico português, de matriz continental.

Na primeira parte da investigação, pretende-se, tão só, proceder a uma sumária identificação das proposições intermédias que compõem a estrutura fundamental do raciocínio decisional que culmina na proposição de norma de decisão.

De seguida, far-se-á o caminho inverso, operando a reconstrução das referidas proposições intermédias em *rationes decidendi,* ou *rationes intermedii* da decisão judicial modelo, as quais, na simultânea qualidade de premissas e conclusões, constituirão a matéria-prima da vinculatividade da decisão *modelo* para os operadores jurídicos, na resolução de casos idênticos.

Por último, analisar-se-ão as possibilidades *normativas* de integração daquelas *rationes decidendi* como normas do conjunto, a título de fundamentação de um sistema de *precedente continental*. A conclusão sobre a admissibilidade de um sistema de *precedente continental* assentará, essencialmente, em duas proposições fundamentais, relativas, respectivamente, ao título de vigência e à estrutura operativa da norma-modelo de decisão judicial.

## 2. As normas de decisão[1]

O direito legal é tão só um tipo de aproximação normativa ao direito, não passando, portanto, de um mero projecto de orientação de condutas e funcionando, com os limites inerentes, por *categorias*. A corroborar tal facto, constata-se que a decisão de um caso jurídico dificilmente pode, em termos lógicos, derivar exclusivamente do preceito legal, tanto mais que é logicamente impossível ligar situações reais *particulares* a categorias *universais*, utilizadas nas normas gerais do ordenamento, sem quaisquer outros factores normativos ínsitos no raciocínio decisional[2].

O complexo problema de *matching*[3] reside no facto de a lei se expressar em termos *universais*, não se referindo, por impossibilidade prática, a situações *particulares*. Como se sabe, para se obter a solução normativa para um qualquer caso concreto, é necessária uma concretização da categoria legal, através da qualificação da situação fáctica na previsão da norma

Quando apresenta respostas para determinados casos concretos, o ordenamento jurídico tanto convoca, admissivelmente, um conjunto de normas abstractas, como um conjunto de normas concretas, conquanto que se encontrem organizadas e sistematizadas mediante um critério de inserção no conjunto[4] *(membership)*.

---

[1] Advertência: Atenta a natureza da investigação, a descrição de *casos jurídicos* e das *normas gerais* do ordenamento tem carácter meramente explicativo. A enunciação destas últimas não pretende espelhar normas existentes e válidas no direito português. Na descrição da estrutura das normas de decisão utiliza-se, preferencialmente, a reformulação linguística simples e, apenas quando necessário, a notação lógica. Neste último caso, os símbolos utilizados correspondem ao seguinte significados: P → permissão; I → imposição; Pr → proibição; ~→ negação; = → igualdade; ^ → conjunção; v → disjunção.

[2] Sobre a semelhança entre as teorias do *particularismo* e o *cepticismo*, HERNÁN BOUVIER, *Particularismo y generalismo. Una análisis de las tensiones entre racionalidad narrativa y subsuntiva en el ámbito teórico y jurídico*, in PAOLO COMANDUCCI/RICCARDO GUASTINI (coords.), *Analisi e diritto*, 2004 p. 26.

[3] Cfr. as críticas de B. S. JACKSON, rebatidas por NEIL MACCORMICK, *Rhetoric and the rule of law – A theory of legal reasoning*, Oxford, 2005, pp. 57-59.

[4] Sobre o critério da *pertinência*, que unifica o conjunto de normas englobadas no conceito de direito, na doutrina portuguesa, cfr. DAVID DUARTE, *A norma de legalidade procedimental administrativa – A teoria da norma e a criação de normas de decisão na discricionariedade instrutória*, Lisboa, 2005, pp. 29-35.

A conclusão anterior consubstancia uma proposição fundamental para a presente investigação: o direito não é uma realidade estática, antes se vai constituindo pelos casos jurídicos que suscitam a sua intervenção[5].

Na verdade, a operatividade das normas, enquanto sentidos de dever ser, serve fundamentalmente o propósito de orientação de condutas face às situações designadas *problemas jurídicos*.

O *caso jurídico*, ou *problema jurídico*, é uma realidade complexa que conjuga: (i) a existência de determinados factos reais retirados do mesmo mundo a que as normas do ordenamento se aplicam e (ii) uma concreta questão de orientação normativa, a qual convoca a resposta do ordenamento jurídico, através de um *vaivém* entre os factos existentes no mundo real e a categoria hipotética desses factos, tidos pela norma do ordenamento como *relevantes*[6].

Em termos muito sumários, a aprofundar *infra*, o produto da conjunção do sentido deôntico da norma abstracta com os predicados relevantes, suscitados pelo *caso jurídico*, consubstanciará a resposta do ordenamento para o problema em questão, materializada num sentido de dever ser individual. Este sentido é a norma de decisão[7].

## 2.1. *O processo de criação das normas de decisão*

Antes de se aprofundar o processo criativo das normas de decisão, importa destrinçar o conceito de norma de decisão face ao conceito de norma geral.

A *norma geral* prende-se com as expressões que relacionam casos genéricos com sentidos deônticos genéricos, face à universalidade das categorias que

---

[5] Em sentido próximo, cfr. ANTÓNIO CASTANHEIRA NEVES, *Fontes do direito – Contributo para a revisão do seu problema*, in *Digesta – Escritos acerca do direito, do pensamento jurídico, da sua metodologia e outros*, II, Coimbra, 1995, p. 57.

[6] Sobre o "*caso jurídico*" e a sua função depuradora ou filtradora dos factos *relevantes*, cfr. ANTÓNIO CASTANHEIRA NEVES, *Metodologia jurídica – Problemas fundamentais*, Coimbra, 1993, p. 162. Concretamente, sobre a convocação praticamente infinita de enunciados, antes da filtragem dos factos pelo *caso jurídico*, à qual não é alheia a previsão da norma geral, cfr. DAVID DUARTE, *A norma de legalidade*, p. 181.

[7] Cfr. JOSÉ JOAQUIM GOMES CANOTILHO, *Direito constitucional e teoria da constituição*, 7.ª edição, Coimbra, 2004, pp. 1207-1208.

integram a sua estrutura[8]. A norma geral, como o próprio nome indica, participa do predicado da *generalidade*[9].

Ao invés, a *norma de decisão* transmite expressões que relacionam uma descrição de um determinado caso jurídico com uma proposição de sentido deôntico individual – ainda que susceptível de universalização – pelo que se aproxima do conceito *kelseniano* de norma[10].

Se a delimitação da operatividade da norma de decisão ocorre pela relevância delimitativa (*legal relevancy*)[11] dos factos subjacentes ao problema jurídico, parece, então, admissível a seguinte proposição: A norma de decisão configura simultaneamente (i) uma solução para o caso específico e (ii) um conteúdo explicativo de solução deôntica para todos os casos jurídicos com idênticos predicados, assim traduzindo a afirmação genérica do direito enquanto unidade jurídica, coerente e consistente, para todos os casos jurídicos *daquele género*[12]. A intenção de universalização das premissas funcionará, como adiante se verá, como justificação racional da decisão tomada[13].

Todavia, para fundamentar normativamente a tarefa de universalização de premissas da norma de decisão, é necessário, em primeiro lugar, compreender um complexo processo silogístico de proposições intermédias, cronologicamente produzidas e com diferentes verdades justificativas.

---

[8] Cfr. EUGENIO BULYGIN, *Lo jueces crean derecho?*, Isonomia, n.º 18, Abril 2003, p. 12. A norma geral encontra-se, usualmente, em instrumentos normativos tais como leis, decretos-lei, regulamentos, etc.

[9] Cfr. RICCARDO GUASTINI, *Norma: Una noción controvertida*, Barcelona, 1999, p. 95.

[10] Cfr. HANS KELSEN, *Teoria pura do direito*, trad. portuguesa, Coimbra, 1976, p. 22.

[11] Cfr. NEIL MACCORMICK, *Rethoric and the rule of law*, pp. 56-62.

[12] Sobre a universalização de particulares, designadamente, como forma de justificação racional, por todos, Cfr. NEIL MACCORMICK, *Rethoric and the rule of law*, pp. 88-91; VICTORIA ITURRALDE SESMA, *Aplicación del derecho y justificación de la decisión judicial*, Valencia, 2003, pp. 428-433; DAVID DUARTE, *A norma de legalidade*, p. 167. A norma de decisão aparenta, portanto, alguma proximidade com as regras de *ad hoc balancing* de ROBERT ALEXY. Porém, ao contrário destas últimas, as normas de decisão não devem a sua pertinência no conjunto à justificação racional, nem consubstanciam meras derivações de normas constitucionais; Cfr. ROBERT ALEXY, *A theory of constitutional rights*, trad. inglesa, Oxford, 2002, pp. 54 e ss..

[13] A universalização das premissas obedece, portanto, ao princípio da generalização e universalização Kantiano. Em termos semelhantes, cfr. JOSÉ DE OLIVEIRA ASCENSÃO, *O direito – Introdução e teoria geral. Uma perspectiva luso-brasileira*, 11.ª edição, Coimbra, 1999, p. 152; FERNANDO JOSÉ BRONZE, *Continentalização do direito inglês ou "insularização" do direito continental?*, BFDUC, Supl. XXII, Coimbra, 1975, pp. 199-204.

## 2.1.1. A proposição intermédia de determinação semântica

A primeira proposição tendente à criação da norma de decisão do caso jurídico é uma proposição de carácter *necessário*[14]. Esta proposição consiste, essencialmente, na extracção da norma geral do ordenamento a partir do enunciado normativo que a contém[15].

Na verdade, a forma de expressão das normas do ordenamento encontra-se a cargo da linguagem adoptada nos enunciados normativos[16]. É através dessa linguagem, em sentido lato, que os intérpretes descodificam semanticamente os enunciados e obtêm um comando de conduta (*significado* da linguagem) a partir de um acto de escrita (texto), de um símbolo (sinal de trânsito) ou de um acto de fala[17].

---

[14] Sobre a inevitabilidade da interpretação, afirmando que *"for each concept, each universal like «consumer», «producer»(...) we have to supply a particular instantiation in the case we put forward"*, por todos, cfr. NEIL MACCORMICK, *Rethoric and the rule of law*, p. 39.

[15] A *norma* é um comando de estrutura hipotética e de âmbito de aplicação genérica, correspondente a um específico sentido de dever ser de permissão, proibição ou imposição. Trata-se de um comando, porquanto impõe um sentido de dever ser obrigatório ao sujeito normativo, o qual poderá ser de permissão, proibição ou imposição. Neste sentido, todas as normas são razões para agir (cfr. JOSEPH RAZ, *The concept of a legal system – An introduction to the theory of legal system*, 2.ª edição, Oxford, 2003, p. 228). Ademais, a norma é uma estrutura hipotética, porquanto a sua morfologia compreende uma previsão e uma estatuição, numa lógica de *wenn/dann*.

Ao invés, o *enunciado normativo* é a mera expressão linguística da norma, representando uma realidade puramente instrumental, cuja finalidade se prende com a expressão e conhecimento da norma. Em geral, sobre a distinção destes conceitos, cfr. RICCARDO GUASTINI, *Norma: Una noción controvertida*, pp. 101-104; *Concepciones de las fuentes de derecho*, in *Distinguiendo – Estudios de teoria y metateoría del derecho*, Barcelona, 1999, pp. 100-101; VICTORIA IRURALDE SESMA, *Aplicación del derecho*, pp. 35-45; ANTÓNIO CASTANHEIRA NEVES, *Metodologia*, pp. 143-144, DAVID DUARTE, *A norma de legalidade*, pp. 64-72.

[16] Constata-se, no plano puramente normativo, que normas idênticas podem ser formuladas em estruturas normativas de base proibitiva ou impositiva, consoante o sujeito da norma, desde logo, na medida em que o comando normativo de proibição equivale logicamente ao comando normativo negativo de permissão. Cfr. DAVID DUARTE, *Os argumentos da interdefinibilidade dos modos deônticos em Alf Ross: a crítica, a inexistência de permissões fracas e a completude do ordenamento em matéria de normas primárias*, RFDUL, 2002, vol. XLIII, n.º 1, p. 258 Contra, na medida em que não admite a eliminação de uma interpretação sem a expurgação da fórmula legislativa que a suporta, cfr. ALDO SANDULLI, *Atto legislativo, statuizione legislativa e giudizio de legittimitá costituzionale*, RTDPC, 1961, *apud* RUI MEDEIROS, *A decisão de inconstitucionalidade – Os autores, o conteúdo e os efeitos da decisão de inconstitucionalidade da lei*, Lisboa, 1999, p. 402.

[17] As realidades *enunciado* e *norma* interrelacionam-se num nexo de significação linguística que assume carácter *convencional*. Relativamente ao nexo de significação e à *teoria funcionalista do sig-*

O principal problema da interpretação jurídica[18] reside, no entanto, na indeterminação linguística subjacente aos enunciados que servem de sede às normas – especialmente tendo em conta a dispersão denotativa dos significantes e a evolução diacrónica do código linguístico[19].

Na verdade, nem sempre a proposição de um significado corresponde à mera reprodução equivalente do significante[20]. Perante casos de enunciados com incerteza semântica[21] ou incerteza sintáctica, existe uma inevitabilidade quanto ao *"efeito minimamente criativo"* inerente à proposição de descodificação linguística, contaminando-a e conferindo-lhe um carácter estipulativo (*ascribing*), ao invés de mero carácter descritivo (*describing*)[22]. Na prática jurídica, tal acontece amiúde quando se adoptam enunciados caracterizados pela vagueza

---

*nificado* na *dimensão teorético-linguística da norma*, com especial ênfase no *"contexto do intérprete"*, cfr. José Joaquim Gomes Canotilho, *Constituição dirigente e vinculação do legislador. Contributo para a compreensão das normas constitucionais programáticas,* 2.ª edição, Coimbra, 2001, p. 423; *Direito constitucional,* p. 1195; David Duarte, *A norma de legalidade,* pp. 202 e ss.. Para uma análise crítica do *"nexo de significação"* na disciplina da Semiótica e sobre o convencionalismo da linguagem e símbolos, adoptando a expressão *"função sígnica"* cfr. Umberto Eco, *Tratado geral de semiótica,* 4.ª ed., 2.ª reimpressão, São Paulo, 2005., pp. 25 e ss. e 39 e ss..

[18] Referimo-nos, no texto, à *interpretação-actividade* mais do que à *interpretação-resultado*. Sobre a distinção entre os conceitos, postulando a equivalência entre *interpretação-resultado* e *norma*, cfr.David Duarte, *A norma de legalidade,* pp. 171-175.

[19] Utiliza-se o conceito de dispersão denotativa de um enunciado, quando o mesmo é apto a traduzir significados alternativos virtuais. Sobre a variação diacrónica da linguagem, relativa à evolução temporal do código linguístico, cfr. Umberto Eco, *Tratado geral de semiótica,* p. 99.

[20] Demonstrativo de tal facto é a asserção de que um só enunciado normativo, enquanto *disposizione legislativa polissensa* pode conter várias normas hipotéticas. Cfr. Andrea Puggiotto, *Sindacato de costituzionalitá e "diritto vivente", genesi, uso, implicazione,* Milão, 1994, p. 182.

[21] Os conceitos semanticamente incertos apresentarão, na sua determinação semântica, margens de certeza positiva, margens de certeza negativa e margens de incerteza. Exemplificando, o conceito *perto* integra margens de certeza positiva (10 centímetros é, indubitavelmente, perto) margens de certeza negativa (20 quilómetros não é, indubitavelmente, perto) e margens de incerteza (10 metros). As margens de certeza e incerteza variarão, naturalmente, em função do contexto discursivo. Se acaso estivermos a falar da distância de passagem de um asteróide em relação ao planeta Terra, a distância de 2 quilómetros integrará a margem de certeza positiva do conceito de *perto*.

[22] Lançando mão da explicação de Bertrand Russell: se uma relação significado/significante é representada e há uma correlação um-a-um, então a relação é precisa; se uma relação significado/significante é representada e não há uma correlação um-a-um, então a relação é vaga. Cfr. Victoria Iturralde Sesma, *La aplicación del derecho,* pp. 54-55, referindo a obra do Bertrand Russell, *Vagueness, an exercise on logical analysis.*

e polissemia[23]. Nestes casos, o resultado da interpretação de um enunciado – o qual, sublinhe-se, equivale à *norma* constante daquele – raramente é tido como um reflexo idêntico do enunciado em si, antes está sujeito a propostas interpretativas da mais variada espécie[24].

Em função das variáveis acima referidas, relativamente à natureza das proposições interpretativas dos enunciados, a atribuição de *verdade* às proposições será metodologicamente diferenciada. Nestes termos, a proposição assertiva de interpretação de um enunciado semântica e sintaticamente certo é de carácter *cognoscitivo* ou *descritivo*, e traduz uma relação de *verdade-correspondência* entre o enunciado normativo e a norma, porquanto não decorre daquele qualquer plurisignificatividade[25]. Ao invés, a proposição assertiva de interpretação de um enunciado semanticamente incerto é de carácter estipulativo[26], porquanto o enunciado normativo B poderá dar lugar, após a operação hermenêutica, à extracção das normas hipotéticas $B'$, $B''$ ou $B'''$[27]. Neste último caso, a pro-

---

[23] A título de exemplo, no contexto do direito constitucional, cfr. o Acórdão do Tribunal Constitucional n.° 52/2007, nos termos do qual o TC entendeu que a norma constante do preceito do artigo 680.°, n.° 2, do CPC será desconforme com a norma constante do artigo 20.° da Constituição, na medida em que se entenda (condicionalidade) que o conceito de "*pessoa directa e efectivamente prejudicada*" não engloba os casos de pessoas com guarda afectiva do menor. A sentença interpretativa de acolhimento declarou a inconstitucionalidade parcial qualitativa do segmento ideal do artigo 680.°, n.° 2, do CPC que comportava aquele entendimento, deixou subjacente a ambiguidade semântica da norma em questão.

[24] É neste sentido que, no direito constitucional, em sede de interpretação do preceito conforme à Constituição, JORGE MIRANDA aponta os "*vários sentidos a priori configuráveis*" daquele preceito, admitindo, ainda que implicitamente, a existência de várias normas no preceito em questão. Cfr.JORGE MIRANDA, *Manual de direito constitucional*, II, 3.ª ed., reimpressão, Coimbra, 1996, p. 78; CARLOS BLANCO DE MORAIS,*Justiça constitucional*, I, Coimbra, 2002, p. 163. Em adopção de uma teoria céptica quanto à indeterminabilidade de todos os enunciados prescritivos, cfr. RICCARDO GUASTINI, *Los princípios en derecho positivo*, in *Distinguiendo – Estudios de teoria y metateoría del derecho*, Barcelona, 1999, p. 147.

[25] A verdade correspondência é a verdade que resulta da correcção entre o conteúdo de uma afirmação e a realidade empírica relativamente à qual esse conteúdo se refere. Neste caso, a proposição de interpretação faz equivaler, em absoluto, a norma ao enunciado.

[26] Entende-se, por estipulação, ou *ascribing*, um acto de linguagem que tenha o sentido de dar determinada propriedade a um certo objecto.

[27] Seguimos de perto a imagética primariamente gizada por VEZIO CRISAFULLI, quanto às sentenças interpretativas de acolhimento de inconstitucionalidade. Cfr. *Lezione de diritto costituzionale*, II, Pádua, 1978, pp. 364-367. Pense-se, desde logo, nos conceitos de *longe*, *adequado* ou *interessado*. Estes conceitos postulam um *input* criativo da parte do intérprete no seu preenchimento, podendo acontecer que o intérprete $A$ retire a norma $X'$ do preceito $X$, enquanto o intérprete $B$ retira a norma $X''$ do preceito $X$. Sobre os conceitos indeterminados no direito administra-

posição de determinação semântica reconduz-se a uma mera proposta interpretativa de significado para um enunciado da norma (com o mero valor de recomendação) e que, ao invés da proposição descritiva, só poderá ser susceptível de verdade sob o critério do *consenso* ou de *verdade formal*[28].

É, pois, usual que a proposição de interpretação de um enunciado normativo, ou proposição de *norma*, seja uma proposição sintética[29], de carácter estipulativo, apenas passível de se enraizar no ordenamento através de uma verdade consenso[30].

A primeira fase da criação da norma de decisão termina, portanto, com a proposição de descodificação linguística do enunciado (de carácter descritivo ou estipulativo) assim formulada: "*O enunciado X significa a norma Y*".

### 2.1.2. *A proposição intermédia de resolução de antinomias*

A segunda etapa da criação da norma de decisão para o caso concreto, com carácter meramente eventual, prende-se com a resolução de eventuais antinomias entre normas potencialmente aplicáveis à resolução do caso jurídico[31].

---

tivo, em adesão à posição de WALTER SCHMIDT, cfr. a ainda actual obra de JOSÉ MANUEL SÉRVULO CORREIA, *Legalidade e autonomia contratual nos contratos administrativos*, Coimbra, 1987, em especial pp. 474-478.

[28] A verdade consenso, ao invés da verdade correspondência, reporta-se a uma convenção sobre a correcção material, na qual a qualidade de verdade da proposição resulta do acordo estabelecido (por vezes entre uma comunidade tida por *relevante*) sobre a qualificação do objecto de uma proposição. Cfr. DAVID DUARTE, *A norma de legalidade*, p. 41. A afirmação de correcção científica material dessa proposição apenas poderá ser criada através da formulação de uma verdade condicional, na medida em que apenas a racionalidade argumentativa que a sustente, desde que justificada, a pode tornar verdadeira. Sobre a justificação racional, com ampla exposição doutrinária, designadamente o consentimento do auditório universal e o consenso da comunidade jurídica (CHAIM PERELMAN e AULIS AARNIO), a justificação pelo procedimento (ROBERT ALEXY) e o requisito da universalidade e da coerência (NEIL MACCORMICK), cfr. VITORIA ITURRALDE SESMA, *Aplicación del derecho*, pp. 415-428.

[29] Por oposição a uma proposição analítica, a qual parte de premissas que permitem retirar inferências válidas, dando azo a verdades meramente formais; cfr. DAVID DUARTE, *A norma de legalidade*, p. 40.

[30] Sobre os critérios de determinação semântica, sobre os quais não nos pretendemos debruçar nesta sede, em função do tema da investigação, cfr. VITORIA ITURRALDE SESMA, *Aplicación del derecho*, pp. 89-120; DAVID DUARTE, *A norma de legalidade*, pp. 222-235.

[31] A eventualidade da proposição intermédia de resolução de antinomias deixa antever uma rea-

Estas antinomias ocorrerão quando se verifique a concorrência de normas, dentro do mesmo conjunto normativo, através do preenchimento *prima facie* das respectivas previsões pelos factos relevantes do *caso jurídico*[32].

As situações de concorrência normativa convocam, para a sua resolução, as normas secundárias do ordenamento[33] – *normas de prevalência* – de forma a determinar, com exactidão, qual das normas potencialmente aplicáveis prevalecerá e, consequentemente, servirá de base para a criação da norma de decisão[34].

Em rigor, a concorrência normativa poderá ser (i) espacial, (ii) temporal ou (iii) material. Porém, apenas nos debruçaremos, pela maior complexidade inerente, sobre a resolução de antinomias normativas quanto à aplicabilidade material, enquanto método de individualização da norma aplicável à resolução do caso jurídico.

A individualização da norma aplicável pode dar azo, consoante os casos, a proposições de carácter *analítico* ou, em alternativa, a proposições de carácter *sintético*.

2.1.2.1. Proposição analítica de resolução de antinomias

A proposição analítica de resolução de antinomias verificar-se-á quando a concorrência normativa existente seja resolvida por uma terceira norma, de prevalência, que determine a aplicabilidade de uma das duas normas cujas previsões se encontrem simultaneamente preenchidas pelos factos relevantes subjacentes ao caso jurídico. Se essa norma secundária de prevalência existir no conjunto jurídico em análise, então será possível apresentar um silogismo proposicional meramente *analítico*. Este silogismo parte de premissas que permi-

---

lidade: Uma vez que é ainda incerta qual a norma que irá regular o *caso jurídico* – em termos de premissa maior do raciocínio silogístico – a proposição intermédia de determinação semântica raramente é obtida com referência a um único enunciado. O carácter eventual advém do facto de, diversas vezes, um *set of facts* relevante apenas preencher o recorte previsional de uma norma e tão só essa norma.

[32] Só a convivência de normas potencialmente aplicáveis no mesmo *conjunto* permite a existência de verdadeiras antinomias. Sobre as situações de concorrência, com uma explicação recorrendo à notação lógica, cfr. DAVID DUARTE, *A norma de legalidade*, pp. 181 e 183.

[33] Cfr. HERBERT L.A. HART, *The concept of law*, 2.ª edição, Oxford, 1994. especialmente pp. 94-99.

[34] A individualização normativa reflecte a famosa expressão "*one cannot rely on a statute without saying on what statute one relies*". Cfr. NEIL MACCORMICK, *Rethoric and the rule of law*, p. 34, e traduz subjacente um juízo de validade sobre aquela norma, que será aprofundado no capítulo 5.

tem retirar inferências válidas e determinar, ainda que com exactidão de mera verdade analítica, a norma aplicável ao caso concreto.

Exemplificando o referido, imagine-se o caso de um professor de ensino secundário que se pretende aposentar. O *set of facts* relevante do problema jurídico convoca o preenchimento da previsão da norma geral (A) e da norma geral (B), normas essas que determinam estatuições de efeitos contrários.

A norma (A), constante do Decreto-Lei n.° 116/85, de 19 de Abril, dispõe que *Quem tenha 36 anos de serviço no funcionalismo público e tenha obtido despacho determinando a inexistência de prejuízo para o serviço, no caso da aposentação, pode obter a desligação do serviço público* e determina o efeito [$p$ = pode x].

A norma (B) dispõe que *Quem tenha 36 anos de serviço no funcionalismo público e tenha obtido despacho determinando a inexistência de prejuízo para o serviço, no caso da aposentação, e se encontre a prestar serviço de docência, não pode obter a desligação do serviço público,* estatuindo o efeito [ $pr$ = não pode x][35].

Para a resolução da antinomia apresentada, existe no ordenamento uma norma (C), que determina que *lex excepcionalis derrogat lex generalis*, ou seja, se [Norma geral] ^ [Norma excepcional] $I$ NE = deve prevalecer norma excepcional.

A norma (C) determina que face à norma (A) que determina o efeito [$p$ = pode x] e face à norma (B) que determina o efeito [$pr$ = não pode x], prevalece o sentido deôntico da norma (B), porque é excepcional face à primeira.

É possível configurar *silogisticamente* a seguinte proposição de resolução de antinomias, através das premissas P1, P2, P3 e P4 e da conclusão C:

> **P1**: A norma (A) determina o sentido $P\,d$ (é permitida a aposentação); **P2**: A norma (B) determina o sentido $Pr\,d$ (é proibida a apresentação); **P3**: A norma (B) é excepcional face à norma (A) porque apresenta (i) pressupostos comuns e um pressuposto adicional diferenciado (a prestação de serviço de docência), (ii) operador deôntico inverso (de proibição) e (iii) estatuição idêntica (aposentação); **P4**: A norma (C) determina que norma excepcional prevalece sobre norma geral; **C**: A norma aplicável é a norma (B)[36]

---

[35] A norma (B) encontra-se numa relação de excepcionalidade face à norma (A), porquanto apresenta (i) pressupostos comuns e um pressuposto adicional diferenciado, (ii) operador deôntico inverso e (iii) estatuição idêntica.

[36] Naturalmente que o exemplo poderia configurar uma relação de especialidade entre as normas *prima facie* concorrentes, em vez da relação de excepcionalidade. A relação de especialidade verifica-se quando a norma (B) apresenta face à norma (A) (i) pressupostos comuns e um pres-

Esta proposição analítica ocorre, usualmente, quando o caso jurídico suscita, *prima facie,* o preenchimento da previsão de duas *normas-regra,* no caso previsto, em relação de excepcionaliade, com características de *all-or-nothing fashion,* no sentido dworkiniano[37]. Nestes casos, a proposição intermédia de resolução de antinomias normativas, através de uma norma secundária, é susceptível da correlativa verdade analítica, mas, ainda assim, dependente da *verdade-correspondência* ou *verdade-consenso,* consoante a certeza semântica e sintáctica dos enunciados em questão.

### 2.1.2.2. Proposição sintética de resolução de antinomias

Sucede que a concorrência normativa pode, ao invés do exposto no ponto precedente, ocorrer em casos de regulação *prima facie* do caso jurídico por *normas-princípio,* em locais menos *povoados,* regulativamente falando, do ordenamento jurídico[38].

---

suposto adicional diferenciado; (ii) operador deôntico idêntico e; (iii) estatuição diferenciada. O silogismo apresentado no texto seria semelhante, porquanto existe uma norma (C´) de prevalência que determina que *lex especialis derrogat lex generalis,* assim individualizando a norma que servirá de base à resolução do caso jurídico. A norma (B´) prevalece, portanto sobre a norma (A´), por aplicação da norma de prevalência (C´). Sobre as modalidades de concorrência, cfr. DAVID DUARTE, *A norma de legalidade,* pp. 256-257.

[37] As normas-regra são normas que, dadas determinadas condições, ordenam, proíbem ou permitem um poder de forma mais *definitiva* que os princípios (as regras são mandatos definitivos de *all-or-nothing fashion*). As normas-regra conflituam com outras normas-regra usualmente em termos de *validade,* na medida em que, a maior partes das vezes, em caso de conflito entre aquelas, a prevalência de uma regra determina a invalidade da outra. Cfr. ROBERT ALEXY, *On the structure of legal principles,* RJ, vol. 13 , 2000, p. 295; *A theory of constitutional rights,* pp. 49-50.

[38] Não nos estenderemos em demasia sobre esta questão. Importa apenas recordar que as normas-princípio são normas *qualitativamente* diferentes das normas-regra. Os princípios consubstanciam *mandatos a ser optimizados* e ordenam que determinado efeito se deverá produzir, em todas as situações de determinado género, na maior medida fáctica e jurídica possível (os princípios exigem *óptimos de Pareto*). Esta possibilidade está determinada pela existência *constringente* de princípios opostos, o que implica os juízos *ponderativos* de aferição do *maior peso* de determinado princípio sobre outra, em determinadas condições factuais. Ao invés das regras, os princípios não colidem em termos de *validade,* na medida em que a prevalência de um princípio sobre outro não determina a *invalidade* do último. Sobre a estrutura e funcionamento das *normas-princípio,* por todos, cfr. RONALD DWORKIN, *Levando os direitos a sério,* trad. portuguesa, São Paulo, 2002, pp. 46 e ss.; ROBERT ALEXY, *On the structure,* pp. 297 e ss.; *A theory of constitutional rights,* pp. 50-54 e ss.. Especificamente sobre o pressuposto implícito "*all situations of any kind*" dos princípios jurídicos, que potencia os conflitos resolvidos por mera *ponderação,* DAVID DUARTE, *A norma de legalidade,*

Nos problemas jurídicos que apenas convoquem o preenchimento da previsão de princípios, acontece frequentemente a aplicabilidade *prima facie* de princípios opostos, devido ao carácter extremamente alargado do domínio de aplicação normativa deste tipo de normas. A resolução desta antinomia, através de uma proposição de individualização normativa, não decorrerá, em princípio, de uma norma secundária de prevalência[39] previamente existente no ordenamento, mas de uma norma de prevalência *ad hoc*, resultante de um juízo ponderativo, arbitrado pela norma da proporcionalidade (*Verhaltnismabigkeitgrundsatz*[40]).

Nestas situações, a proposição de resolução de antinomias regulativas terá carácter *sintético*, na medida em que apenas representa uma sugestão de resolução de antinomias – e consequente individualização normativa – decorrente da impossibilidade de estabelecimento de uma relação formal de prevalência entre as normas em presença[41].

---

p. 151. Sobre os princípios como *comandos a ser optimizados*, não obstante a explicação útil (a um meta-nível) dos *comandos de optimização*, ROBERT ALEXY, On the structure, pp. 301.

[39] Admite-se, contudo, a possibilidade de normas de prevalência aplicáveis à colisão de princípios (designadamente a norma *lex specialis derrogat lex generalis*). Sobre o tema, exemplificando a especialidade da norma princípio da liberdade de imprensa sobre a norma princípio da liberdade de expressão, no contexto dos direitos fundamentais, cfr. DAVID DUARTE, *A norma de legalidade*, pp. 268-269, com indicações bibliográficas na nota 28.

[40] A norma-princípio da proporcionalidade compreende três sub-princípios: (i) o sub-princípio da adequação, da necessidade e da proporcionalidade *stricto sensu* ou do equilíbrio, cfr. ROBERT ALEXY, *Derechos, razionamento jurídico y discurso racional*, pp. 40-41, On the structure, p. 300; MÁRIO ESTEVES DE OLIVEIRA/JOÃO PACHECO AMORIM/PEDRO GONÇALVES, *Código de Procedimento Administrativo comentado*, 2.ª edição, Coimbra, 2001, p. 104. Na posição alexyana, a adequação, a necessidade e a proporcionalidade *stricto sensu*, são, contudo normas que não são ponderadas com outras normas, nem tomam posições de *preferência* ou *cedência ocasional*. Ao invés, estas normas suscitam a sua satisfação de uma forma *all-or-nothing*, o que leva o Autor a qualificá-las como regras jurídicas; Cfr. ROBERT ALEXY, *A theory of constitutional rights*, p. 66.

[41] Em sede jurisdicional, mediante as referidas situações de regulação meramente principial, o Juiz não pode lançar mão de quaisquer regras regulativas, nem dispõe de uma *norma secundária de prevalência*. Todavia, ainda assim, o juiz encontra-se vinculado, pela norma de competência de administração da justiça, a decidir o caso, mediante uma regra condicional de preferência *ad hoc*, que deverá ser, no mínimo compatível com o ordenamento jurídico. A norma de administração da justiça funciona simultaneamente como norma de competência e norma de conduta. Em sentido próximo, mas no contexto da regulação principial do procedimento administrativo, cfr. DAVID DUARTE, *A norma de legalidade*, pp. 419-429. Sobre os *hard cases* e a criação judicial do direito através de normas *ad hoc*, a crítica de EUGENIO BULYGIN a FERNANDO ATRIA e RUIZ MANERO em *Los jueces crean derecho?*, pp. 19-21.

Exemplificando o referido, imaginemos o seguinte caso decidido pelo *Bundesverfassungsgericht*, citado por Robert Alexy[42]:

Um cidadão alemão, arguido num processo penal, encontrava-se em situação de fragilidade cardíaca, em termos tais que poderia sofrer um enfarte caso fosse presente a julgamento, devido à tensão inerente. O caso jurídico é, portanto,*"pode o sujeito ser presente a julgamento?"*. Os factos relevantes do problema jurídico não preenchem a previsão de qualquer regra existente no sistema, antes convocam a regulação por dois princípios: o princípio da inviolabilidade da vida humana e o princípio da administração da justiça.

O princípio da inviolabilidade da vida humana (artigo 2, par. 2 da *Grundgesetz*) determina o sentido $x$ (= protecção da vida humana), logo, proíbe a apresentação do arguido a julgamento[43]. O princípio da administração da justiça (deduzido na modalidade de sub-princípio do princípio da legalidade) determina o sentido $y$ (= prossecução da administração da justiça), logo impõe a apresentação do arguido a julgamento.

Assim, convencionando que a solução da apresentação do arguido a julgamento é a solução "z", o princípio da administração da justiça determina $I\ z$ (= obrigatório $z$), enquanto que o princípio da inviolabilidade da vida humana determina $Pr\ z$ (= proibido $z$).

Perante esta antinomia e a pressuposta inexistência de normas de prevalência que a resolvam, impõe-se um juízo ponderativo, determinante da individualização normativa no caso concreto.

A metódica de resolução da colisão de princípios passa, segundo a solução alexyana, pela enumeração de relações condicionais de preferência[44], que

---

[42] Cfr. ROBERT ALEXY, *A theory of constitutional rights*, pp. 50-57; *On the structure*, p. 299.
[43] Cfr. ROBERT ALEXY, *On the structure*, p. 299.
[44] As *relações condicionais de preferência* reportam-se à metódica de colisão de princípios jurídicos aplicáveis *prima facie* à resolução de uma questão concreta. O raciocínio pauta-se pela seguinte ordem metódica: retira-se da concreta situação factual certos elementos (as condições de preferência – *Vorrangbedingungen*) que irão permitir justificar a prevalência de um princípio sobre outro. A partir dessas mesmas condições, obtém-se, por *indução*, um enunciado de preferência (*Präferenzsatz*) que será a previsão de uma regra para o caso concreto, estatuindo a preferência de um dos princípios em colisão. Sobre as relações condicionais de preferência, cfr. ROBERT ALEXY, *A theory of constitutional rights*, pp. 52; *On the structure*, pp. 294 e ss.. Entre a doutrina nacional, JOSÉ JOAQUIM GOMES CANOTILHO, *Direito constitucional de conflitos e protecção de direitos fundamentais*, RLJ, ano 125, 1992-1993, pp. 37 e 38; *Direito constitucional*, pp. 1255 e ss.; ANDRÉ SALGADO DE MATOS, *A fiscalização administrativa da constitucionalidade – Contributo para o estudo das relações entre Constituição, lei e administração pública no Estado social de direito*, Coimbra, 2004., em especial pp. 326-328. Sobre a regra de colisão como uma derivação da norma constitucional, cfr. ROBERT ALEXY, *A theory of constitutional rights*, pp. 55-56.

implicam olhar aos factos relevantes já filtrados pelo caso jurídico e, numa argumentação mediada pelo princípio da proporcionalidade, nas suas três subvertentes de (i) adequação, (ii) necessidade e (iii) proporcionalidade *strictu sensu*, aferir qual dos princípios concorrentes tem maior defesa junto do ordenamento jurídico em questão.

Assim, face ao sub-princípio da adequação, afere-se que a apresentação do arguido a julgamento (solução *y*) prossegue o princípio da administração da justiça. Contudo, não é, de forma alguma, adequada a prosseguir o princípio da inviolabilidade da vida humana. Face ao sub-princípio da necessidade, afere-se que a solução *x* pode esvaziar, por completo, o princípio da inviolabilidade da vida humana, na medida em que pode redundar na morte do arguido. Por outro lado, afere-se que a não apresentação do arguido a julgamento não esvazia na totalidade o princípio da administração da justiça, na medida em que o arguido poderá, eventualmente, ser julgado quando já não padeça da condição cardíaca descrita.

Face ao sub-princípio da proporcionalidade *stricto sensu*, está em causa a ponderação, propriamente dita, dos princípios em colisão. Determina aquele sub-princípio, sinteticamente, que *quanto mais intensa a interferência num princípio, mais importante a realização do outro princípio*[45].

À luz da argumentação aduzida, a solução *Pr z* (consequência da prevalência do princípio da inviolabilidade da vida humana), tem maior defesa junto do ordenamento jurídico.

Em função da argumentação aduzida a favor da realização de cada um dos princípios em questão, o operador jurídico formulará uma regra de colisão subordinada aos factos relevantes do caso (condições de preferência) que irão permitir justificar a prevalência de um princípio sobre outro[46]. A partir dessas mesmas *condições*, por raciocínio indutivo, estabelecer-se-á um enunciado de preferência (*Präferenzsatz*) que corresponderá à previsão de uma *regra de colisão* para qualquer caso concreto em que colidam os princípios em questão, mediante as mesmas situações factuais.

---

[45] Sobre a mediação do discurso ponderativo pelo princípio da proporcionalidade e pelos sub-princípios – que na perspectiva alexyana são *regras* – da necessidade, adequação e proporcionalidade *stricto sensu*; cfr. ROBERT ALEXY, *A theory of constitutional rights*, pp. 66-69; *On the structure*, p. 298.

[46] Uma vez que o exemplo é uma concreta questão de direitos fundamentais, resolvida no seio da Constituição, o princípio prevalente é aquele que tiver maior *defesa constitucional*, perante os factos em questão. Cfr. ROBERT ALEXY, *A theory of constitutional rights*, p. 56.

Convencionando que os factos relevantes (fr), filtrados pelo *caso jurídico*, equivalem ao significante C (*f1:* a existência de um arguido num processo penal, *f2:* com uma grave condição cardíaca, *f3:* na iminência de ser presente a julgamento), obtem-se uma regra com a seguinte estrutura:"*Se o princípio da inviolabilidade da vida humana prevalece sobre o princípio da administração da justiça mediante as condições C e se o princípio da inviolabilidade determina a solução (Pr z = é proibido apresentar o arguido a julgamento), então uma regra segundo a qual nas condições C é proibido z (C Pr z) é válida*[47].

É, portanto, o princípio da inviolabilidade da vida humana a norma prevalecente e, por tal, aplicável à resolução do *caso jurídico* em questão[48].

Naturalmente, a regra de colisão é válida apenas para quando se verificarem as condições C (a existência de um arguido num processo penal, com uma grave condição cardíaca, na iminência de ser presente a julgamento). É perfeitamente admissível que, mediante condições diferentes, seja o princípio preterido no raciocínio ponderativo a regular o caso jurídico. Tal é, naturalmente, decorrência de a preterição do princípio que cedeu *in casu* não implicar qualquer juízo de *invalidade* sobre esse mesmo princípio, antes uma mera cedência *condicional*.

Como resulta do exemplo apresentado, a proposição de prevalência do princípio não preterido é uma *proposição sintética* de carácter *especulativo*[49]. Tal deve-se ao facto de aquela proposição formular subjacente um juízo sobre a aplicação *prima facie* do princípio tido como prevalecente para a resolução do caso jurídico, face aos elementos relevantes[50].

A segunda proposição intermédia, de resolução normativa termina, portanto, com uma proposição (descritiva ou estipulativa) mediante a seguinte fórmula: *de entre as normas N1 a Nn, a norma geral aplicável ao caso X é a norma Y*.

---

[47] As condições de prevalência do princípio da inviolabilidade da vida humana sobre o princípio da administração da justiça constituirão, então, os elementos da previsão da regra *ad hoc* para resolução do caso.

[48] Tendo sido criada judicialmente uma *regra geral* para a resolução do caso. Cfr. EUGENIO BULYGIN, *Los jueces crean derecho?*, p. 24.

[49] A proposição é sintética e não analítica, porquanto não se infere da coerência interna de premissas encadeadas.

[50] Na verdade, não obstante se admitir a derivação constitucional da regra de colisão entre princípios, nomeadamente ao nível da justificação constitucional daquela regra, sempre será necessário criar um *consenso* sobre a correcção da utilização daquela teoria da argumentação ao nível da justificação, para se admitir a validade daquela regra. O consenso recairá, neste caso, na adopção do critério da racionalidade da justificação.

### 2.1.3. *A proposição final da norma de decisão*

Na última fase da criação da norma de decisão, o operador jurídico já sabe que o enunciado X corresponde à norma Y e que a norma Y é a norma que vai regular o caso concreto, na medida em que qualquer eventual contradição com outra norma potencialmente aplicável foi já resolvida por uma regra secundária ou por uma regra de ponderação *ad hoc*.

Em termos estritamente lógicos, a proposição final trata, agora, da obtenção da *premissa menor* – meramente factual – ainda que com recurso às categorias hipotéticas sediadas na previsão da norma. Apresenta-se, pois, perante o operador jurídico a tarefa de integração dos factos relevantes do *caso jurídico* na previsão da norma de decisão, como pressupostos normativos (i) com conteúdo aditivo face aos pressupostos de aplicação constantes da previsão da norma do conjunto ou, em alternativa, (ii) com conteúdo de especificação dos pressupostos de aplicação constantes da previsão da norma do conjunto.

Para a realização desta tarefa, é necessário, no entanto, elevar os factos relevantes, filtrados pelo caso jurídico, ao nível *hipotético* de pressupostos de aplicação normativa. Assim, os factos relevantes "*fr*" serão transmutados na condição de aplicação normativa "*Se fr*". Apenas a perspectiva normativa, correlativamente *hipotética* e *universal*, pode aspirar a aventar a solução jurídica genérica do ordenamento jurídico para o caso concreto em apreço.

Resulta do exposto que a criação da norma de decisão, enquanto proposição final do efeito normativo para o caso concreto, implica, *pari passu*, uma proposição de qualificação dos factos relevantes daquele caso na categoria hipotética da norma de base, afirmando-se, desta forma, que determinados factos relevantes *pertencem* e *accionam* uma categoria hipotética prevista na norma de base, em sede de aplicação de um enunciado legal[51]. A proposição de qualificação refere-se, pois, à *proposição de suscitação* ("*instantiation*") de categorias universais a partir dos elementos particulares relevantes do caso[52].

---

[51] Por este motivo, a qualificação é uma proposição de facto. Sobre a "*instantiation*" enquanto proposição de *qualificação*, cfr. NEIL MACCORMICK, *Rethoric and the rule of law*, pp. 39-40.

[52] Antes de alcançar a proposição final da norma de decisão seria *a priori* admissível a formulação de uma proposição intermédia de qualificação, mediante a qual "*os factos relevantes fr integram a categoria hipotética x*". No entanto, a qualificação dos factos particulares relevantes como elementos da previsão da norma do conjunto está já implícita na aludida proposição final da norma de decisão. Veja-se o famoso silogismo *[P1: Todos os homens são mortais; P2: Sócrates é homem, C: Sócrates é mortal]*. Neste silogismo é necessariamente estipulado e pressuposto que Sócrates é

Após sediar, na previsão da norma e em termos hipotéticos, a qualificação dos factos relevantes, é obtida a norma de decisão, a qual conjuga (i) o conteúdo expresso nos elementos estruturais da previsão da norma *interpretada e individualizada* do ordenamento e (ii) o conteúdo da versão hipotética dos *factos relevantes* do caso jurídico.

A norma de decisão apresenta, nestes termos, a seguinte estrutura: (i) A *previsão* combina os pressupostos da norma do conjunto, acrescidos dos pressupostos concebidos hipoteticamente a partir dos factos relevantes; (ii) O *operador deôntico* reflectirá o operador da norma de base[53]; (iii) A *estatuição* bebe da maior riqueza, adicional ou específica, da previsão da norma de decisão, reflectindo, em termos adicionais, ou especificativos, a estatuição da norma do conjunto.

Exemplificando o referido, imagine-se novamente o caso de um professor de ensino secundário que se pretende aposentar, com os seguintes factos relevantes:

*F1*: O sujeito A cumpriu 38 anos de serviço de docência no liceu Pedro Nunes em Lisboa; *F2*: Os 38 anos de serviço foram cumpridos com recurso ao regime da pensão unificada; *F3*: O sujeito A obteve um despacho de inexistência de prejuízo para o serviço docente do liceu Pedro Nunes; *F4*: o despacho foi emitido pelo Centro de Coordenação Educativa de Lisboa; *F5*: o sujeito A requereu a aposentação junto da Caixa Geral de Aposentações. O *caso jurídico* é: "deverá o sujeito A ser aposentado?"

---

homem, porquanto se retira da própria conclusão que Sócrates é mortal porque é homem. O "porquê" (*because-reason*) da qualificação, radica tanto na estipulação mediante a qual Sócrates participa dos predicados ou qualidades do homem, como na estipulação mediante a qual o sujeito *A* participa dos predicados ou qualidades atribuídos ao funcionário público (designadamente ser professor e a sua entidade empregadora ser o Estado). Não se admite, em termos lógicos, a qualificação de Sócrates como homem, sem operar a integração das características relevantes da sua existência como homem, enquanto elementos adicionais ou de especificidade da norma do conjunto, segundo a qual *[Se x, y e z, então deve ser homem]*. Não é, pois, admissível a qualificação sem a integração dos factos relevantes, enquanto elementos adicionais ou especificativos da norma do conjunto, do mesmo modo que não é admissível a integração dos factos relevantes enquanto elementos adicionais ou de especificidade da norma do conjunto sem a necessária qualificação. A proposição implícita de qualificação será, no entanto, bastante útil para a reconstrução silogística da norma de decisão, como se verá *infra*.

[53] Excepção feita às situações em que o *caso jurídico* reclame uma solução jurídica sob um outro operador, desde que seja possível a interdefinibilidade dos modos deônticos; Cfr. DAVID DUARTE, *A norma de legalidade*, p. 191; *Os argumentos da interdefinibilidade*, p. 272.

A norma do ordenamento aplicável é a constante do Decreto-Lei n.º 116/85, de 19 de Abril, a qual determina que a desligação do serviço será obtida através da demonstração da qualificação da situação factual em três factos hipotéticos relevantes, a saber: *(i)* o preenchimento de 36 anos de serviço pelo funcionário requerente; *(ii)* a existência de despacho, determinando a inexistência de prejuízo para o serviço no caso da aposentação do funcionário requerente; *(iii)* a emissão desse despacho pelo centro de coordenação educativa da área de actividade do docente (Centro de Coordenação Educativa Regional).

A norma do conjunto tem, portanto, a estrutura: a $\wedge$ b $\wedge$ c p x, na qual *a* = Quem tenha 36 anos de serviço no funcionalismo público; *b* = tenha obtido despacho determinando a inexistência de prejuízo para o serviço no caso da aposentação; *c* = emitido pelo centro de coordenação educativa da sua área de actividade *p* = pode; *x* = obter a desligação do serviço público.

A norma de decisão do caso concreto tem densidade acrescida, a qual resulta da soma de *(i)* pressupostos preenchidos da norma do conjunto, os quais configuram uma versão hipotética dos factos relevantes do caso, com *(ii)* pressupostos acrescidos, concebidos a partir dos factos, e erigidos em factos hipotéticos, descritivos da situação real.

A norma de decisão do caso jurídico "pode o sujeito A aposentar-se?" tem, portanto, a seguinte estrutura:

a $\wedge$ b $\wedge$ c $\wedge$ d $\wedge$ e *i* x, na qual *a* = Quem tenha 36 anos de serviço no funcionalismo público; *b* = com recurso ao regime de pensão unificada; *c* = tenha obtido despacho determinando a inexistência de prejuízo para o serviço; *d* = emitido pelo Centro de Coordenação Educativa de Lisboa; *e* = tendo requerido a aposentação junto da Caixa Geral de Aposentações *i* = deve; *x* = obter a desligação do serviço público.

A norma de decisão criada é a solução jurídica *universal* para o *caso jurídico* que se apresentou ao intérprete e traduz o encadeamento lógico das proposições intermédias que foram sendo formuladas ao longo do respectivo processo de criação.

Assim, a proposição de norma de decisão pode ser formulada da seguinte forma: "*Para o caso jurídico X, a norma de decisão é a norma Z*".

## 3. Reconstrução silogística da norma de decisão e justificação

Conclui-se do anteriormente exposto que a norma de decisão é um conteúdo que resulta da conjugação de uma norma do ordenamento com factos reais relevantes, pressupondo a filtragem e posterior hipotetização desses factos.

Coloca-se agora o problema da justificação da proposição da norma de decisão para o referido caso jurídico, em termos tais que permitam estabelecer a sua *universalidade* e atribuir-lhe a racionalidade necessária para aspirar à qualidade de *solução jurídica para todas as questões daquele género*[54].

Em rigor, se o universo objecto da ciência jurídica é o conjunto normativo – uno e coerente – parece claro que a proposição de norma de decisão, se for válida, deve necessariamente afirmar um conteúdo universal para *todas as situações do género*, na medida em que foi deduzida através da categorização hipotética de factos particulares relevantes.

A dedução atrás referida lança mão, aliás, da inerente recondução da *norma de decisão* à *norma geral*. Na verdade, partindo a norma de decisão da norma geral e pretendendo o sentido de dever ser individual aspirar a ter carácter universal, deverá a norma de decisão ser, no mínimo, compatível com a norma geral. Para obter a universalidade da norma de decisão, importa transmutar as proposições intermédias, produzidas na decisão do caso jurídico, nos termos de um raciocínio silogístico[55].

Atentemos na resolução do caso jurídico abstracto X, que engloba os factos relevantes *fr*.

---

[54] Alguma doutrina parece afirmar, sem concreta fundamentação, a existência de uma norma de igualdade na aplicação judicial, vigente no direito português. Cfr. JOSÉ JOAQUIM GOMES CANOTILHO, *Direito constitucional*, p. 426 (cfr. também o Acórdão do Tribunal Constitucional n.º 142/85).

[55] Na verdade, ainda que haja que estabelecer determinadas proposições para estabelecer as premissas de um silogismo decisional, tal não impede que o raciocínio que permite alcançar a conclusão a partir das premissas não possa ser considerado como uma inferência dedutiva. Na verdade, a justificação interna, pela inferência, nada tem que ver *especificamente* com o direito, na medida em que é uma categoria de toda a lógica aplicada. Assim, cfr. CARLOS ALCHOURRÓN/EUGENYO BULYGIN, *Analisis lógico y derecho*, Madrid, 1991, pp. 308-309.
Há várias possibilidades de demonstração silogística da decisão. Não nos estenderemos sobre o assunto, antes nos limitamos a referir o *silogismo clássico* de KARL LARENZ, assim configurado: *1. S → C (Para todos os S aplica-se C); 2. H = S (H é um caso de S); 3. H → C (Para H aplica-se C)* e a regra *modus ponendo ponens,* segundo a qual *1: Em qualquer caso, se S então C; 2: No presente caso S; 3: então C.* Mais desenvolvidamente, cfr. VITORIA ITURRALDE SESMA, *Aplicación del derecho*, pp. 372-373.

### a) *Premissa maior*

A premissa maior do raciocínio decisional é a seguinte: "*Se a norma aplicável ao caso X é a norma geral Y*".

Esta premissa implica, logicamente, a combinação de duas premissas já analisadas, as quais são a premissa "*Se o enunciado X significa a norma Y*" (proposição de determinação semântica) e a premissa "*Se de entre as normas N1 a Nn, a norma geral aplicável ao caso X é a norma Y*" (proposição de individualização normativa)[56].

### b) *Premissa menor*

A premissa menor representa, como se viu, a proposição de *qualificação* implícita na criação da norma de decisão, afirmando que determinados factos relevantes *pertencem* e *accionam* uma categoria hipotética prevista na norma de base. Em sede de direito judicialmente aplicado, a premissa menor é, portanto, uma questão de prova[57].

Assim, a premissa menor pode ser formulada nos seguintes termos:"*Os factos relevantes fr integram em termos especificativos a categoria hipotética Y′ que integra a previsão da norma Y*"[58].

### c) *Conclusão*

A integração dos factos $fr$ na categoria hipotética $Y'$ ou, dito de outra forma, a *suscitação* da categoria hipotética $Y'$ pelos factos $fr$, ocorre em termos

---

[56] As premissas combinadas correspondem, portanto, aos silogismos de grau diferenciado ou *rationes intermedii*. A proposição de individualização normativa corresponde ao silogismo de segundo grau e a proposição de determinação semântica corresponde ao silogismo de terceiro grau. Neste sentido, PIERLUIGI CHIASSONI, *Il precedente giudiziale: tre esercizi di disincanto*, in PAOLO COMANDUCCI/RICCARDO GUASTINI (coords.), *Analisis e diritto*, 2004, pp. 78 e 80. Admitindo a proposição de interpretação como um silogismo jurídico, NEIL MACCORMICK, *Rethoric and the rule of law*, p. 42.

[57] Cfr. VITORIA ITURRALDE SESMA, *Aplicación del derecho*, p. 374.

[58] Como refere NEIL MACCORMICK, "*to show that a given case is one that instantiates the operative facts stipulated in universal terms in the statute is to show that the normative consequence attached by the statute to these operative facts ought to be suitably instantiated too*". Cfr.. *Rethoric and the rule of law*, p. 37.

de adição ou especificação, na medida em que desempenha uma função de pormenorização dos pressupostos dispostos na previsão da norma de base.

A conclusão representa, pois, a operação dedutiva das premissas acima formuladas e pode ser formulada nos seguintes termos: *"Para o caso jurídico «poderá o sujeito A aposentar-se?», a norma de decisão é a norma Z"*.

É da maior utilidade a utilização, como *rationes decidendi*, das várias proposições intermédias que foram sendo formuladas ao longo do processo criativo desta norma de decisão.

Utiliza-se, neste texto, o conceito de *ratio decidendi* em ambas as concepções normativa e argumentativa[59]. Na verdade, o conceito de *ratio decidendi* representa não só as normas criadas (proposições intermédias) para justificar a decisão de um caso, juntamente com as proposições que a sustentam e a descrição dos factos aos quais é aplicada, mas também as normas criadas como premissas essenciais *sine qua non* (passos lógicos) da criação de uma norma de decisão. Uma norma de decisão judicial contém, pois, tantas *rationes decidendi* quantas for as premissas do silogismo normativo mediante o qual o seu conteúdo pode ser reformulado[60].

---

[59] Podemos enumerar três concepções de *rationes decidendi*: (i) a normativista abstracta; (ii) a normativista concreta e (iii) a normativista argumentativa. Na concepção (i) normativista abstracta, a *ratio decidendi* reporta-se à norma geral (o princípio, a regra) utilizando-se o conceito *ratio* como *norma*. Na concepção (ii) normativista concreta, a *ratio decidendi* é a norma geral contextualizada, ou seja, a norma que, mediante determinado juízo, foi usada para justificar a decisão de um caso, considerada não já *in se* e *per se*, mas juntamente com os argumentos que a sustentam e à descrição dos facto aos quais é aplicada. Nesta concepção utiliza-se, portanto o conceito de *ratio* como *norma*. Na (iii) concepção argumentativa, a *ratio decidendi* não se refere a norma geral *per se*, nem a uma norma geral contextualizada, mas sim, em termos genéricos, mas a um qualquer elemento essencial *sine qua non*, dado por um juiz, sem o qual não poderia ter sido desenvolvida aquela decisão judicial, utilizando-se o conceito de *ratio* como *argumento*. Cfr. PIERLUIGI CHIASSONI, *Il precedente giudiziale*, pp. 81-82.

[60] Um silogismo normativo – simplisticamente representado pela fórmula *"Whenever OF, then NC... If OF, then NC...OF, therefore NC"* – é um conjunto de enunciados cuja premissa maior (factos) e cuja conclusão, são constituídas de normas jurídicas, opera como justificação interna da norma de decisão Cfr. NEIL MACCORMICK, *Rethoric and the rule of law*, p. 32. A justificação interna prende-se com a análise da *coerência* entre as premissas e a conclusão, ou seja, com a comprovação de que a conclusão segue logicamente as premissas (segundo regras de lógica). À justificação externa compete a análise das razões substantivas em apoio de cada uma das premissas que formam a argumentação judicial. Nos *hard cases* não é possível reconduzir estas razões tão só ao princípio da legalidade, na medida em que carecem de razões argumentativas adicionais. Cfr. PIERLUIGI CHIASSONI, *Il precedente giudiziale*, pp. 82-84; RICCARDO GUASTINI, *Concepciones de las fuentes de derecho*, p. 84.

Em conclusão, (i) a premissa maior configura a norma do ordenamento *interpretada e individualizada*; (ii) A premissa menor é uma proposição empírica assertiva segundo a qual os factos existentes se qualificam como integrantes da categoria hipotética plasmada na norma do ordenamento; (iii) A conclusão é a criação de uma norma concreta deduzida das anteriores.

Exemplificando o referido, voltemos ao caso jurídico *"pode o sujeito A aposentar-se?"*, agora apenas com os seguintes factos: *f1: o sujeito A, professor num estabelecimento de ensino de Lisboa, f2:cumpriu 38 anos de serviço de docência num estabelecimento de ensino e f3:obteve um despacho de inexistência de prejuízo para o serviço, f4: emitido pelo Centro de Coordenação Educativa de Lisboa*[61].

O silogismo decisional que culmina na criação da norma de decisão configura-se, face aos factos já filtrados como *relevantes*, através da seguinte fórmula:

**P1 (proposição de determinação semântica):**

*Se o enunciado X significa a norma geral $a \wedge b \wedge c\, p\, d$, na qual $a =$ Quem tenha 36 anos de serviço no funcionalismo público; $b =$ tenha obtido despacho determinando a inexistência de prejuízo para o serviço no caso da aposentação; $c =$ emitido pelo centro de coordenação educativa da sua área de actividade $p =$ pode; $d =$ obter a desligação do serviço público.*

**P2 (proposição de resolução de antinomias):**

*Se de entre as normas do ordenamento N1 a Nn, a norma aplicável é norma $a \wedge b \wedge c\, p\, d$.*

**P3 (proposição implícita de qualificação):**

*Se o facto relevante "professor num estabelecimento de ensino" suscita a categoria universal "funcionário público" e o facto relevante "centro de coordenação educativa de Lisboa" suscita a categoria universal "centro de coordenação educativa da sua área de actividade."*

**C (norma de decisão):**

$a\, (a1) \wedge b \wedge c\, (c1)\, p\, d$, na qual $a =$ *Quem tenha 36 anos de serviço no funcionalismo público; a1 = sendo Professor num estabelecimento de ensino de Lisboa; b = tendo obtido despacho determinando a inexistência de prejuízo para o serviço no caso da aposen-*

---

[61] Por simplicidade de exposição, os factos apresentados são já os factos tidos por relevantes pela norma do ordenamento.

tação; c = emitido pelo centro de coordenação educativa da sua área de actividade; c1 = sendo esse órgão o Centro de Coordenação Educativa de Lisboa; p = pode; d obter a desligação do serviço público.

Invertendo a ordem do silogismo, obtemos a justificação lógica da norma de decisão. Ou seja, à questão "Porque é que a norma a (a1) $\wedge$ b $\wedge$ c (c1) p d deve decidir o caso jurídico *"pode o sujeito A aposentar-se?"*, responder-se-á:

1. Porque o facto relevante *"professor num estabelecimento de ensino"* suscita a categoria universal *"funcionário público"* e o facto relevante *"centro de coordenação educativa de Lisboa"* suscita a categoria universal *"centro de coordenação educativa da sua área de actividade"* (P3)[62].
2. Porque: de entre as normas do ordenamento N1 a Nn, a norma geral aplicável é norma geral a $\wedge$ b $\wedge$ c p d.(P2).
3. Porque: o enunciado X significa a norma geral a $\wedge$ b $\wedge$ c p d (P1)[63].

O raciocínio dedutivo, mediante o qual se alcança que a verdade das premissas assegure a conclusão obtida, permite, como se viu, justificar a decisão, apresentando as *rationes decidendi* da norma de decisão do caso concreto como *rationes decidendi* de uma norma de decisão, face a todos os casos jurídicos que suscitem os *mesmos* factos relevantes[64].

Ao nível de aplicação judicial, a reconstrução silogística e justificativa da norma de decisão pode, pois, ser particularmente útil. Permite aquela, designadamente, (i) identificar as premissas *(rationes decidendi)* do raciocínio decisional e (ii) avaliar se a conclusão se encontra de acordo com as premissas, permitindo

---

[62] As razões justificativas da decisão são, portanto, as *rationes decidendi* transmutadas em *because reasons*, no sentido dado por NEIL MACCORMICK quando se refere à universalização das premissas como justificação da decisão; Cfr.*Rethoric and the rule of law*, p. 88.
[63] Constata-se, da análise das três *rationes decidendi* acima referidas, que, enquanto a primeira é subjectiva e se reporta à proposição implícita de qualificação, as restantes duas são *rationes decidendi* totalmente objectivadas. A *ratio decidendi subjectiva*, de qualificação é, contudo, essencial para se estabelecer qual a norma de decisão do caso. Na verdade, como se afirmou *supra*, em 2.1.3, importa introduzir considerações normativas estranhas (do mundo real) ao modelo silogístico, na medida em que este apenas demonstra *quais* foram as *rationes decidendi* logicamente concatenadas e que essas *rationes decidendi* foram *efectivamente* utilizadas na criação da norma de decisão.
[64] O raciocínio dedutivo não é ampliativo, mas *meramente explicativo*, porquanto a informação da conclusão já está contida implicitamente nas premissas conjuntamente consideradas. Cfr.VICTORIA ITURRALDE SESMA, *Aplicación del derecho*, p. 380; RICCARDO GUASTINI, *Los princípios en derecho positivo*, p. 166.

ao operador jurídico recuperar aquelas *rationes decidendi* através de uma operação de inferência[65]

Chegados a este ponto, obteve-se a norma de decisão proposta enquanto *afirmação genérica de solução jurídica*, face ao ordenamento. Por outro lado, demonstrou-se que essa norma pode ser internamente justificada e coerente através de princípios de lógica. Contudo, em face do *supra* exposto sobre o carácter descritivo ou estipulativo das proposições intermédias, duas consequências devem ser retiradas com respeito ao valor jurídico da norma de decisão.

Em primeiro lugar, ninguém pode ser mais convincente na criação de uma norma de decisão do que o foi na criação das proposições intermédias que lhe deram azo[66]. Por esse motivo, a natureza das proposições intermédias – estipulativas, descritivas, analíticas e sintéticas – transmitir-se-á, necessariamente e em termos de lógica formal, à proposição de norma de decisão[67]. Em segundo lugar, constata-se, com desencanto, que a conclusão do complexo processo silogístico redunda numa mera *afirmação de ciência,* relativamente à resposta do ordenamento a um concreto caso jurídico (à imagem da aplicação do direito na sentença judicial), cuja valia explicativa e analítica falha na atribuição da normatividade *erga omnes*[68]. Sem normatividade, não há integração da norma de decisão como norma *pertencente* a um determinado conjunto. A norma de decisão judicial não é, sem mais, *direito válido.*

Não obstante, a enunciação do raciocínio silogístico, operada ao nível intermédio e final, consubstancia o primeiro passo na possibilidade – conferida pelo ordenamento – de atribuir efeitos normativos às decisões individuais enquanto normas de decisão.

## 4. As normas secundárias sobre fontes

O processo de criação da norma de decisão termina com a proposição de uma norma de decisão – com aspirações a norma *genérica* – para o caso jurí-

---

[65] Utiliza-se o conceito de justificação como demonstração de normas intermédias determinantes da conclusão final. A justificação não é, portanto, equivalente à *racionalidade* da decisão judicial, ainda que lhe seja próxima. Sobre o conceito de racionalidade da decisão judicial, Victoria Iturralde Sesma, *La aplicación del derecho,* pp. 415-438.
[66] Cfr. Neil MacCormick, *Rethoric and the rule of law,* pp. 76-77.
[67] Cfr. David Duarte, *A norma de legalidade,* p. 301.
[68] Cfr. David Duarte, *A norma de legalidade,* p. 194.

dico em questão, cuja justificação interna é susceptível de demonstração através da ciência lógica. No entanto, como se viu, a lógica (formal) não determina a verdade das proposições que consubstanciam as premissas (descritivas ou estipulativas) antes se propõe, tão só, demonstrar (i) quando é que a conclusão é uma consequência lógica das premissas e (ii) quando não o é[69]. A lógica é uma ciência meramente *prescritiva*. Por maioria de razão, a lógica não logra demonstrar a *validade* ou *obrigatoriedade* da norma de decisão criada a partir dessas proposições. Acresce que esta ciência não aponta resolução para a questão da aplicação *decisional* do direito dever ter por objecto *enunciados válidos*, criados na sequência dos requisitos do ordenamento e oferecidos, como premissas maiores, ao aplicador oficial do direito. Por outro lado, a norma de decisão, enquanto *afirmação de ciência* normativamente perspectivada, não é susceptível de ser *válida ou inválida*, antes é susceptível de *verdade ou falsidade*[70].

A atribuição de um valor jurídico à afirmação de ciência consubstanciada na norma de decisão implica a qualificação daquela norma de decisão como *fonte de direito*.

Sucede que no sistema românico-continental, concretamente no sistema português, cada juiz está em posição de total independência perante os demais juízes, obedecendo apenas à *lei* e à *Constituição*[71]. Desta asserção retiram-se quatro consequências, intuitivamente desmoralizadoras de qualquer defensor de um sistema de precedente judicial em modelos continentais: (i) Os tribunais superiores não têm de julgar como o fizeram juízes hierarquicamente inferiores; (ii) Os juízes não têm de julgar como o fizeram já juízes do mesmo nível hierárquico, (iii) Os juízes não têm de julgar consoante eles próprios já o fizeram e, por último, (iv) Os órgãos judiciais inferiores não têm de julgar conforme o fizeram já tribunais superiores.

Para que uma norma de decisão, resultante de uma determinada decisão judicial, possa ser vinculativa para os demais operadores jurídicos (neste caso,

---

[69] Cfr. VITORIA ITURRALDE SESMA, *Aplicación del derecho*, p. 379.
[70] Como se sabe, uma proposição factual é verdadeira porque é assim que é, enquanto que uma proposição normativa é válida porque é assim que deve ser. Ainda assim, parecem ser admissíveis as afirmações de validade de uma norma de decisão, no sentido alexyano de *statements of narmative validity*. Nestes termos, a afirmação da validade de uma norma é uma proposição susceptível de verdade ou falsidade e não de validade ou invalidade; Cfr. ROBERT ALEXY, *A theory of constitucional rights*, p. 28; HANS KELSEN, *Teoria pura do direito*, pp. 110 e ss..
[71] De acordo com o disposto no artigo 202.º da CRP e artigo 4.º n.º 1 do Estatuto dos Magistrados Judiciais.

juízes), é necessário que a norma de decisão tenha efeitos *erga omnes* e, por tal, vincule em casos futuros[72].

Contudo, a demonstração da vinculatividade (ou normatividade) da norma de decisão está, indiscutivelmente, dependente da sua integração no ordenamento jurídico[73]. Por uma simples razão: a validade é uma propriedade que as normas *podem* ou *podem não* ter, consoante pertençam, ou não, ao ordenamento jurídico[74].

### 4.1. O contributo da teoria formal das fontes

A teoria formal das fontes identifica determinados actos ou factos com fontes de direito, independentemente do conteúdo daqueles actos ou factos, remetendo o carácter de *fonte* para o conteúdo positivo das normas sobre produção jurídica, próprias de cada ordenamento, designadamente, as suas regras de mudança (Hart).

À luz desta teoria, o ordenamento determina os critérios da sua própria normogenética[75]. Na verdade, a teoria formal das fontes permite identificar – sem atender ao conteúdo ou resultado da norma criada – que existiu efectivamente uma norma produzida, porquanto se demonstrou preenchida a previsão de uma outra norma secundária existente, a qual impõe a integração da norma criada no conjunto[76]. A referida norma secundária determina, portanto, quais os pressupostos (seja o respeito de uma dita forma ou de um dito procedimento para o efeito), mediante os quais se obtém um efeito normativo.

O critério identificativo das fontes de direito, seguindo os ditames da teoria formal, é, como o próprio nome indica, intrinsecamente *formal*. Aquele critério atende, portanto, às (i) características externas e procedimento de forma-

---

[72] A vinculatividade da norma de decisão determinará a sua utilização como *premissa maior* num raciocínio silogístico decisional posterior.
[73] Cfr. VICTORIA ITURRALDE SESMA, *La aplicacíon del derecho*, pp. 122 e ss..
[74] Cfr. ROBERT ALEXY, *A theory of constitutional rights*, pp. 25-27.
[75] Cfr. HANS KELSEN, *General theory of norms*, 1991, Oxford, p. 102.
[76] Trata-se, naturalmente, de uma norma sobre a produção normativa pertencente à categoria de normas sobre produção de normas. Sobre a natureza hierárquica das normas sobre normas numa análise à perspectiva kelseniana, JOSEPH RAZ, *The concept of a legal system*, pp. 101 e ss.. Aparentemente contra, dando exemplo da lei de bases e do decreto-lei de desenvolvimento, VICTORIA ITURRALDE SESMA, *La aplicación del derecho*, p. 130.

ção do acto jurídico, como a tipologia do acto[77] ou (ii) ao preenchimento de determinados requisitos de formação, no caso das normas consuetudinárias.

Para os precursores da teoria formal das fontes, verificar-se-á a criação de normas jurídicas quando, em determinado ordenamento jurídico, vigorar a seguinte norma:

"*Para cada x, x é uma fonte de direito se e só se houver uma regra legal para o efeito [Se x, então n] onde o facto «x» é um acto/facto e a consequência legal «n» é a criação de uma norma jurídica*"[78].

Em bom rigor, a questão reconduz-se, inevitavelmente, ao direito positivo (resultante da vontade), na medida em que a noção de *fonte* implica olhar sempre às normas secundárias de reconhecimento do ordenamento[79].

## 5. O direito válido

A aceitação, como *fontes*, dos enunciados ou textos que sejam *potencialmente aptos* a revelar uma norma, deixa implícita uma visão bem mais abrangente sobre os enunciados candidatos a fontes da normatividade.

Na verdade, a tese formal das fontes admite que todos os enunciados de normas de decisão, designadamente as *sentenças judiciais*, são aptos a criar uma norma, desde que exista no ordenamento uma norma secundária sobre a produção de normas que determine aquele efeito normativo e cuja previsão seja suscitada por aquele enunciado[80]. O carácter vinculativo dos enunciados advém, como se viu, da conformidade às normas secundárias de mudança do género *[Se x, então n] onde o facto "x" é um acto/facto e a consequência legal "n" é a criação de uma norma jurídica*[81].

---

[77] *V.g.*: decreto-lei e regulamento, ao invés do acto administrativo, classicamente desprovido de efeito normativo.
[78] Cfr. RICCARDO GUASTINI, *Fragments of a theory of legal sources*, RJ, vol. IX, 1996, p. 370.
[79] Cfr. HERBERT L. A. HART, *The concept of law*, pp. 95-96. Classificando as normas secundárias relativas à produção de efeitos de outras normas como "*(i) as normas de revogação, que extinguem os efeitos de outras, (ii) as normas de início de vigência, que determinam o início da produção de efeitos, ou, ainda, (ii) as normas de suspensão, que paralisam temporariamente os efeitos de normas terceiras*", cfr. DAVID DUARTE, *A norma de legalidade*, p. 104.
[80] Cfr. RICCARDO GUASTINI, *Concepciones de las fuentes de derecho*, p. 88.
[81] Aquela norma é, no entanto, uma das várias normas secundárias sobre produção de normas norma, que usualmente não são tão simples. Para um exemplo paradigmático das normas secundárias de mudança, pense-se na norma do costume, simplisticamente enunciada por: $rp \wedge co = n$,

Posto isto, qualquer enunciado de norma de decisão, ainda que se trate de uma mera sentença judicial, poderá configurar uma fonte de direito, conquanto que uma norma sobre produção de normas lhe atribua carácter normativo e, consequentemente, a integre no ordenamento jurídico, conferindo-lhe o predicado de *direito válido*[82].

As concepções de validade das normas têm levado os teóricos do direito às maiores divergências[83].

Pode avançar-se com duas concepções fundamentais, consoante a perspectiva seja centrada na força normativa positiva daquela norma (*validity as bindingness*), ou se ressaltem as características da norma identificativas da sua *pertinência* no ordenamento (*validity as membership*)[84]. A distinção, segundo se

---

na qual *[rp]* = reiteração de uma prática; *[co]* = convicção de obrigatoriedade e *[n]* = efeito normativo. A norma do costume levanta, contudo, imensas dificuldades, do ponto de vista normativista, quanto à determinação da norma secundária que lhe confere validade, em sistemas que não fundamentem o costume na lei (cfr. HERBERT L.A. HART, *The concept of law*, pp. 44-49). Na verdade, a norma que valida a norma do costume não pode ser, em si própria, uma norma consuetudinária, porquanto seria logicamente inadmissível que uma norma dispusesse no sentido do seu próprio fundamento. Estas dificuldades não são, no entanto, novas, porquanto são idênticas às dificuldades de sustentação da *Grundnorm* de KELSEN e da norma primária de HART de outra forma que não a partir de uma (i) *norma pressuposta*, insusceptível de validade ou invalidade, posto que é parâmetro de validade de todas as restantes ou (ii) a atractiva e ainda pouco explorada via de sustentar a norma primária como uma *inferência ideal* de todas as normas decorrentes dessa norma, num sistema circular. Em termos próximos, DAVID DUARTE, *A norma de legalidade*, p. 28.

[82] Sobre a igualdade como *norma sobre produção de normas*, cfr. RICCARDO GUASTINI, *La gramática de "igualdad"*, in *Distinguiendo – Estudios de teoria y metateoría del derecho*, Barcelona, 1999, pp. 194-195. Relembre-se, contudo, que, não obstante o carácter produtor de normas, a igualdade não é, por si, uma norma apta à integração de outras normas num determinado conjunto. Aparentemente contra, admitindo – ainda que dubitativamente – a *"igualdade na ilegalidade"*, cfr. PAULO OTERO, *Legalidade e administração pública – O sentido da vinculação administrativa à juridicidade*, Coimbra, 2003, pp. 976-981.

[83] Sobre os três conceitos fundamentais de validade: (i) *validade axiológica*; (ii) *validade factual* ou *empírica* e (iii) *validade positivista sistémica*; Cfr. VICTORIA ITURRALDE SESMA, *Aplicación del derecho*, pp. 122-123; GIOVANI SARTOR, *Validity as bindigness: The normativity of legality*, EUI working paper. Law n.º 2006/18, European University Institute, 2006. URL: http://papers.ssrn.com/sol3/papers.cfm?abstract→id=939778, pp. 1-3.

[84] HANS KELSEN adopta, paradigmaticamente, o conceito de *validity as bindingness*, referindo que uma norma é válida quando o comportamento dos sujeitos se regula e conforma com aquela, pelo menos até um certo grau; Cfr. *Teoria pura do direito*, p. 11. Renovando o mesmo paradigma, cfr. GIOVANI SARTOR, *Validity as bindingness*, p. 15-28. Reconstruindo a construção kelseniana, cfr. BRUNO CELANO, *Validity as disquotation*, in PAOLO COMANDUCCI/RICCARDO GUASTINI, Analisis e diritto, 1999, pp. 35 e ss.. O critério de *validity as membership* é seguido, entre outros, por HERBERT L.A. HART, *The concept of law*, pp. 90-100, e JOSEPH RAZ, *The authority of law*, pp. 150-153.

entende, prende-se apenas com a perspectiva, pois as duas posições podem ser encaradas como conciliáveis. Em bom rigor, uma resulta da outra, num nexo de mútua justificação[85].

Na verdade, se validade engloba pertinência e obrigatoriedade e se obrigatoriedade determina pertinência e vice-versa, parece não existir grande diferença entre os conceitos de *validade, pertinência e obrigatoriedade*[86]. Questionar a validade da norma "*A deve B*" equivale a perguntar "*porque é que a norma «A deve B» deverá ser obedecida?*"[87]. A resposta à questão pressupõe a seguinte afirmação: A razão para a obrigatoriedade da norma "*A deve B*" é a razão *R*, ou seja, "*A deve B*" deve ser obedecido porque *R* impõe que assim seja[88]. Sucede que *R* não consubstancia propriamente uma *razão*, ou sequer um *argumento*, mas sim uma *norma,* na medida em que são as normas que tipicamente impõem sentidos de dever ser. O argumento *R* deve, portanto, dar lugar à norma *N*, como explicação da validade da norma "*A deve B*".

A norma N terá, pois, (i) uma determinada previsão, (ii) um operador deôntico de imposição e (iii) a seguinte estatuição: "(*a norma A deve B*) *deve ser tida como válida/obrigatória*". Conjugando esta conclusão com o exposto relativamente a normas secundárias, conclui-se que a produção de enunciados com carácter *normativo* não pode ocorrer se aqueles enunciados não forem positivados de acordo com o disposto em regras secundárias do ordenamento em questão, uma vez que é o próprio ordenamento que regula os seus critérios de validade[89].

---

[85] Cfr. GIOVANI SARTOR, *Validity as bindigness*, p. 5,
[86] Importa estabelecer uma pequena ressalva através da seguinte proposição adversativa: (i) todas as normas válidas são normas obrigatórias, mas (ii) nem todas as normas obrigatórias são normas válidas. Pense-se, desde logo, nos actos administrativos anuláveis que obrigam até serem anulados contenciosamente.
[87] O predicado *válido* permite descontextualizar a norma da afirmação "*a norma A deve B é válida*", na medida em que se passa da proposição da norma ao uso da mesma ("*A deve B*"). Sobre este exercício, cfr. BRUNO CELANO, *Validity as disquotation*, pp. 40 e ss..
[88] Cfr. BRUNO CELANO, *Validity as disquotation*, pp. 52-53. Veja-se, aliás, a análise de JOÃO BAPTISTA MACHADO na desmistificação da força normativa do *mero facto,* quando desacompanhada da "*convicção de correcção e validade da máxima a que preside essa conduta*". Cfr. *Introdução ao direito e ao discurso legitimador*, reimpressão, Coimbra, 1999, p. 46.
[89] Esta cadeia de validade deixa implícita uma consideração sobre a hierarquia das normas. Assim, se a norma *A* estabelece a forma de criação da norma *B*, a norma *A* é superior à norma *B*, numa cadeia de subordinação. Sobre a *cadeia de validade,* Cfr. JOSEPH RAZ, *The concept of a legal system*, pp.105 e ss.; RICCARDO GUASTINI, *Fragments of a theory*, p. 373.

A detecção dessas normas secundárias sobre a validade das normas não é unívoca, nem permite obter uma aproximação conceptual ao conceito de *validade*. Na verdade, os fundamentos da validade (seja a validade *bindigness* ou a validade *membership*) implicam sempre um olhar aos fundamentos da validade dentro de uma *comunidade jurídica* ou dentro de *um sector de uma comunidade jurídica*[90].

Têm sido avançados *três testes de validade* nos sistemas de raiz continental como é o sistema português. De acordo com estes testes – que se adoptam como bastantes para demonstrar a validade das normas – uma norma é *válida* se e apenas se:

1. (*1.º teste*): O enunciado que acolhe a norma tiver sido promulgado, ou positivado (*posited*[91]) por uma autoridade competente, ou de acordo com um certo procedimento dentro de determinado ordenamento (*norma de condição positiva*). Estas normas poderão ser de dois tipos:

    1.1. Normas de competência, que se dividem em normas (i) que atribuem a um órgão o poder de criar direito e (ii) normas que delimitam o âmbito material sobre o qual pode ser exercido o poder normativo[92] (*v.g.*: as normas que atribuem ao Governo e à Assembleia da República a competência para legislar sobre determinados assuntos);
    1.2. Normas procedimentais, que estabelecem o procedimento de criação de uma norma (p. ex.: a norma que determina a criação do direito consuetudinário);

2. (*2.º teste*): Essa norma não ter sido derrogada (*norma de condição negativa*);
3. (*3.º teste*): Essa norma não estar em contradição com outras normas válidas do sistema hierarquicamente superiores (*norma de condição negativa*), caso em que perderá a sua validade através das regras secundárias de conflito de normas[93].

As condições de validade acima aduzidas constituirão a previsão da norma secundária sobre produção e validade das normas, mediante a qual: *Para cada norma de decisão, essa norma de decisão é uma fonte de direito se preencher as seguintes condições de produção e validade determinadas na norma secundária (NS)*. Constata-se que os testes de validade acima referidos funcionam bem em relação às

---

[90] Cfr. GIOVANNI SARTOR, *Validity as bindingness*, p. 28.
[91] Cfr. RICCARDO GUASTINI, *Fragments of a theory*, p. 373.
[92] Cfr. VICTORIA ITURRALDE SESMA, *Aplicacíon del derecho*, pp. 123-124.
[93] Cfr. VICTORIA ITURRALDE SESMA, *Aplicación del derecho*, p. 123.

fontes tradicionalmente reconhecidas, como as leis e os regulamentos. Todavia, já assim parece não ser quanto à fonte que nos interessa primacialmente: o direito judicial aplicado.

À partida, num sistema romano-germânico como o sistema português, apenas produzem normas (i) os actos jurídicos normativos, designadamente, os diplomas legislativos, os regulamentos, os acórdãos de inconstitucionalidade do Tribunal Constitucional com força obrigatória geral, as sentenças de declaração de ilegalidade com força obrigatória geral de normas[94] e (ii) o costume, o qual implica um procedimento de formação específico[95].

Com efeito, admitindo que uma determinada norma de decisão foi formulada no exercício da função judicial, essa norma falha, desde logo, o primeiro teste de validade, porquanto no sistema jurídico continental não existe uma norma secundária que atribua ao juiz o poder de positivar normas de decisão, ou *rationes decidendi* intermédias de normas de decisão, com efeitos *erga omnes*, excepto nos casos acima referidos.

Uma solução possível para o problema colocado poderia passar pela adopção do critério da *dedutibilidade*, o qual estabelece que *todas as normas que sejam consequências lógicas de normas válidas são igualmente válidas*[96]. Neste conspecto, alcançar-se-ia a conclusão de que normas de decisão válidas são também as

---

[94] Os enunciados das normas são, respectivamente, o artigo 282.º da CRP e artigo 66.º da Lei do Tribunal Constitucional para os acórdãos de inconstitucionalidade do Tribunal Constitucional com força obrigatória geral e o artigo 76.º do CPTA para as sentenças que declaram a ilegalidade de normas

[95] A estas duas normas, somos tentados a acrescentar uma terceira. Sem pretender aprofundar o assunto, parece-nos que o sistema português engloba uma outra norma do género descrito em texto: a norma do artigo 161.º do CPTA. Esta norma determina que [a] *em todas as situações de qualquer género*; [b] = *perante dois sujeitos em situação de comparabilidade* [c] = *não tendo um sujeito recorrido à via judicial ou* [d] = *tendo o sujeito recorrido à via judicial* [e] *sem obter sentença transitada em julgado* [f] *tendo sido proferidas cinco sentenças transitadas em julgado* [g] *tendo sido proferidas três sentenças em processos de massa i* = deve [h] *tratar-se os sujeitos em situações iguais de forma idêntica*. A diferença face às duas anteriores normas é, contudo, óbvia. A norma do artigo 161.º do CPTA não pressupõe a típica *validade* das anteriores decisões para determinar o efeito normativo do *igual tratamento*, o que denuncia claramente indícios, algo *esquizofrénicos,* de um sistema de *precedente rígido* (cfr. PIERLUIGI CHIASSONI, *Il precedente giudiziale,* pp. 97 e ss.). Na verdade, o legislador do CPTA optou, ao invés, por um critério estritamente quantitativo da *validade* da decisão, numa clara aproximação a uma concepção de validade próxima da *sociológica,* ainda que susceptível de críticas ao nível da sua debilidade e da erosão da legalidade *stricto sensu* que predica. Contudo, a norma está lá e demonstra-se apta à integração de normas de decisão no conjunto.

[96] Cfr. JERZY WRÓBLEWSKY, *The judicial application of law,* pp. 77-78, *apud* VICTORIA ITURRALDE SESMA, *Aplicación del derecho,* p. 131.

normas inferidas logicamente de normas gerais válidas. Contudo, o argumento não colhe para o que nos interessa. Na verdade, as proposições intermédias de criação de uma norma de decisão são, em primeiro lugar, altamente complexas e, em segundo lugar, raramente descritivas ao ponto de ser admissível uma inferência lógica de uma norma de decisão a partir de uma norma válida do conjunto. Por outro lado, não existe ainda um sistema de regras de inferência (lógica deôntica) suficientemente sedimentado para permitir adoptar a *dedutibilidade* como método de validade, pelo que o método é, para já, de abandonar[97].

Em face do exposto, inexistindo normas secundárias de *base legal* no sistema português, a norma secundária de mudança que nos interessa é, necessariamente, o direito consuetudinário. Vejamos a relevância deste último em termos de vincular futuramente uma norma de decisão obtida judicialmente.

## 6. O direito consuetudinário jurisprudencial

### 6.1. *Costume*[98]

Como se viu, em sistemas de matriz continental, a jurisprudência não é, por si só, fonte de direito, porque falha o primeiro teste de validade, relativo à positivação por sujeitos com competência para a criação de direito. A jurisprudência é, no limite, uma mera fonte mediata de produção de enunciados normativos que busca a sua normatividade numa outra norma secundária de mudança, existente em ordenamentos continentais: o costume[99].

O costume é uma forma específica de produção de enunciados normativos que não diferencia os três sujeitos a cuja distinção estamos habituados no direito legal: (i) o sujeito criador, (ii) o sujeito aplicador e (iii) o sujeito destinatário[100].

---

[97] Cfr. VICTORIA ITURRALDE SESMA, *Aplicación del derecho*, p. 132.
[98] Sobre o direito consuetudinário, cfr. HERBERT L.A. HART, *The concept of law*, pp. 44-48; JOSÉ DE OLIVEIRA ASCENSÃO, *O direito*, pp. 253-259 e ainda 316-318; ANTÓNIO CASTANHEIRA NEVES, *Fontes de direito*, pp. 83 e ss.; JOÃO BAPTISTA MACHADO, *Introdução ao direito*, pp. 161-162.; DAVID DUARTE, *A norma de legalidade*, pp. 60-64, 158-159.
[99] Neste sentido, cfr. JOSÉ DE OLIVEIRA ASCENSÃO, *O direito*, p. 315, não obstante afirmar a existência de *"um trânsito do mero facto da repetição de julgados para uma visão da jurisprudência como fonte de direito".*
[100] Assim, FERNANDO JOSÉ BRONZE, *Lições de introdução ao direito*, 2.ª edição, Coimbra, 2006,

Esta específica fonte de direito convoca, por si só, três elementos fundamentais: (i) a obrigatoriedade de seguir o costume (normatividade), (ii) a eficácia específica inerente à sua existência e a (iii) pertinência da norma consuetudinária no conjunto normativo[101]. Enquanto criação *espontânea* de direito, o costume não carece de uma decisão concreta de integração da norma no ordenamento ainda que, como todas as formas de criação de enunciados, lhe seja subjacente uma intenção (*act of will*). Na verdade, sem intenção não se lhe poderia reconhecer qualquer carácter normativo, porquanto sendo verdade que não há normas sem fonte, também é verdade que não há fontes sem *intenção*, ainda que remota.

A principal problemática desta forma de produção de enunciados reside na inexistência de uma regra de reconhecimento determinante da pertinência das normas consuetudinárias em determinado ordenamento jurídico. A resposta à problemática, porém, não poderá deixar de residir na equivalência entre as normas extraídas de enunciados consuetudinários e as normas extraídas de enunciados produzidos por actos jurídicos, através da abstracção da forma de produção do enunciado[102]. Na verdade, pelo menos no direito português, o costume é tacitamente reconhecido pela lei. A sede desse reconhecimento encontra-se no artigo 348.º do Código Civil, cuja norma indica a equivalência das normas consuetudinárias às normas de base legal, em termos de invocação judicial — a título de premissa maior.

### 6.2. *Requisitos do costume*

A enunciação da prática habitual de determinados actos apenas atinge o título de direito consuetudinário após o preenchimento de determinados requisitos: (i) a prática reiterada e (ii) a específica convicção e subordinação à obrigatoriedade dessa prática como sendo válida.

---

p. 693. A não distinção acima referida já não se verificará, como veremos, no direito jurisprudencial. Porém, na perspectiva do autor, cfr. *A metodonomologia entre a semelhança e a diferença*, Coimbra, 1994, pp. 576-593.

[101] Cfr. DAVID DUARTE, *A norma de legalidade*, p. 62.

[102] Cfr. DAVID DUARTE, *A norma de legalidade*, p. 62; *Os argumentos da interdefinibilidade*, p. 275. O critério aproximado à *dignidade material* do costume serve, portanto, para evitar confusões com as regras de mero trato social (que não são costume). Sobre a distinção entre o costume a as regras de mero trato social, mediante a necessidade que é característica do jurídico, cfr. HERBERT L.A. HART, *The concept of law*, p. 44; JOSÉ DE OLIVEIRA ASCENSÃO, *O direito*, p. 35.

A prática social reiterada, ou uso, enquanto comportamento colectivo de uma determinada comunidade é um elemento empírico, obtido através da observação e constatação de que uma determinada comunidade (ou um sector da comunidade) se comporta de determinada forma. Todavia, a habitualidade da prática de determinados actos e a enunciação daquela reiteração não basta para interpretar direito consuetudinário. Na verdade, é necessária a existência de uma específica obrigatoriedade de agir de determinada maneira, incorporando, naquele agir, um determinado sentido de dever ser jurídico válido que serve de parâmetro à conduta em si[103].

A padronização de comportamento deverá, pois, suscitar no sujeito normativo uma convicção de obedecer, nos mesmos termos do direito legal, a uma regra geral e abstracta, ainda que de fonte distinta da legal. Este momento, necessariamente datado, ainda que de *data indeterminável*, corresponde ao momento *constitutivo* do costume, no qual o sentido de dever ser afirmado passa a parametrizar actos ou factos futuros que integrem a sua previsão.

Em termos lógicos, a norma secundária sobre a fonte do direito consuetudinário pode ser formulada nos seguintes termos:

$rp \wedge co\ I\ n$, na qual $rp$ = reiteração de uma prática; $co$ = aliada à convicção da sua obrigatoriedade $I$ (= deve) $n$ = efeito normativo válido[104].

O costume não é uma fonte que deva ser desconsiderada ou minorada. Na verdade, o costume não resulta, sequer, de um padrão generalizado do qual resulte *"implicitamente"* uma norma; antes se reconduz, apenas, a uma forma de produção de enunciados diferente da legal[105]. Uma norma (significado) resulta do enunciado consuetudinário (significante) tão implícita, ou explicitamente, como resulta de um enunciado legal. A dificuldade residirá, quando muito, na prova do enunciado e da obrigatoriedade inerentes àquela fonte (v. artigo 348.º do CC).

---

[103] Recorrendo à expressão *"jurídico dever ser que é"*, ANTÓNIO CASTANHEIRA NEVES, *Fontes de direito*, p. 55. Invocando um *"é, com o sentido de dever ser"*, JOSÉ DE OLIVEIRA ASCENSÃO, *O direito*, p. 255.

[104] A norma do costume implica, portanto, o preenchimento da norma de condição positiva indicada atrás como 1.º teste de validade (cfr. capítulo 5.). Por simplicidade de exposição, não se incluíram os testes de validade identificados com as normas de condição negativa, que vão pressupostos e que adiante serão explorados em matéria de inversão do *precedente*.

[105] Neste sentido, BAPTISTA MACHADO, *Introdução ao direito*, p. 160.

## 6.3. Especificidades do costume jurisprudencial

O direito consuetudinário também não se reconduz, apenas, à espontaneidade viva das comunidades jurídicas simples ou comportamentos colectivos. Não obstante a crítica à incerteza desta fonte, é incorrecto entender-se que o direito consuetudinário não importa enunciados escritos.

O enunciado que serve de base à norma consuetudinária pode, pois, ser reduzido a um texto escrito (uma sentença ou um texto doutrinário). A redução a escrito do enunciado não faz perder a qualidade de forma de produção de um enunciado de onde se extrai uma norma consuetudinária, por exemplo, sobre a resolução de casos jurídicos ou (mais frequentemente) sobre as *rationes decidendi* das normas de decisão reguladoras dos casos jurídicos. Trata-se ainda, como é óbvio, de costume, não obstante o elemento empírico da constatação de uma prática reiterada não resultar da constatação dessa mesma prática reiterada a partir de um observador externo, mas da enunciação daquela prática, num determinado contexto discursivo, designadamente, num trecho de *sentença*. Por outras palavras, a validade deste comportamento reiterado, tido como obrigatório, reduzido a escrito e elevado a parâmetro normativo, integra-se ainda nos moldes do costume geral[106].

A especificidade deste subtipo de direito consuetudinário, face ao direito consuetudinário geral, reside, no entanto, em dois pontos. Em primeiro lugar, o costume jurisprudencial postula um enunciado de natureza escrita. Na verdade, em vez de se tratar, como habitualmente, de um enunciado oral, gestual ou imagético, o enunciado é um enunciado linguístico escrito (texto jurisprudencial constante de uma sentença ou acórdão). O restante ponto específico reside no universo dos criadores do costume, identificados pelo conceito de *comunidade categorial*. Para o que ora nos interessa, a comunidade (ou sector de comunidade) que adopta uma prática reiterada, convencida da sua validade, é a *comunidade jurisprudencial*.

Importa clarificar que o costume jurisprudencial, no sentido descrito, não se reporta, tão só, à mera repetição de julgados[107]. A repetição de julgados, no

---

[106] Referindo-se à jurisprudência e doutrina, no âmbito da teoria das fontes, como operando sob a base de obrigatoriedade do costume, cfr. AULIS AARNIO, *The rational as reasonable*, Dordrecht, 1987, p. 89; DAVID DUARTE, *A norma de legalidade*, p. 63 e, especialmente, 155-159. Em sentido algo diferente, referindo-se à repetição de julgados, cfr. JOSÉ DE OLIVEIRA ASCENSÃO, *O direito*, pp. 313-317.

[107] O sentido de costume jurisprudencial adoptado aproxima-se, portanto, à noção de precedente postulada por AULIS AARNIO, relativa a *"toda a decisão judicial anterior que tenha alguma relevância*

sentido que lhe é dado por Oliveira Ascensão, não passa, na verdade, do costume geral *comportamental*, tal como é habitualmente entendido[108]. O costume jurisprudencial, no sentido do texto, passa, outrossim, pela *enunciação*, num texto jurisprudencial escrito, de uma prática jurisprudencial reiterada e obrigatória, no sentido de estabelecer proposições intermédias necessárias (*rationes decidendi*) a uma decisão em determinado sentido.

Assim, excluindo-se liminarmente a existência de normas sem enunciado-fonte, para haver costume jurisprudencial é, pois, necessário que se enuncie um sentido de dever ser que presida à decisão de determinado género de casos jurídicos. Em termos práticos, veja-se, desde logo, a maioria das partes expositivas e justificativas das sentenças que remetem para inúmeros acórdãos em sentido idêntico, com respeito a um específico dever ser resultante de determinadas proposições intermédias de normas de decisão.

Em suma, a validade do sentido genérico da *ratio decidendi* do enunciado, que serve de base à norma de decisão, repousa na norma secundária de mudança existente no ordenamento. É, pois, esta última norma que impõe um efeito normativo a um enunciado que expresse uma prática reiterada, com convicção de obrigatoriedade, de decidir de uma certa forma.

## 7. Vinculatividade da norma de decisão

Concluiu-se que a criação de normas de decisão para um determinado caso jurídico implica as proposições intermédias (i) de determinação semântica; (ii) de resolução de antinomias e (iii) de norma de decisão, que engloba a proposição implícita de qualificação.

Face a esta perspectiva, e face às considerações tecidas quanto à teoria das fontes e à validade do direito, admite-se, em abstracto, que qualquer decisão possa alcançar um título consuetudinário ao ser enunciada, numa sentença, como uma prática reiterada com específico sentido de obrigatoriedade de adoptar as condutas correlativas.

Contudo, deparamo-nos com dificuldades relativamente à existência de um costume sobre uma norma de decisão do tipo descrito na maioria das sentenças judiciais. Na verdade, será raro – senão irrealista – obter, na jurispru-

---

*para o juiz que deva decidir o caso"*. Adoptando a mesma noção, EDUARDO SODERO, *Sobre el cambio de los precedentes*, in Isonomia, n.º 21, Outubro de 2004, p. 220.
[108] Cfr. JOSÉ DE OLIVEIRA ASCENSÃO, *O direito*, pp. 316-317.

dência, sequer, a reiteração de uma norma concreta de decisão. Tal deve-se ao facto de a previsão da norma de decisão ser demasiado específica e, dessa forma, pouco apta para ser preenchida reiteradamente *e* com convicção de obrigatoriedade[109]. Na verdade, a típica norma de decisão *judicial* é, invariavelmente, uma *"regra de decisão"*, porquanto apresenta todas as características assacadas a este tipo de regulação normativa, designadamente, a prévia determinabilidade normativa do tipo de condutas que pode preencher a previsão daquela norma concreta[110].

A geração de um costume jurisprudencial a partir de uma norma de decisão com a morfologia da *regra*, redundaria, assim, na adopção de uma regra com título de vigência consuetudinário. Todavia, uma regra consuetudinária, para além das dificuldades práticas da gestação que apresenta, implicaria a *determinabilidade prévia da conduta* do juiz, no julgamento de um *caso jurídico*, o que apenas é susceptível de acontecer em sistemas jurídicos que admitam uma regra (ainda que consuetudinária) de precedente, dito *rígido*. Tal não é, como se viu, o caso do sistema português.

O diagnóstico desta inoperatividade reporta-se, portanto, ao facto de o enunciado da norma de decisão ser demasiado específico (contendo uma norma com previsão *hiper-determinada*) para admitir a convergência de práticas jurisprudenciais num sistema que apenas vincula o juiz à lei e à Constituição. Face a esta asserção, a possibilidade de retirar efeitos normativos das normas de decisão reside na possibilidade de criação, a partir daquelas normas, de um enunciado operativo, a qual se passa a analisar.

### 7.1. *Juízos de igualdade na criação de enunciados de princípio*

A obtenção de efeito vinculativo das *rationes decidendi* de normas de decisão passadas (sentenças-modelo), no seguimento do diagnóstico operado, passa – segundo se propôs – pela criação de *novos enunciados* a partir das normas de decisão judiciais. Esse novo enunciado deverá, ao contrário dos enunciados das normas de decisão, acolher uma norma com uma previsão suficientemente *aberta e indeterminada* para englobar todas as normas de decisão sobre "*uma*

---

[109] Cfr., por exemplo, a norma de decisão reguladora do caso jurídico da aposentação do Professor, referida em 2.1.3.
[110] Paradigmaticamente, ROBERT ALEXY, *A theory of constitutional rights*, pp. 44-59.

*determinada matéria*", só assim reunindo todos os elementos comuns à previsão das regras de decisão de um caso jurídico.

Na verdade, para a defesa de um sistema de precedente de matriz continental, de nada adiantará teorizar sobre os claros benefícios desse sistema, se não se formular um enunciado capaz de providenciar o terreno normativo adequado para adquirir o título de costume jurisprudencial[111]. Por motivos de simplicidade de exposição, a explicitação da criação de enunciados operativos a partir de outros enunciados, parte da exemplificação para a posterior teorização.

Atentemos nos seguintes três enunciados de regras gerais do ordenamento:

**Enunciado 1**: A regra X determina que se *um agricultor* tiver uma propriedade de 100 hectares, para efeitos de *uma plantação hortícola, sob condição de uma contrapartida produtiva* de 10% da área semeada, *poderá receber um subsídio* de 1000 euros.

**Enunciado 2**: A regra Y determina que se *um agricultor* tiver uma propriedade de 50 hectares, para efeitos de *uma plantação silvícola, sob condição de uma contrapartida produtiva* de 20% da área semeada, *poderá receber um subsídio* de 2000 euros.

**Enunciado 3**: A regra Z determina que se *um agricultor* tiver uma propriedade de 20 hectares, para efeitos de *uma plantação cerealífera, sob condição de uma contrapartida produtiva* de 30% da área semeada, *poderá receber um subsídio* de 3000 euros.

Suponha-se que as plantações *hortícola, silvícola e cerealífera* esgotam a matéria das plantações *agrícolas*, sendo que, como é lógico, a matéria da atribuição de subsídios a agricultores de plantações *hortícolas, silvícolas e cerealíferas* também esgota a matéria de atribuição de subsídios *agrícolas*.

A detecção dos elementos comuns dá-nos a seguinte asserção: As três regras determinam que (i) em matéria de subsídios agrícolas (o que engloba os subsídios *hortícolas, silvícolas e cerealíferos*), (ii) qualquer subsídio *(de 1000, 2000 ou 3000 euros)* só *poderá (sentido deôntico de permissão comum)* (iii) verificada determinada contrapartida *(de 10%, 20% ou 30%)*, ser recebido *(estatuição comum)*.

O enunciado específico é, como se constata, obtido através de uma operação dúplice, de inferência e generalização[112]. Esta operação é realizada a partir

---

[111] Em geral, sobre os benefícios do sistema de precedente, ainda que em sistemas de matriz continental e em consonância com a admissão do direito jurisprudencial, *de per se*, como fonte de direito, cfr. ANTÓNIO CASTANHEIRA NEVES, *Fontes de direito*, pp. 82-90; FERNANDO JOSÉ BRONZE, *A metodonomologia*, pp. 543, 576-593. A fundamentação normativa dada pelos autores, em adesão à teoria *material* das fontes, é distinta da apresentada em texto.

[112] Cfr. RICCARDO GUASTINI, *Los princípios en derecho positivo*, p. 157. Utiliza-se o conceito de *inferência* como um mero raciocínio conclusivo. A *indução*, por outro lado, é um método gnoseo-

dos elementos *comuns* das três regras legais e da indução de um determinado efeito para a verificação das condições comuns. A operação determina a afirmação da existência da seguinte norma, com um enunciado distinto do enunciado base: *"Em matéria de atribuição de subsídios agrícolas, qualquer subsídio apenas será recebido em caso de contrapartida produtiva"*, que é o mesmo que dizer *"em todas as situações de qualquer género, com referência à atribuição de subsídios agrícolas, havendo contrapartida produtiva, o subsídio pode ser recebido"*[113].

O enunciado obtido a partir da objectivização dos elementos comuns das previsões das regras gerais, apresenta, como se constata, a *indeterminabilidade* da conduta típica dos enunciados de *normas-princípio*[114]. Na verdade, o princípio,

---

lógico que opera através da tentativa de obtenção de uma premissa maior através de várias premissas menores disponíveis. A *generalização* é um elemento fundamental na lógica e na argumentação jurídica e providencia o *breeding ground* necessário para toda a inferência indutiva. A generalização pressupõe a existência de um determinado conjunto de elementos, bem como uma ou mais características comuns àqueles elementos. Exemplificando uma operação de generalização: *para cada dois conceitos relacionados, A e B, A é uma generalização de B se e apenas se cada exemplo do conceito B é também um exemplo do conceito A e se existem exemplos do conceito A que não exemplos do conceito B*.

[113] A estrutura previsional da norma princípio engloba o pressuposto previsional implícito de *"in all situations of any kind"* e o pressuposto de domínio de aplicação normativa (restringindo a aplicabilidade potencialmente infinita desta norma) determinado a partir da estatuição, todavia residindo na previsão da norma. Cfr. DAVID DUARTE, *A norma de legalidade*, pp. 135-149. Em sentido próximo, AULIS AARNIO, *The rational as reasonable*, pp. 62 e ss.. No exemplo do texto, a formulação dos enunciados é, como se vê, reveladora da mesma norma, não obstante a segunda formulação ressaltar o elemento implícito do princípio (*em todas as situações de qualquer género*). O conceito agrícola é, portanto, não um sector de disciplina jurídica, um sector de disciplina *material* regulado pelo princípio geral formulado no texto. Sobre o conceito de disciplina material, cfr. RICCARDO GUASTINI, *Los princípios en derecho positivo*, p. 153.

[114] Como já resulta do exposto na parte anterior deste trabalho, as normas podem dividir-se em dois tipos qualitativamente distintos, com diferentes modos de projecção no ordenamento e com diferente *morfologia*, assim se esgotando os modelos regulativos concebidos: (i) as normas-regra e (ii) as normas-princípio. Quanto à estrutura normativa, para o que aqui nos interessa: (i) as regras são modelos regulativos sob a forma aplicativa *all or nothing*, com uma previsão definida ao nível da determinabilidade da conduta humana, operando, ao nível da sua previsão, como a determinabilidade de *"em todas as situações de um determinado género"*; (ii) os princípios são normas cuja estrutura/morfologia esconde uma previsão implícita de *"em todas as situações de qualquer género"* (aliada ao pressuposto de delimitação do âmbito normativo do princípio). O elemento implícito da previsão da norma-princípio, mais do que demonstrar a inexistência de normas enquanto imperativos categóricos (normas sem previsão), no sentido kantiano, providencia uma explicação para a capacidade expansiva demonstrada por estas normas, enquanto imperativos de optimização (*"optimierungsgebote"*). É a indeterminação do princípio, sintomática da *"não previsão da determinabilidade do comportamento humano"* que venha a preencher a sua previsão, que, primacialmente,

em função da sua vocação expansiva ao nível da previsão, é inapto para determinar as condutas que preencherão o seu elemento previsional, estando sujeito à mecânica normativa por comportamentos previamente *indeterminados*, ou seja, *qualquer forma* de obtenção de subsídios agrícolas.

A gestação da norma princípio dá-se, portanto, a partir da detecção de elementos comuns na previsão de determinadas regras. O instrumento, por excelência, utilizado na detecção de elementos comuns na previsão das regras é, pois, o juízo de igualdade[115]. A detecção do elemento *comum* às diferentes previsões das diversas regras é equivalente à detecção do elemento *igual*. É apenas uma questão de semântica.

Nestes termos, o juízo de inferência inerente à formulação de um princípio leva ínsito um juízo de comparabilidade entre duas ou mais realidades (as previsões, operador deôntico e estatuição das três regras) sendo certo que o elemento próprio da estrutura das normas princípio *"em todas as situações de qualquer género"*, implica, só por si, uma projecção positiva da igualdade. Os juízos de semelhança, inerentes à igualdade, têm, portanto, uma presença na específica formação de qualquer princípio. A norma da igualdade traduz um mandato de optimização de tratamento igual, pelo é que um pressuposto intrínseco da sua aplicação normativa a existência de uma *comparabilidade* de situações aplicativas (ainda que de *qualquer género*). Essa comparabilidade pressupõe duas ou mais situações de facto que reclamem o preenchimento da previsão hipotética daquela norma e suscitem um juízo de valor sobre a correspondência entre predicados das realidades comparáveis.

A correspondência entre características de previsões de regras, no sentido acima adoptado é, face à inexistência de igualdade total, o principal efeito do juízo igualitário intermédio, no processo de criação da norma de princípio.

---

diferencia os princípios das regras. Sobre a distinção *fundacional* entre princípios e regras, em sentido não adoptado no texto, cfr. RONALD DWORKIN, *Levando os direitos*, pp. 46 e ss. Em sentido próximo, revelando a importância da morfologia normativa para o diagnóstico comportamental daquelas normas, sem referir a diferença estrutural ao nível da previsão, cfr. ROBERT ALEXY, *On the structure*, pp. 295 e ss.; *A theory of constitutional rights*, pp. 47 e ss.. Sumariamente, RICCARDO GUASTINI, *Los princípios en derecho positivo*, pp. 150-151. No sentido adoptado do texto, centrando a tónica da explicação estrutural na previsão das normas-princípio, cfr. DAVID DUARTE, *A norma de legalidade*, pp.129-154.

[115] Apontando a relevância das situações delimitadas por *características comuns de previsões de regras* na gestação de princípios, cfr. DAVID DUARTE, *A norma de legalidade*, p. 158. Sobre a igualdade em termos claros e sucintos e próximos dos adoptados no texto, cfr. RICCARDO GUASTINI, *La gramática de igualdad*, pp. 193-195.

A igualdade é, então – não há como negá-lo – uma norma fundamental na produção de qualquer princípio, na medida em que, sem uma proposição cognoscitiva de semelhança a partir de previsões de regras, não se concebe a criação de um princípio[116].

A aplicação da igualdade à resolução de casos jurídicos, através da vigência consuetudinária da norma de princípio de uma *ratione decidendi*, relativamente a determinada matéria, não deixa de ser semelhante à relevância da igualdade na resolução de casos através da vigência legal de uma norma legal, seja esta uma regra ou um princípio. Aliás, só assim poderia ser, tanto mais que se admitiu a equivalência, em termos de dignidade material, entre as normas legais e as normas consuetudinárias. A estrutura de uma norma e o seu título de vigência são, aliás, conceitos totalmente distintos e que não devem ser confundidos.

Não obstante a aplicação do princípio da igualdade estar latente na resolução de casos jurídicos, constata-se que a norma da igualdade aparenta, atenta a vigência consuetudinária do princípio regulador, não ser muito relevante para a aplicação judicial da proposição intermédia da norma de decisão judicial modelo propriamente dita. Aquela norma é, ao invés, fundamental para a produção do enunciado de norma princípio. Este enunciado, conglomerando as máximas de decisão sobre uma determinada matéria com a projecção consuetudinária já referida, conduz à explicação intrinsecamente normativa daquele que é um precedente *sui generis*, típico dos sistemas continentais.

### 7.2. *Criação judicial de enunciados de princípio: o precedente*

Já acima se concluiu ser possível formular um enunciado de princípio através de enunciados de regras gerais prévios. Admitiu-se, de seguida, que a validade daquele princípio decorria, devido ao juízo de inferência efectuado, dos enunciados de regra que lhe deu azo. Contudo, como também se constatou no raciocínio, a validade dos enunciados-regra não consubstanciou um elemento relevante para a formulação, através da igualdade, de um princípio. A igualdade apenas gera normas, mas não gera necessariamente normas válidas.

---

[116] A igualdade é, portanto, uma norma sobre produção de normas; RICCARDO GUASTINI, *La gramática de igualdad*, p. 194. Todavia, o seu carácter de normas sobre produção de normas é bem diferente do carácter de norma sobre produção de normas válidas. A validade advirá, portanto, do título consuetudinário a que a norma seja, eventualmente, sujeita.

Resulta do exposto que, uma vez que as proposições intermédias da norma de decisão judicial (*rationes decidendi*) apresentam a estrutura de *regras*, não há motivos que obstem à formulação de enunciados de normas-princípio *judiciais*, através da detecção de elementos comuns na previsão dessas normas de decisão. Esses princípios podem ser, designadamente, princípios de determinação semântica (princípios *interpretativos*) e, também, princípios de prevalência ou individualização normativa. Os referidos princípios ganharão o carácter normativo inerente ao costume jurisprudencial se preencherem a norma sobre produção de *direito válido* acima referida (cfr. capítulo 6.2.)

### 7.2.1. *Generalização a partir de proposições de determinação semântica*

Imaginemos, um ordenamento extremamente simples – idêntico aos de Hart – de matriz continental. Neste ordenamento, suponhamos a prolacção de três decisões judiciais, com as seguintes proposições intermédias de determinação semântica:

**1.** Para efeitos do caso jurídico X (*"Deve aposentar-se o sujeito A?"*), a proposição de determinação semântica subjacente à decisão foi a seguinte: o significante "*O funcionário deve ser aposentado se contar 36 anos de serviço e apresentar despacho demonstrando inexistência de prejuízo para o serviço*" representou, na sentença, o significado "*O sujeito com vínculo de função pública e sob a autoridade disciplinar do Estado deve ser desligado do serviço público com 36 anos de serviço prestado, desde que disponha de um despacho comprovando a inexistência de prejuízo*".

**2.** Perante um caso jurídico distinto Y (*"Deve o sujeito A ser suspenso?"*) o significante "*O funcionário deve ser suspenso se desobedecer injustificadamente a ordem de superior hierárquico*" representou, na sentença, o significado "*O sujeito com vínculo de função pública e sob a autoridade disciplinar do Estado deve ser temporariamente desligado do serviço público, caso aja, sem motivo razoável para tal, contra ordem de superior hierárquico*".

**3.** Por último, no caso jurídico Z (*"Deve o sujeito A ser promovido?"*), o significante "*O funcionário deve ser promovido quando alcançar 10 anos de serviço*" representou, na sentença, o significado "*O sujeito com vínculo de função pública e sob a autoridade disciplinar do Estado pode ser promovido quando prestar 10 anos de serviço junto da pessoa colectiva pública onde se encontra a desenvolver a sua actividade*".

Suponhamos que se aceita, naquele ordenamento simples, a aposentação, a suspensão e a promoção como elementos exaustivos do chamado *funcionalismo público*[117]. Face àquela proposição e à constatação de que a *ratio decidendi* de

---

[117] Nestes termos, o funcionalismo público é uma generalização da "*aposentação do funcionário*",

determinação semântica, que integra a previsão das normas de decisão judiciais para os casos x, y e z, é comum às três regras de decisão, obter-se-á uma indução de um determinado sentido deôntico para um determinado tipo de matéria regulada.

Na verdade, em matéria de aposentação, suspensão e promoção de funcionários públicos – o designado *funcionalismo público* do nosso ordenamento simples – estabeleceu-se um nexo de significação entre o significante *funcionário público* e o significado *sujeito com vínculo de função pública e sob a autoridade disciplinar do Estado*. Assim, face a uma proposição cognoscitiva de igualdade entre as previsões das regras intermédias referidas, é possível inferir, por indução, o seguinte enunciado de um princípio de determinação semântica: "*Em todas as situações de qualquer género, em matéria de funcionalismo público, o significante funcionário deve equivaler [sentido deôntico de imposição] a sujeito com vínculo de função pública e sob a autoridade disciplinar do Estado*".

### 7.2.2. Generalização a partir de proposições de resolução de antinomias

Para o caso em apreço a proposição intermédia de resolução de antinomias é, porventura, mais relevante do que a proposição intermédia de determinação semântica. Imaginemos, novamente, perante um ordenamento jurídico simples, de matriz continental, três decisões judiciais que pressupõem uma necessária ponderação entre o princípio da reserva da vida privada e o princípio da prossecução da acção penal (enquanto sub-princípio do princípio da administração da justiça):

1) No caso X, "*Podem as escutas telefónicas a A, não suspeito, realizar-se?*", face à existência da colisão entre o princípio da prossecução da acção penal (P1) e o princípio da reserva da vida privada (P2), a prevalência de P1 determina a solução A (realização das escutas), enquanto a prevalência de P2 determina a solução ~A (não realização das escutas). A decisão judicial determinou a solução ~A ("*As escutas a A não podem ser realizadas*"), dando prevalência a P1 e subjugando P2 nas condições do caso x. A proposição de resolução de antinomias foi, portanto, resolvida pela proposição intermédia X (P1 P P2)[118].

---

da "*suspensão do funcionário*" e da "*promoção do funcionário*", tal como os subsídios agrícolas são uma generalização dos "*subsídios hortícolas*", dos "*subsídios cerealíferos*" e dos "*subsídios silvícolas*", no exemplo anterior.

[118] *X(P1 P P2)* equivale a afirmar a prevalência do princípio *P1* sobre o princípio *P2* nas condições *X*. Cfr. ROBERT ALEXY, *A theory of constitutional rights*, pp. 54-55.

2) No caso Y, "*Pode a busca ao domicílio de A, não suspeito, realizar-se?*", face à existência da colisão entre o princípio da prossecução da acção penal (P1) e o princípio da reserva da vida privada (P2), a prevalência de P1 determina a solução A (realização da busca), enquanto a prevalência de P2 determina a solução ~A (não realização da busca). A decisão judicial determinou que "*A busca ao domicílio de A não pode ser realizada*", dando prevalência a P1 e subjugando P2 nas condições do caso Z. A proposição de resolução de antinomias foi, portanto, resolvida pela proposição intermédia Y(P1 P P2).

3) No caso Z, "*Podem ser pesquisadas as contas bancárias de A, não suspeito?*", face à existência da colisão entre o princípio da prossecução da acção penal (P1) e o princípio da reserva da vida privada (P2), a prevalência de P1 determina a solução A (pesquisa das contas), enquanto a prevalência de P2 determina a solução ~A (não pesquisa das contas). A decisão judicial determinou que "*A pesquisa das contas bancárias bancárias de A não pode ser realizada*", dando prevalência a P1 e subjugando P2 nas condições do caso Y. A proposição de resolução de antinomias foi, portanto, resolvida pela proposição intermédia Z(P1 P P2).

Aceitemos, agora, a proposição mediante a qual, no nosso ordenamento simples, a realização de escutas, a realização de buscas e a realização de pesquisa de contas bancárias equivale, exaustivamente, à matéria de *obtenção de provas em matéria criminal*.

A *ratio decidendi* de resolução de antinomias para os casos *x*, *y* e *z*, apresenta, face a um juízo de igualdade, elementos comuns localizados na previsão das três regras de decisão. Na verdade, em matéria de realização de escutas, realização de buscas e realização de pesquisa de contas bancárias – correspondente à designada *matéria de obtenção de provas em matéria criminal* no referido ordenamento simples – determinou-se que o princípio da reserva da vida privada prevalecia sobre o princípio da prossecução da acção penal. Face a esta conclusão, induziu-se o seguinte enunciado de uma norma-princípio de prevalência de princípios: "*Em todas as situações de qualquer género, em matéria de obtenção de provas em matéria criminal, o princípio da reserva da vida privada prevalece sobre o princípio da prossecução da acção penal*".

No seguimento do anteriormente exposto, fica, portanto, demonstrada a obtenção de um novo enunciado, de norma princípio, a partir de juízos de igualdade emitidos sobre elementos da previsão de várias normas-regra concretas. Fica igualmente demonstrado que a previsão da norma-princípio, induzida através das regras concretas das decisões judiciais, abrange todas as situações de todos os géneros que as regras contêm.

Obtém-se, nos termos expostos: (i) O pressuposto da *indeterminabilidade* e *abertura*, típico dos princípios, ao não se regular, com elevada determinabilidade, uma determinada matéria e; (ii) Os predicados *prima facie* e de "derrotabilidade" (*defeasibility*) que o princípio apresenta, pela específica forma de colidir e ceder condicionalmente face a outros princípios cuja previsão se apresente igualmente preenchida no caso concreto.

A partir do momento em que o enunciado de princípio obtido ganhe título de vigência consuetudinária, gerar-se-á um modelo regulativo (principial) da matéria em causa, simultâneo à *integração no conjunto* de uma norma-princípio. Esta norma terá, pois, a capacidade de absorver todas as condutas que a ela se recondutuzam, com os limites impostos pelo elemento previsional de restrição do âmbito de aplicação normativa (*sobre determinada matéria*)[119].

Saliente-se que o que torna mais operativa, na prática judiciária, a formulação do enunciado de princípio – caracterizado pela *indeterminação* dos seus pressupostos de aplicação – é o facto de não ser, sequer, necessário, referir-se linguisticamente no enunciado (sentença) os exactos termos do enunciado do princípio, desde que *tacitamente* se afirme a indução de elementos comuns.

Esta proposição é, aliás, uma consequência do método *indutivo*, que assenta os seus pilares no método do erro e justifica o epíteto de *defeasible*[120] das normas-princípio. Na verdade, para se estabelecer um princípio de prevalência do princípio da reserva da vida privada sobre o princípio da prossecução da acção penal, não é necessário que conste de um enunciado linguístico escrito que *"até hoje, em todas as situações relativas à obtenção de provas em matéria criminal, tem-se julgado no sentido das consequências da prevalência do princípio da reserva privada sobre o princípio da prossecução da acção penal"*. Ao invés, a produção do enunciado específico do princípio, atento o método do erro pressuposto, bastar-se-á com

---

[119] Sobre a vigência consuetudinária de princípios, cfr. DAVID DUARTE, *A norma de legalidade*, pp. 157-159. Os princípios apresentam, como já se referiu, dois elementos na sua previsão: (a) O elemento implícito (*"em todas as situações de qualquer género"*), explicativo de duas realidades: (a1) a vocação expansiva da sua previsão e a (a2) apetência do princípio para a conflitualidade normativa. Por outro lado, (b) o elemento de redução de aplicação normativa (*"com referência à regulação de uma determinada matéria"*), sem o qual o princípio teria um âmbito de aplicação potencialmente infinito.

[120] O princípio de precedente (seja interpretativo ou de resolução de antinomias) é, portanto o designado *defeasible conditional* (condicional derrotável), na medida em que admite excepções produzidas pela prevalência de princípios conflituantes, aptos a derrogá-lo. Sobre os princípios como obrigações *prima facie*, cfr. RICCARDO GUASTINI, *Los princípios en el derecho positivo*, p. 150.

a identificação, tão habitual, de *rationes decidendi comuns* aos vários textos jurisprudenciais contendo decisões sobre a matéria específica da "*obtenção de provas em matéria criminal*"[121]. A identificação dos elementos comuns à previsão da regra de decisão (que são as próprias *rationes decidendi*) permitirá, por si só, a referida operação de indução e generalização.

A formulação do enunciado linguístico não é, portanto, mais do que uma perspectiva global do acto de induzir e generalizar pelo intérprete de uma sentença judicial, a qual, aliada à específica validade conferida pelo título de vigência consuetudinário, permite a afirmação da existência de um *sistema de precedente continental*[122]. O princípio será, no entanto, *válido,* se e apenas se passar os três testes de validade aceites *supra* referidos em § 5.

### 7.3. *A inversão dos precedentes*

Concluiu-se que a vigência consuetudinária de princípios interpretativos e princípios de resolução de antinomias, aliada à rara, mas concebível, vigência consuetudinária de normas de decisão propriamente ditas é, portanto, a pedra de toque do *sistema de precedente continental*. Contudo, tal como os precedentes do sistema de *common law,* o precedente continental não é pétreo e está, portanto, sujeito a inversões[123].

O precedente do sistema continental, por se tratar de um princípio consuetudinário, há-de vigorar no ordenamento da mesma forma que vigoram (i) as normas de estrutura principial e (ii) as normas de fonte consuetudinária. Nestes termos, é lógico que a inversão ("*overruling*" *continental*) do precedente ocorra no seguimento de dois tipos de eventos: (i) a cedência típica das normas de fonte consuetudinária, através do desuso, (ii) da revogação e da (iii) positivação de normas válidas do sistema, hierarquicamente superiores e em contradição existente com a norma do precedente.

Na raiz da inversão do precedente está, portanto, o não preenchimento da previsão das *normas de condição positiva e negativa* identificadas *supra* como 1.º, 2.º e 3.º testes de *validade* (cfr. § 5.)

---

[121] A maioria das sentenças/acórdãos enuncia a norma de princípio da seguinte forma: *Sobre o assunto, cfr. os acórdãos A, B e C; no mesmo sentido, cfr. os Acórdãos deste Tribunal X, Y, Z.*
[122] Em sentido algo distinto, cfr. DAVID DUARTE, *A norma de legalidade*, p. 159.
[123] Sobre a inversão dos precedentes, em sentido divergente do adoptado no texto, cfr. EDUARDO SODERO, *Sobre el cambio, passim.*

### 7.3.1. O "overruling" por desuso

Já se referiram *supra* os elementos constitutivos do direito consuetudinário: a prática reiterada de actos e a convicção de obrigatoriedade[124].

Quando se verifique empiricamente a cedência do *corpus*, ou seja, a cessação espontânea da prática reiterada das aludidas proposições intermédias de decisão (*rationes decidendi*), o princípio de base consuetudinária cessará a sua vigência como *direito válido* e, consequentemente, deixará de obrigar os operadores jurídicos. No seguimento do desuso, os operadores jurídicos já não estarão, consequentemente, obrigados *prima facie* a integrar, no processo decisional, a *ratione decidendi* consubstanciada no princípio[125]. A cedência do *uso* opera, assim, nos mesmos termos que a sua formação: ao nível de uma observação *empírica* da inversão de utilização das *rationes decidendi* na decisão de casos de determinado género[126]. Cessa, deste modo, a *norma de condição positiva* acima referida como 1.º teste de validade.

### 7.3.2. O "overruling" por revogação

Pode dar-se o caso de ser positivada uma norma hierarquicamente superior ao princípio precedente. Na verdade, como se sabe, postular a equivalência, em termos de dignidade material, entre o costume e a lei importa atribuir ao costume um determinado patamar jurídico-formal. Fala-se, inclusivamente, em costumes legais e costumes constitucionais[127]. Nestes termos, sendo o princípio do precedente que alberga a maximização aplicativa de determinada *ratio decidendi* um princípio consuetudinário com, valor jurídico formal legal, sujeita-se a (i) ser revogado por norma de idêntico valor formal, nos termos da norma secundária *lex posterior derrogat lex anterior*, ou (ii) caducar através da positivação de norma de valor hierárquico superior.

Atento o valor jurídico-formal equivalente a lei do princípio consuetudinário, este pode ser revogado através da aprovação de uma norma de idêntico

---

[124] Respectivamente, o *corpus* e o *animus*; cfr. JOÃO BAPTISTA MACHADO, *Introdução ao direito*, p. 161.
[125] Em sentido próximo, falando em *argumentação* ao invés de *processo decisional*, GIOVANI SARTOR, *Validity*, p. 28.
[126] Cfr. JOSÉ DE OLIVEIRA ASCENSÃO, *O direito*, p. 254.
[127] Cfr. JORGE MIRANDA, *Manual de direito constitucional*, VI, Coimbra, 2004, p. 82.

valor, regulando em sentido contrário. Nestes termos, o princípio acima referido (cfr. § 7.2), segundo o qual, em matéria de funcionalismo público, o conceito de funcionário público equivale a *sujeito com vínculo de função pública e sob a autoridade disciplinar do Estado*, pode, por exemplo, ser revogado por uma lei *conceptual* posterior, que estabeleça um outro significado para funcionário público. A revogação determina a invalidade da norma revogada que, assim, deixa de obrigar[128]. Cessa, deste modo, a *norma de condição positiva* acima referida como 2.º teste de validade.

### 7.3.4. O "overruling" por positivação de norma superior

Quanto à positivação de normas hierarquicamente superiores, o que se trata é da *caducidade* do princípio. Voltemos ao exemplo, acima dado (cfr. § 7.2), do princípio em matéria de obtenção de provas criminais. Aquele determinava, indirectamente, a proibição de pesquisa de contas bancárias de sujeitos que não sejam suspeitos. Suponha-se que é introduzida, na Constituição, uma norma determinado o levantamento do sigilo bancário e permitindo a livre pesquisa, pelos órgãos de polícia criminal, das contas bancárias dos cidadãos. O princípio precedente fica claramente colocado em causa, na medida em que foi aprovada, através de revisão constitucional, uma norma de sentido contrário que retira a validade àquele princípio. O princípio padecerá, portanto, de inconstitucionalidade superveniente, tornando-se inválido[129]. Cessa, deste modo, a *norma de condição positiva* acima referida como 3.º teste de validade.

### 7.3.5. O "distinguishing" na ponderação de princípios em colisão

Importa, porém, analisar sumariamente a situação de a norma do *precedente* permanecer válida, mas não ser aplicável ao caso concreto, em virtude de uma cedência condicional em face das condições factuais aplicativas. Esta cedência condicional – típica dos sistemas de *common law* – é, pois, sintomático do carác-

---

[128] Sobre a revogação, cfr. PAULO OTERO, *Lições de introdução ao estudo do direito*, I-2, Lisboa, 1999, pp. 215-222. Não se aprofundará as especificidades da revogação costume-lei, ao nível da *eficácia*, na medida em que não integram o escopo da presente investigação. Sobre o assunto, cfr. JOSÉ DE OLIVEIRA ASCENSÃO, *O direito*, p. 264-265.
[129] Cfr. JORGE MIRANDA, *Manual*, II, p. 279.

ter *prima facie* e *defeasible* das normas com estrutura de princípios[130]. Neste caso, falar-se-á de um *"distinguishing"* continental.

Coloca-se, assim, a possibilidade de a norma do *precedente* permanecer válida, mas não ser aplicável ao caso concreto, em virtude de ter sido *derrotada* através da prevalência, mediante determinadas condições factuais, de uma norma princípio válida de sentido oposto[131]. Na verdade, é admissível que a resolução do caso concreto convoque o princípio-precedente de base consuetudinária e também preencha a previsão de um princípio que determine uma solução oposta.

Suponha-se que, seguindo o processo de inferência de enunciados princípio através de *rationes decidendi* de decisões judiciais, vigora consuetudinariamente, num ordenamento jurídico de matriz continental, o princípio segundo o qual *"em todas as situações de qualquer género, em matéria de suicídio assistido, deverão ser proibidas as condutas aptas a realizar aquele"*, doravante designado *P1*.

Imagine-se, agora, que um específico *set of facts* fictício: $f1$: O sujeito A, acidentado num despiste automóvel; $f2$: severamente ferido e em estado de agonia; $f3$: em estado de imputabilidade psíquica; $f4$: dá o seu aval à prática de actos de auxílio ao seu suicídio. Os factos relevantes determinam o seguinte *hard case*: *"deverá ser proibido o suicídio assistido de A"?*

Em abstracto, o juiz da causa buscaria a solução a partir do princípio *P1*, vigente consuetudinariamente, o qual determina a solução: proibição das condutas aptas a realizar o suicídio assistido. Contudo, os factos relevantes também convocam, aparentemente, o princípio da tutela da dignidade da vida humana existente naquele ordenamento (doravante designado *P2*). Este princípio determina que *"em todas as situações de qualquer género, com respeito à tutela da dignidade do ser humano, são obrigatórias as condutas correlativas"*. O princípio enunciado pode ser entendido como um princípio contrário ao princípio que vigora consuetudinariamente, desde que se retire daquele princípio que (i) o Estado está obrigado a permitir todas as condutas aptas à realização da dignidade do ser humano; (ii) que o ser humano, na qualidade de titular do bem jurídico-fundamental *"dignidade"*, possa traçar os termos em que ela se realiza ou deixa de realizar. A prevalência de *P2* determina a solução: *permissão das condutas aptas a realizar o suicídio assistido.*

---

[130] Cfr. RICCARDO GUASTINI, *Los princípios en el derecho positivo*, p. 150.
[131] Dão-se por reproduzidas, a este respeito, as considerações tecidas *supra* relativamente à metódica da colisão de princípios, sob pena de repetições desnecessárias (cfr. § 2.1.2.2).

Mediante juízos ponderativos, subordinados às condições factuais, o operador jurídico poderá realizar a ponderação dos princípios conflituantes e estabelecer uma regra de colisão, mediante a qual *P2* prevalece sobre *P1*, nas condições factuais (*f1, f2, f3, f4*), relevantes para o caso jurídico "*deverá ser proibido o suicídio assistido de A?*".

A regra de colisão, como se sabe, é apenas válida para quando se verificarem as condições *f1, f2, f3, f4*, sendo perfeitamente admissível que, mediante condições diferentes, seja o princípio de base consuetudinária (P1), preterido no raciocínio ponderativo, aquele que regulará diferentes casos jurídicos[132]. Nestes termos, a preterição do princípio-precedente (*P1*) não implicou qualquer juízo de *invalidade* sobre esse mesmo princípio, antes uma cedência *condicional*, típica do *distinguishing*[133].

O princípio-precedente derrotado (*defeated*) permanece, portanto, totalmente válido no ordenamento jurídico, continuando a obrigar os operadores jurídicos à maximização aplicativa daquele, dentro das condições factual e juridicamente possíveis.

## 8. Dez conclusões sobre a vinculatividade das normas de decisão

1.ª As normas de decisão, enquanto sentidos deônticos individuais dirigidos a um conjunto restrito de factos relevantes, pressupõem um processo de produção e encadeamento de proposições intermédias, a saber: (i) proposição de determinação semântica; (ii) proposição de resolução de antinomias e (iii) proposição implícita de qualificação.

2.ª A norma de decisão para o caso é, pois, a conclusão retirada das premissas correspondentes às proposições intermédias, servindo como justificação decisional através do processo da *reconstrução silogística póstuma da decisão*.

3.ª A norma de decisão, bem como as proposições que lhe subjazem, encontram-se balizadas pelos factos relevantes do caso jurídico e são susceptíveis de universalização, afirmando o dever ser jurídico para *todas as situações daquele género*.

---

[132] Assim, ROBERT ALEXY, *On the structure*, p. 298.
[133] Nos sistemas de *common law*, o *distinguishing* consiste na operação de *diferenciação* dos factos levados a julgamento por relação àqueles factos relevantes para a *ratio decidendi* do precedente, com os quais se encontravam em aparente similaridade. Consoante o sucesso na referida diferenciação dos factos, a *ratio decidendi* do precedente terá aplicação limitada ou não se aplicará de todo. Sobre o *distinguishing*, por todos, cfr. RUPERT CROSS, *Precedent in English Law*, Oxford, 1961, pp. 201-213; 245-246.

4.ª Contudo, a norma de decisão não vincula, por si só, os operadores jurídicos na resolução de questões semelhantes, posto que consubstancia apenas uma afirmação de ciência, susceptível de verdade ou falsidade e, salvo se deduzida analiticamente de uma norma do conjunto, é destituída do predicado de validade.

5.ª A adesão a uma teoria formal das fontes pressupõe a afirmação de que a integração da norma de decisão no ordenamento e a correlativa atribuição do predicado *direito válido,* apenas é possível quando a referida norma de decisão integrar a previsão de uma norma sobre produção de normas, cuja estatuição determine um efeito normativo.

6.ª Nos sistemas continentais, com respeito à aplicação judicial do direito, a igualdade consubstancia uma norma sobre produção de normas susceptível de integrar a norma de decisão (aplicada) no ordenamento, condicionante de *casos futuros,* desde que adquira título de vigência consuetudinário.

7.ª Contudo, o diagnóstico de inoperatividade estrutural das normas de decisão – decorrente da sua natureza de regras –, para efeitos da verificação da prática reiterada inerente ao costume jurisprudencial, implica a elaboração de enunciados operativos de princípio. A operatividade destes últimos resulta, assim, intrinsecamente da indeterminação das respectivas previsões, não só mais consentânea com a reiteração de práticas jurisprudenciais, como com as inerentes cedências condicionais típicas dos princípios regulativos.

8.ª Os princípios *precedentes* são fruto da generalização a partir das *ratione decidendi* intermédias, aludidas como premissas do raciocínio silogístico decisional. Estas últimas, não obstante consubstanciarem, elas próprias, normas *intermédias,* funcionam como elementos da previsão da norma de decisão concluída.

9.ª A formulação de princípios através de regras é, paradigmaticamente, caracterizada pela (i) inferência de elementos comuns da previsão de regras sobre *determinada matéria,* aliada à (ii) indução, de um efeito concreto para as situações em apreço.

10.ª A inversão ou desaplicação dos princípios *precedentes* – em sistemas continentais – nada mais é do que o fruto de duas realidades, a saber: (i) o *overruling* por desuso, revogação ou positivação de norma de sentido contrário, hierarquicamente superior ou (ii) o *distinguishing* decorrente da cedência condicional do princípio precedente, mediante a prevalência, em determinadas condições factuais e segundo juízos de ponderação, de um princípio de sentido contrário.

# Adjudicação e exigibilidade judicial da celebração do contrato administrativo no Código dos Contratos Públicos

DR. MARCO CALDEIRA

SUMÁRIO: *1. Introdução. Delimitação do tema. 2. A questão antes do CCP: brevíssima nota. 3. Surgimento, razão de ser e alcance da figura. 4. Conclusão.*

## 1. Introdução. Delimitação do tema

Motivado pela necessidade de transposição das Directivas comunitárias n.º 2004/17/CE e n.º 2004/18/CE, ambas do Parlamento e do Conselho, de 31 de Março[1], para o ordenamento jurídico português, o recente Código dos Contratos Públicos (doravante abreviadamente designado por "CCP" ou "Código"), aprovado pelo Decreto-Lei n.º 18/2008, de 29 de Janeiro, veio reformular profundamente a disciplina legal da contratação pública em Portugal[2].

---

[1] Para um acompanhamento detalhado do processo que conduziu à "Reforma de 2004", *vide* MARIA JOÃO ESTORNINHO, "Direito Europeu dos Contratos Públicos", Almedina, Coimbra, 2006, pp. 53 e segs., e CLÁUDIA VIANA, "Os Princípios Comunitários na Contratação Pública", Coimbra Editora, Coimbra, 2007, pp. 339 e segs..

[2] Contida, essencialmente, no Decreto-Lei n.º 59/99, de 2 de Março, no Decreto-Lei n.º 197/99, de 8 de Junho, e no Decreto-Lei n.º 223/2001, de 9 de Agosto, diplomas agora revogados com a entrada em vigor do CCP, conforme preceitua o artigo 14.º, n.º 1 [alíneas *d*), *e*) e *f*)] do Decreto-Lei n.º 18/2008.

Sublinhando que "*A introdução de um regime geral da contratação pública constituiu um grande avanço*", designadamente porque (i) "*Com o CCP, passou a existir, pela primeira vez no direito administrativo português, uma disciplina geral tendencialmente exaustiva, quer procedimental, quer material, dos contratos*

De entre todas as numerosas alterações introduzidas pelo CCP (cujo rol exaustivo, naturalmente, não cabe aqui elencar), o presente trabalho ocupar-se--á, ainda que de forma necessariamente breve, de um dos pontos que se afiguram como mais inovadores no texto do novo Código e que, além do seu interesse puramente teórico, certamente não deixará também de se revestir de uma grande importância *prática* quando o CCP entrar em vigor (decorrida que seja a *vacatio legis* de seis meses estabelecida pelo artigo 18.º, n.º 1 do Decreto-Lei n.º 18/2008): a possibilidade de, após a adjudicação, o particular co-contratante poder "*exigir judicialmente a celebração do contrato*"[3] em caso de não outorga do mesmo no prazo legalmente previsto, por facto imputável à entidade adjudicante[4], conforme estabelece o artigo 105.º, n.º 4 do CCP.

Com efeito, nos termos do artigo 104.º, n.º 1 do CCP, "*A outorga do contrato deve ter lugar dentro do prazo de 30 dias contados da aceitação da respectiva minuta ou da decisão sobre eventual reclamação*" contra a mesma, embora a outorga nunca deva ocorrer antes de decorrerem 10 dias a contar da data de notifica-

---

*da administração*", (ii) "*A tipologia e a tramitação dos procedimentos pré-contratuais foram simplificadas e uniformizadas*" e (iii) "*O regime material dos contratos administrativos foi desenvolvido e racionalizado*", cfr. MARCELO REBELO DE SOUSA e ANDRÉ SALGADO DE MATOS, "Direito Administrativo Geral", Tomo III (Actividade Administrativa – Contratos Públicos), Dom Quixote, Lisboa, 2008, p. 20.

[3] Entenda-se: desde que a respectiva formação se encontre sujeita à disciplina procedimental estabelecida pelo CCP, ou seja, desde que se trate de um "contrato administrativo", nos termos do n.º 6 do artigo 1.º do Código, ou, mais latamente, de um "contrato público", nos termos do n.º 2 do mesmo preceito legal. Por razões de maior comodidade, no presente trabalho utilizaremos apenas a expressão genérica de "contrato administrativo", sem com isto tomar posição quanto ao rigor técnico desta acepção. Sobre o conceito de "contratos públicos" e a sua articulação com o conceito de "contrato administrativo" na doutrina portuguesa, cfr., por todos, MARIA JOÃO ESTORNINHO, "Direito...", pp. 299 e segs..

[4] A relevância deste tema é comprovada pelo facto de, como aponta o Relatório Final elaborado por um Grupo de Trabalho constituído pelo CEDOUA e pela IGAT, a celebração do contrato em momento posterior ao decurso do prazo legalmente estabelecido para o efeito constituir uma das infracções mais frequentemente cometidas pelas entidades adjudicantes. Para maiores desenvolvimentos, cfr. FERNANDO ALVES CORREIA, ANTÓNIO BARBOSA DE MELO, PEDRO GONÇALVES, ANA RAQUEL G. MONIZ e DULCE LOPES, "Contratação Pública Autárquica", Almedina, Coimbra, 2006, p. 74.

Fácil é de ver, por outro lado, que a situação aqui em estudo é justamente a oposta da referida no Considerando (4) da Directiva n.º 2007/66/CE do Parlamento Europeu e do Conselho, de 11 de Dezembro de 2007, a qual alerta para o sério obstáculo à tutela jurisdicional efectiva dos concorrentes que constitui o facto de as entidades adjudicantes procederem rapidamente à assinatura do contrato quando a decisão de adjudicação é judicialmente impugnada, de modo a "*tornar irreversíveis as consequências da decisão de adjudicação contestada*".

ção da decisão de adjudicação [alínea a)][5], serem apresentados todos os documentos de habilitação exigidos [alínea b)], ser comprovada a prestação de caução, quando esta for devida [alínea c)][6], e serem confirmados pelo concorrente adjudicatário os eventuais compromissos assumidos por terceiras entidades relativos a atributos ou a termos ou condições da proposta adjudicada, se for o caso [alínea d)].

Ora, por força do disposto no artigo 105.º do CCP, caso a entidade adjudicante, *por facto que lhe seja imputável*, não outorgue o contrato no prazo referido no artigo 104.º, n.º 1, o adjudicatário pode adoptar uma de duas vias possíveis:

– Desvincular-se da proposta, liberando-se a caução que haja prestado e mantendo o direito a ser indemnizado pelos encargos incorridos em virtude da elaboração da proposta e da prestação da caução (artigo 105.º, n.º 3);

---

[5] Esta norma vem assim dar cumprimento ao estabelecido pela acima referida Directiva n.º 2007/66/CE, que, nos seus Considerandos (4) a (9), apontava já para a necessidade de determinação, pelo legislador de cada Estado-membro, de um período mínimo entre a adjudicação e a outorga do contrato (cláusula de "*stand still*"), tendo mesmo aditado um novo artigo 2.º-A aos textos da Directiva n.º 89/665/CEE, do Conselho, de 21 de Dezembro (a denominada "*Directiva recursos*" ou "*Directiva meios contenciosos*") e da Directiva n.º 92/13/CEE, do Conselho, de 25 de Fevereiro (conhecida por "*Directiva recursos sectores excluídos*", respeitante à contratação pública nos sectores da água energia, transportes e telecomunicações), fixando em 10 dias, após a adjudicação, o prazo suspensivo mínimo durante o qual a entidade adjudicante deverá abster-se de celebrar o contrato.
Como é evidente, se só após decorrido este período a entidade adjudicante poderá proceder à celebração do contrato, também apenas a partir deste momento poderá verificar-se qualquer incumprimento da obrigação de outorga do contrato pela entidade adjudicante e se iniciará o prazo para o adjudicatário lançar mão da faculdade de exigir judicialmente essa mesma outorga (isto, note-se, independentemente da questão de se saber qual o meio processual mais adequado para a efectivação de tal direito).

[6] De acordo com o artigo 91.º, n.º 1 do CCP, a não prestação da caução pelo adjudicatário faz extinguir, por caducidade, o acto de adjudicação proferido a seu favor e, por conseguinte, o seu inerente direito à celebração do contrato (como aliás sucede igualmente em caso de não apresentação dos documentos de habilitação ou de não confirmação de compromissos, nos termos, respectivamente, dos artigos 86.º, n.º 1 e 93.º, n.º 1 do Código).
Especificamente sobre a não prestação de caução e sublinhando que esta caducidade não opera automaticamente, antes carece de declaração constitutiva por parte da Administração, cfr. FERNANDO ALVES CORREIA, ANTÓNIO BARBOSA DE MELO, PEDRO GONÇALVES, ANA RAQUEL G. MONIZ e DULCE LOPES, "Contratação...", pp. 113, 114 e 118 a 120.

Ou, *em alternativa*,

– Exigir judicialmente a celebração do contrato (artigo 105.º, n.º 4).

Será esta segunda via alternativa que, nas páginas seguintes, analisaremos com maior atenção[7].

## 2. A questão antes do CCP: brevíssima nota

De acordo com o disposto no (agora revogado) artigo 179.º, n.º 1 do Código do Procedimento Administrativo (doravante "CPA"), e conforme aliás o artigo 278.º do CCP vem agora expressamente reiterar, a Administração Pública goza de *liberdade* na escolha das formas de que se reveste a sua actuação, sendo que, além do acto e do regulamento administrativos, também o contrato constitui um meio através do qual a Administração pode actuar, na prossecução do interesse público que lhe incumbe garantir[8].

Não obstante, tendo em conta que a actividade administrativa (independentemente da forma que assuma) implica sempre, em última análise, uma actuação do Estado, dotado de *ius imperii*, vinculada ao respeito pela legalidade e à prossecução do interesse público, verifica-se que, mesmo quando a Administração decide agir sob a forma de contrato celebrado com um particular co--contratante, ainda assim este contrato (administrativo) é distinto do contrato

---

[7] Esclareça-se desde já que a presente análise sobre a exigibilidade judicial da celebração do contrato administrativo, enquanto inovação introduzida pelo CCP, incidirá sobretudo sobre este último diploma, privilegiando-se, além disso, uma abordagem eminentemente substantiva, em detrimento de uma perspectiva de feição adjectiva. Neste estudo não se cuidará assim de aflorar, senão de forma perfunctória, os principais aspectos de índole processual que a efectivação desta nova figura irá seguramente levantar, designadamente (mas não só) no que se refere à respectiva compatibilização com os meios previstos no Código de Processo nos Tribunais Administrativos (doravante apenas "CPTA").

[8] Entendendo que já antes do CPA existia no Direito Português um *princípio geral da permissibilidade do recurso à forma jurídica do contrato administrativo*, cfr. Sérvulo Correia, "Legalidade e Autonomia Contratual nos Contratos Administrativos", Almedina, Coimbra, 1987, p. 676, e Alexandra Leitão, "A Protecção dos Terceiros no Contencioso dos Contratos da Administração Pública", Almedina, Coimbra, 1998, p. 53. Enfatizando a paridade e alternatividade entre as figuras do acto administrativo e do contrato, por força do artigo 179.º, n.º 1 do CPA, cfr. Paulo Otero, "Legalidade e Administração Pública – o Sentido da Vinculação Administrativa à Juridicidade", Almedina, Coimbra, 1999, pp. 836 e segs..

tal como aparece regulado no Direito Privado⁹. Confrontando o elenco de "poderes exorbitantes"¹⁰ que o artigo 180.º do CPA [agora revogado, por força do artigo 14.º, n.º 1, alínea c) do Decreto-Lei n.º 18/2008, mas cujo conteúdo é reproduzido, no essencial, pelo artigo 302.º do CCP] conferia à Administração no âmbito da execução do contrato administrativo¹¹, de imediato res-

---

⁹ Neste sentido, referem MÁRIO ESTEVES DE OLIVEIRA, PEDRO COSTA GONÇALVES e J. PACHECO DE AMORIM que "*O contrato administrativo é também reconhecido como uma figura material ou substantivamente distinta da figura do negócio ou contrato juscivilista, investindo as partes numa posição ou relação jurídica diversa daquela que resulta para os contraentes que se comprometem no domínio do direito privado. Esta autonomia traduz-se, em última análise, no facto de acima do acordado pelas partes, do pacta sunt servanda, poder prevalecer (em certos termos) o factor **interesse público**, a ditar, inclusive, o sacrifício da estabilidade dos contratos, que, salvo violação (ou intervenção) de princípios fundamentais, domina imperialmente no direito privado*": cfr. "Código do Procedimento Administrativo comentado", 2.ª ed., Almedina, Coimbra, 2005, p. 806.
Aliás, é precisamente a especificidade própria dos contratos administrativos que justifica a afirmação de que "*o direito civil obrigacional não se aplica aos contratos administrativos, senão nos termos em que o direito privado serve, em geral, de instrumento de integração do direito administrativo*": cfr. MÁRIO ESTEVES DE OLIVEIRA, "Direito Administrativo", vol. I, Almedina, Coimbra, 1984, p. 661, e MARIA JOÃO ESTORNINHO, "Princípio da Legalidade e Contratos da Administração", in *Boletim do Ministério da Justiça*, n.º 386, 1987, pp. 98 e 99.
¹⁰ Que, no entanto, poderão não existir necessariamente, em simultâneo, em todos os contratos administrativos (como observa DIOGO FREITAS DO AMARAL, "Curso de Direito Administrativo", vol. II, Almedina, Coimbra, 2001, p. 615), sendo de salientar que, "*mesmo que não exista no contrato nenhuma cláusula exorbitante, ele continuará a qualificar-se como administrativo se se enquadrar num «ambiente regulamentar» exorbitante*": cfr., neste sentido, MÁRIO ESTEVES DE OLIVEIRA, "Direito...", vol. I, p. 646. Também MARCELO REBELO DE SOUSA alerta que "*Não basta olhar para o seu regime, em busca de uma ou diversas cláusulas exorbitantes. O que conta é a **ambiência global do contrato**"*: cfr. "O Concurso Público na Formação do Contrato Administrativo", Edições LEX, Lisboa, 1994, p. 12 (realce nosso). No mesmo sentido, afirmando que, "*Na distinção, nem sempre fácil, entre contratos administrativos e contratos de direito privado importa considerar não só a presença de um contraente público e a ligação do objecto do contrato às finalidades de interesse público que esse ente prossiga – o que é fundamental – mas também as marcas de administratividade e os traços reveladores de uma ambiência de direito público existentes nas relações que neles se estabelecem*", cfr. o Acórdão do Supremo Tribunal Administrativo de 10 de Março de 2005, proferido no âmbito do processo n.º 021/03, disponível em www.dgsi.pt.
Para uma crítica da expressão "poderes exorbitantes", considerando que tais faculdades conferidas à Administração não diferem substancialmente das faculdades que assistem às partes numa relação contratual de Direito Privado, cfr. MARIA JOÃO ESTORNINHO, "«Requiem» pelo Contrato Administrativo", Almedina, Coimbra, 1990, pp. 120 e segs., *maxime* 140 a 148.
¹¹ E não nos denominados "contratos de Direito Privado da Administração", visto que, nestes, a Administração não goza das prerrogativas conferidas pelo artigo 180.º do CPA, antes assume a mesma posição contratual que caberia a qualquer particular num contrato puramente de Direito Privado. O que aqui fica dito não invalida a constatação de que a clássica dicotomia "contratos

saltava uma diferença marcante face ao contrato típico do Direito Privado, podendo afirmar-se que, "*Se na formação do contrato administrativo, a Administração Pública aparece sujeita a limitações e restrições que não têm paralelo com aquelas que os particulares enfrentam no exercício da sua capacidade privada de contratar, já, pelo contrário, a execução do contrato administrativo a Administração surge sobretudo investida em poderes de autoridade de que os particulares não beneficiam no âmbito dos contratos de direito privado que entre si celebram.*"[12].

Talvez em tributo a esta diferença[13], porventura aliada a uma certa ideia, subjacente aos contratos celebrados pela Administração no âmbito da sua actividade de gestão pública, de supremacia do Estado mesmo quando integrado no seio de uma relação contratual[14], traduzida, inclusivamente, no poder de a Administração praticar actos administrativos em sede de execução do contrato[15]

---

administrativos *vs.* contratos de Direito Privado celebrados pela Administração", além de nem sempre ser fácil de traçar, como aliás se reconhece, designadamente, no Acórdão do Supremo Tribunal Administrativo de 10 de Março de 2005, citado na nota de rodapé anterior, tem vindo paulatinamente a perder a sua razão de ser, questão que porém não nos ocupará nesta sede. Quanto a esta matéria, cfr., por último, MARCELO REBELO DE SOUSA e ANDRÉ SALGADO DE MATOS, "Direito...", pp. 23 a 41.

[12] Cfr. DIOGO FREITAS DO AMARAL, "Curso...", vol. II, p. 615.

[13] A qual, se fosse vista apenas à luz de um estrito prisma de justiça relativa das partes, seria dificilmente justificável, pois, como bem observa ANTÓNIO PEDRO BARBAS HOMEM, "*se é certo que no plano político o rei é superior aos seus súbditos, não é menos certo que nos compromissos contratuais a que voluntariamente se sujeita actua numa relação de igualdade (o contrato) e, portanto, deve cumpri-lo, porque a justiça dos contratos pressupõe a igualdade dos contraentes*": cfr. "O Justo e o Injusto", AAFDL, Lisboa, 2001, pp. 30 e 31.

[14] Recorde-se que a soberania e a autoridade do Estado foram, historicamente, dos primeiros argumentos a ser esgrimidos contra a própria ideia de "contrato administrativo", ou, pelo menos, da sua existência e autonomia como verdadeiro contrato, isto é, como um genuíno "*acordo de vontades*", conforme preceituava o (agora revogado) artigo 178.º, n.º 1 do CPA e surge agora reiterado no artigo 1.º, n.º 6 do CCP. O facto de a Administração poder celebrar contratos "*com objecto passível de acto administrativo*" [*vide* o artigo 185.º, n.º 3, alínea *a*) do CPA e, doravante, o artigo 1.º, n.º 6, alínea *b*) do CCP] e contratos "*com objecto passível de contrato de direito privado*" [artigo 185.º, n.º 3, alínea *b*) do CPA] levava a questionar se apenas estes últimos seriam verdadeiros contratos, na acepção jurídica do termo, negando-se tal qualificação aos primeiros (os quais, de acordo com esta tese *negativista*, seriam antes actos administrativos que carecem do consentimento dos particulares: cfr. DIOGO FREITAS DO AMARAL, "Curso...", vol. II, p. 505, MARIA JOÃO ESTORNINHO, "Princípio...", pp. 83 a 85, MARCELO REBELO DE SOUSA, "O Concurso...", pp. 12 e segs., e ALEXANDRA LEITÃO, "A Protecção...", pp. 11 e 36).

[15] Como aliás ainda hoje continua a prever-se expressamente: cfr. o disposto no artigo 307.º, n.º 2 do CCP.

(os quais, além do mais, gozavam de uma presunção de legalidade[16]), nunca até à presente data a lei tinha previsto que, findo o procedimento pré-contratual e praticado o respectivo acto de adjudicação a favor de um determinado concorrente, pudesse este último, na qualidade de adjudicatário, exigir judicialmente da entidade adjudicante a celebração do contrato.

Neste sentido, mesmo sabendo-se que *"uma cousa é a adjudicação, mesmo definitiva, outra a celebração do contrato"*[17], e apesar de já antes a doutrina admitir a possibilidade de reacção contenciosa contra "actos destacáveis" como a recusa de contratar ou a revogação da adjudicação, na medida em que estas constituem decisões negativas que impedem a celebração do contrato[18], os artigos 107.º, n.º 5 do Decreto-Lei n.º 405/93, de 10 de Dezembro, 78.º, n.º 3 do Decreto-Lei n.º 55/95, de 29 de Março, 115.º, n.º 5 do Decreto-Lei n.º 59/99, e 67.º, n.º 4 do Decreto-Lei n.º 197/99 dispunham somente que, em caso de não outorga do contrato pela entidade adjudicante no prazo previsto após a adjudicação, o adjudicatário poderia desvincular-se da proposta, liberando-se a caução prestada e sendo reembolsado de todas as despesas e demais encargos decorrentes da prestação da caução (sem prejuízo de uma eventual indemnização, quando a ela houvesse lugar).

Todavia, até ao presente, a tutela da posição do adjudicatário cingia-se apenas às previsões acima referidas, não existindo qualquer preceito legal que previsse a faculdade de o adjudicatário recorrer aos Tribunais para exigir da entidade adjudicante o cumprimento do seu dever de celebrar o contrato.

---

[16] Aludindo a esta presunção quanto aos actos administrativos em geral, cfr., entre tantos, o Acórdão do Supremo Tribunal Administrativo de 19 de Julho de 1979, proferido no âmbito do processo n.º 010820, disponível em www.dgsi.pt. Cfr. ainda o extenso rol jurisprudencial elencado por PAULO OTERO, "Legalidade...", p. 1023, nota de rodapé 771.
Com o que foi dito não se ignora, porém, a existência de diversas vozes doutrinárias que – mesmo antes da elaboração do CPTA, mas sobretudo depois da aprovação e entrada em vigor deste diploma – sustentam que, enquanto antes o ordenamento jurídico português *"revelava um contencioso administrativo que ainda prestava vassalagem à presunção de legalidade dos actos administrativos"*, agora *"A consagração expressa do* fumus boni iuris *como critério principal de decretação de providências cautelares administrativas constituiu uma machadada final no dogma da presunção da legalidade da actividade administrativa"*: neste sentido, cfr. MIGUEL PRATA ROQUE, "Reflexões sobre a Reforma da Tutela Cautelar Administrativa", Almedina, Coimbra, 2005, pp. 25 e 58 (*vide* também a doutrina citada por este Autor na p.13, nota de rodapé 11).
[17] Cfr. MARCELO REBELO DE SOUSA, "O Concurso...", p. 74.
[18] Neste sentido, cfr. DIOGO FREITAS DO AMARAL, "Apreciação da Dissertação de Doutoramento do Lic. J. M. Sérvulo Correia: Legalidade e Autonomia Contratual nos Contratos Administrativos", in *Revista da Faculdade de Direito da Universidade de Lisboa*, vol. XXIX, 1988, p. 177.

Ou seja, se a norma constante do artigo 105.º, n.º 3 do CCP se limita a dar continuidade à orientação já anteriormente consagrada no Direito Português, já o n.º 4 do mesmo preceito, por seu turno, constitui uma absoluta inovação face ao regime actualmente vigente.

Vejamos então, sucintamente, quais os principais motivos de interesse desta inovadora figura.

## 3. Surgimento, razão de ser e alcance da figura

Em primeiro lugar, deve-se começar por notar que a exigibilidade judicial da celebração do contrato implica, desde logo, uma pré-compreensão quanto à natureza jurídica dos anúncios do procedimento[19], matéria anteriormente controvertida[20] mas a que o CCP parece agora dar peremptória resposta. De facto, a partir do momento em que o particular co-contratante tem direito a exigir a celebração do contrato, é forçoso concluir que, ao tornar pública a sua vontade de contratar, a entidade adjudicante está efectivamente a vincular-se perante os destinatários dos anúncios do procedimento, pelo que, mais do que meros convites a contratar, estes anúncios deverão considerar-se como verdadeiras *declarações negociais*, muito mais próximas de uma proposta de contrato do que de um mero convite a contratar[21], na medida em que exprimem uma vontade *firme*[22] da entidade adjudicante no sentido da celebração do contrato, findo que seja o procedimento pré-contratual desencadeado para esse efeito[23].

---

[19] Atente-se, nomeadamente, nos artigos 130.º, 157.º, 167.º, 197.º e 208.º do CCP, quanto ao concurso público, ao concurso público urgente, ao concurso limitado por prévia qualificação, ao procedimento de negociação e ao diálogo concorrencial, respectivamente (apenas para nos referirmos aos procedimentos pré-contratuais autónomos constantes do artigo 16.º, n.º 1 do Código).

[20] Aludindo a esta controvérsia e resumindo brevemente as principais teses em confronto, cfr. PAULO OTERO, "Intangibilidade das Propostas em Concurso Público e Erro de Facto na Formação da Vontade: a Omissão de Elementos Não Variáveis na Formulação de uma Proposta", in O Direito, Ano 131, Lisboa, 1999 pp. 91 e 92.

[21] Sobre esta terminologia, cfr. PEDRO PAIS DE VASCONCELOS, "Teoria Geral do Direito Civil", 4.ª ed., Almedina, Coimbra, 2007, pp. 466 e segs., *maxime* 467.

[22] Para a caracterização das propostas negociais como sendo completas, firmes e formalmente suficientes, referindo que *"a proposta deve ser firme, o sentido de que deve exprimir uma vontade séria e inequívoca de contratar nos precisos moldes projectados na proposta"*, cfr. PEDRO PAIS DE VASCONCELOS, "Manual...", p. 467.

[23] Em suma, mais do que simplesmente comunicar ao público a vontade da entidade adjudicante

Sob um prisma jus-administrativista, a abertura do procedimento pré-contratual, publicitada através de anúncio, é um verdadeiro acto administrativo, através do qual "*a entidade adjudicante fica legalmente vinculada a levar o procedimento até ao fim e **celebrar o contrato** com aquele que oferecer a melhor proposta*" (negrito nosso)[24].

Correlativamente à concepção dos anúncios do procedimento como declarações negociais, o artigo 76.º, n.º 1 do CCP, sob a sugestiva epígrafe "**Dever de adjudicação**", vem dispor que, "*Sem prejuízo do disposto no n.º 1 do artigo 79.º* [referente às causas de não adjudicação], *o órgão competente para a decisão de contratar deve tomar a decisão de adjudicação e notificá-la aos concorrentes até ao termo do prazo da obrigação de manutenção das propostas*". Ou seja: uma vez que tenha sido publicado o anúncio procedimental, iniciado o procedimento pré-contratual escolhido, qualificados os candidatos (quando for o caso)[25] e avaliadas as propostas apresentadas pelos concorrentes[26], não resta à entidade adjudicante uma grande margem de liberdade: ou bem que se verifica alguma das causas que lhe permitem legitimamente não adjudicar – sendo certo que, apesar de os respectivos fundamentos se apresentarem até como ligeiramente mais

---

em contratar, os anúncios do procedimento *consolidam* esta mesma vontade, ou, no mínimo, exprimem uma vontade de contratar já plenamente consolidada (e nunca uma vontade ainda precária ou incerta). De acordo com MARCELO REBELO DE SOUSA, "O Concurso...", pp. 46 a 49, "*a abertura de concurso público encerra uma dupla realidade jurídica, o que é muito frequente em Direito: representa uma proposta preliminar, relativo às regras do concurso, e ainda um convite a contratar quanto ao contrato administrativo a que finalmente respeita*". MÁRIO ESTEVES DE OLIVEIRA e RODRIGO ESTEVES DE OLIVEIRA, "Concursos e Outros Procedimentos de Adjudicação Administrativa – das Fontes às Garantias", Almedina, Coimbra, 1998, p. 171, referem que, "*salvo em casos excepcionais (legalmente determinados), a abertura do procedimento concursal corresponde a uma auto-vinculação da Administração a contratar com o concorrente que apresente a melhor proposta e nos termos desta.*".
Contra, vide JORGE ANDRADE DA SILVA, "Regime Jurídico das Empreitadas de Obras Públicas", p. 397, bem como o Parecer da Procuradoria-Geral da República n.º 40/87, de 9 de Junho, publicado no Boletim do Ministério da Justiça n.º 374, p. 50, no qual se afirma que "*A Administração, com o anúncio do concurso, não faz propostas; limita-se a indicar que, nas condições que refere, recebe propostas, que poderão ou não ser aceites*".
[24] Cfr. MARIA JOÃO ESTORNINHO, "Direito...", p. 384.
[25] O que sucederá no concurso limitado por prévia qualificação, no procedimento de negociação e no diálogo concorrencial (cfr. artigos 167.º a 188.º do CCP, aplicáveis directamente, no primeiro caso, ou por expressa remissão dos artigos 193.º e 204.º, n.º 1, respectivamente, quanto ao segundo e terceiro procedimentos referidos).
[26] Nesta fase, esgotou-se já a possibilidade de a entidade adjudicante revogar a decisão de contratar ao abrigo do artigo 80.º, n.º 2 do CCP.

amplos relativamente ao regime anterior[27], esta decisão continua a revestir um carácter *excepcional*[28] e que, além da observância das *regras* legais, a mesma se encontra ainda submetida ao respeito por diversos *princípios* jurídicos[29] –, ou então a entidade adjudicante está obrigada a emitir uma decisão de adjudicação[30], não lhe sendo lícito abster-se de proferir qualquer decisão e limitar-se a

---

[27] Na medida em que, por exemplo, enquanto o artigo 58.º, n.º 1, alínea a) do Decreto-Lei n.º 197/99 exigia que se verificasse uma circunstância *imprevisível* para que a entidade adjudicante pudesse anular o procedimento com fundamento na necessidade de alterar os elementos fundamentais dos documentos que lhe tivessem servido de base, o artigo 79.º, n.º 1, alínea c) do CCP já só exige que tais circunstâncias sejam *imprevistas*. Isto é, à luz do CCP, para que a decisão de não adjudicação, tomada com este fundamento, seja válida, basta que a entidade adjudicante subjectivamente não tenha previsto a circunstância que determinou a necessidade de alterar as peças do procedimento, ainda que a mesma fosse objectivamente previsível. Notando que algumas das situações previstas no artigo 79.º, n.º 1 do CCP *"envolvem o exercício de margem de livre decisão"* por parte da entidade adjudicante, cfr. MARCELO REBELO DE SOUSA e ANDRÉ SALGADO DE MATOS, "Direito...", p. 109.

[28] Neste sentido, afirmando que *"A adjudicação é um acto predominantemente vinculado quanto à sua emissão: ela só pode não ter lugar nos casos enunciados taxativamente no art. 79, 1 CCP"*, cfr. MARCELO REBELO DE SOUSA e ANDRÉ SALGADO DE MATOS, "Direito...", p. 109.
De resto, independentemente da taxatividade do artigo 79.º, n.º 1 do CCP, cumpre reconhecer que esta norma tem efectivamente um carácter excepcional, visto que, de facto, a possibilidade de não adjudicação representa uma clara excepção à regra geral do dever de adjudicação, constante do artigo 76.º, n.º 1 do Código. Por este motivo, sempre deverá aqui considerar-se vedada a analogia, por força do disposto no artigo 11.º do Código Civil (doravante "CC").
É também a excepcionalidade desta norma que justifica outros aspectos do respectivo regime legal, tal como a obrigatoriedade de fundamentação da decisão de não adjudicação, em todos os casos (artigo 79.º, n.º 2), bem como, nalguns casos, a obrigatoriedade de abertura de novo procedimento pré-contratual no prazo dos seis meses subsequentes ou de indemnização dos concorrentes pelos encargos incorridos em virtude da elaboração das respectivas propostas (artigo 79.º, números 3 e 4 do CCP).

[29] No sentido de que, independentemente da consagração expressa de quaisquer limites, a decisão de não adjudicação sempre deverá *"respeitar os princípios comunitários, e designadamente a igualdade de tratamento, a não discriminação e imparcialidade"*, cfr. CLÁUDIA VIANA, "Os Princípios...", pp. 248 e 547. Para a clássica distinção entre regras e princípios, cfr., entre tantos outros, DIOGO FREITAS DO AMARAL, "Curso...", vol. II, p. 33.

[30] A este propósito, cumpre chamar a atenção para um importante entendimento doutrinário que admitia a existência de um genérico *poder de não adjudicação* por parte da entidade adjudicante, equivalente a uma *reserva de revogação* da vontade de contratar por parte da Administração (neste sentido, cfr. MÁRIO ESTEVES DE OLIVEIRA, "Direito...", vol. I, pp. 671 e segs., SÉRVULO CORREIA, "Legalidade...", pp. 701 e segs., PEDRO ROMANO MARTÍNEZ e JOSÉ MANUEL MARÇAL PUJOL, "Empreitada de Obras Públicas – Comentário ao Decreto-Lei n.º 405/93, de 10 de Dezembro", Almedina, Coimbra, 1995, p. 166, MARGARIDA OLAZABAL CABRAL, "O Concurso Público nos Contratos Administrativos", Almedina, Coimbra, 1997, pp. 208 e segs., MÁRIO ESTE-

esperar que decorra o prazo de manutenção das propostas pelos concorrentes[31]. Na verdade, estamos perante uma verdadeira obrigação de *facere*, uma competência estritamente vinculada (naturalmente, apenas quanto à *prática* do acto, não quanto ao seu conteúdo) que a entidade adjudicante não poderá deixar de exercer, sob pena de manifesta ilegalidade[32]. Atendendo a que, numa fase

---

VES DE OLIVEIRA e RODRIGO ESTEVES DE OLIVEIRA, "Concursos...", pp. 570 e segs., JORGE ANDRADE DA SILVA, "Regime...", pp. 399 e segs., e JOSÉ ALBERTO DE MELO ALEXANDRINO, "O Procedimento Pré-Contratual nos Contratos de Empreitada de Obras Públicas", AAFDL, Lisboa, 1997, pp. 127 e 136. *Vide* também o Parecer da Procuradoria-Geral da República n.° 29/1959, de 4 de Abril, disponível em www.dgsi.pt).

No entanto, e apesar do silêncio do Direito Comunitário nesta matéria (neste sentido, afirmando que a possibilidade de a entidade adjudicante pôr termo ao procedimento pré-contratual através de uma decisão de não adjudicação constitui uma matéria não integralmente regulada pelas Directivas n.° 2004/17/CE e n.° 2004/18/CE, cfr. CLÁUDIA VIANA, "Os Princípios...", pp. 247 e 248), de acordo com o novo enquadramento legal da decisão de adjudicação, só poderá haver revogação da decisão de contratar nos casos previstos no artigo 79.° do CCP (como confirma o artigo 80.°, n.° 1 do Código), sem embargo de o novo elenco de causas de não adjudicação ser mais amplo do que o anteriormente estabelecido, como acima se referiu.

Frisando que "*a lei prevê antes algumas situações em que a entidade adjudicante pode desistir de contratar, o que confirma o princípio geral segundo o qual a regra é a da obrigatoriedade de contratar*", cfr. MARIA JOÃO ESTORNINHO, "Direito...", p. 413.

[31] Até porque, como explica JORGE ANDRADE DA SILVA, "Regime...", p. 366, seria contrário ao espírito da lei "*submeter os concorrentes não adjudicatários à inconveniente situação de uma indecisão do dono da obra por período de tempo que vá além do razoável*", razão que determina a fixação de um prazo de manutenção das propostas pelos concorrentes.

Refira-se, inclusivamente, que, apesar de o Código estabelecer um prazo de manutenção das propostas (66 dias, nos termos do artigo 65.° do CCP) superior ao prazo anteriormente vigente por força do disposto no artigo 52.°, n.° 1 do Decreto-Lei n.° 197/99 (60 dias), a verdade é que deixou de se fazer referência à prorrogação de tal prazo caso o concorrente nada dissesse em contrário (como preceituava o n.° 2 do citado artigo 52.° do Decreto-Lei n.° 197/99). Pelo que, sem prejuízo de a entidade adjudicante poder fixar, no programa do procedimento ou no convite à apresentação das propostas, um prazo de manutenção das propostas superior ao prazo supletivo de 66 dias [vide, designadamente, além do já referido artigo 65.°, os artigos 132.°, n.° 1, alínea *m*), e 189.°, n.° 2, alínea *g*) do Código], esgotado que seja esse prazo, a entidade adjudicante corre o risco de recusa (legítima) da adjudicação por parte do concorrente classificado em primeiro lugar, o qual pode mesmo reclamar da entidade adjudicante o pagamento de uma indemnização pelos encargos em que comprovadamente tenha incorrido, conforme os números 2 e 3 do artigo 76.° do CCP.

[32] Com efeito, não atribuindo a lei qualquer sentido jurídico, positivo ou negativo (isto é, de deferimento ou indeferimento tácitos), à omissão da entidade adjudicante, esta conduta omissiva sempre violaria o dever legal de decisão, plasmado no artigo 9.°, n.° 1 do CPA, deste modo possibilitando a reacção do particular através da instauração de uma acção de condenação à prática

inicial, a entidade adjudicante já havia expressado a sua vontade firme de contratar, agora, chegando à fase após a avaliação das propostas, essa vontade de contratar tem de ser traduzida na prática de um acto de adjudicação, por esta via confirmando as legítimas expectativas dos particulares[33], criadas aquando da publicação dos anúncios do procedimento e posteriormente reiteradas ao longo de todo o procedimento pré-contratual[34].

---

do acto legalmente devido, nos termos dos artigos 46.º e segs. – em especial, artigos 66.º a 71.º – do CPTA.
Assim, o artigo 76.º, n.º 1 do CCP surge como norma *especial* que concretiza, em sede de procedimentos pré-contratuais, o dever legal de decisão decorrente do referido artigo 9.º, n.º 1 do CPA. Aliás, se a Administração já tem o dever de emitir decisões expressas quanto a pretensões que lhe sejam submetidas pelos particulares, muito mais reforçado tem de ser este dever nos procedimentos pré-contratuais, tendo em conta que, nestes procedimentos, não são os particulares que espontaneamente se dirigem à Administração para satisfação dos seus próprios interesses privados, antes respondem à solicitação da Administração para colaborar na satisfação de um interesse público.

[33] Recorde-se que, tal como já resultava anteriormente da lei (nomeadamente do artigo 72.º, n.º 1 do Decreto-Lei n.º 59/99 e do artigo 44.º, n.º 1 do Decreto-Lei n.º 197/99), a proposta deve continuar a ser entendida como constituindo "*a declaração pela qual o concorrente manifesta à entidade adjudicante a sua vontade de contratar e o modo pelo qual se dispõe a fazê-lo*" (cfr., actualmente, a redacção do artigo 56.º, n.º 1 do CCP). Ora, nesta perspectiva, e tendo em conta que "*as propostas devem ser **sérias**, feitas para serem cumpridas*" (cfr. MÁRIO ESTEVES DE OLIVEIRA, "Direito...", vol. I, p. 671), envolvendo "*o assumir pelo concorrente da obrigação de contratar*" caso a adjudicação recaia sobre a proposta por si apresentada (cfr. PAULO OTERO, "Intangibilidade...", p. 93), é evidente que, quando se apresentam no procedimento pré-contratual, os concorrentes manifestam um inequívoco interesse em ver concluído o contrato a que aquele se destina. Conforme já foi decidido pelo Supremo Tribunal Administrativo, designadamente no Acórdão proferido em 3 de Outubro de 2002 no âmbito do processo n.º 48035A (disponível em www.dgsi.pt), apesar de "*A qualidade de concorrente num concurso não constitui[r] o respectivo interessado, ab initio, em detentor de um direito à adjudicação*", porém legitima a "*expectativa de ser o eventual vencedor para além, como é óbvio, do direito que lhe assiste em que o concurso decorra com observância do quadro legal aplicável*". Os deveres de adjudicação e outorga do contrato constituem pois, para a entidade adjudicante, o correlativo da seriedade exigida aos particulares, sendo certo que esta exigência de reciprocidade se justifica porque, como acertadamente recorda MARIA JOÃO ESTORNINHO (cfr. "Princípio...", p. 113), "*O contrato implica, mesmo na sua forma mais depurada, um acordo de vontades*" (como aliás já resultava da própria letra do artigo 178.º, n.º 1 do CPA, acima citado). Nos mesmos termos quanto ao aspecto "*acordo de vontades*", cfr. MARCELO REBELO DE SOUSA e ANDRÉ SALGADO DE MATOS, "Direito...", pp. 13 e 14.

[34] Como refere JORGE ANDRADE DA SILVA, "*Quando uma entidade pública abre um concurso para a adjudicação de uma empreitada, actua, obviamente, após uma opção estudada e com determinantes necessariamente ligadas à realização de interesses públicos que legalmente lhe caiba satisfazer. E procede nesse sentido fazendo revestir os seus actos da credibilidade que deve acompanhar toda a actividade da Administra-*

Nesta linha, após a fase da avaliação das propostas, o concorrente cuja proposta haja recebido uma pontuação que o coloque em posição superior relativamente aos restantes competidores (no caso de não ter sido o único concorrente/proposta a manter-se no procedimento pré-contratual) adquire assim um verdadeiro *direito*[35] à adjudicação, entendida como *"o acto pelo qual o órgão competente para a decisão de contratar aceita a única proposta apresentada ou escolhe uma de entre as demais propostas apresentadas"*, conforme dispõe o artigo 73.º, n.º 1 do CCP.

A este propósito, salienta-se que a relevância da presente questão não reside propriamente na adjudicação enquanto tal, mas sim no facto de esta criar para

---

*ção, e que estão na base dos princípios da boa fé e da tutela da confiança, com assento no Código do Procedimento Administrativo (Art. 6.º-A). Isso mesmo determina que, em princípio, aqueles concursos de adjudicação devem terminar com a realização do objectivo que cada um se propõe, isto é, com a adjudicação":* cfr. "Regime...", p. 397.

[35] Não obstante a norma constante do artigo 76.º, n.º 1 do CCP estar redigida de modo a estabelecer, em primeira linha, um dever para a entidade adjudicante, afigura-se que, neste caso, está igualmente em causa a atribuição de um direito subjectivo ao particular, qual seja, o direito de ser beneficiário de uma decisão administrativa que o escolha como co-contratante no futuro contrato a celebrar com a entidade adjudicante. Como bem refere VASCO PEREIRA DA SILVA, *"Nos termos da teoria da norma de protecção e aceitando o seu alargamento no domínio dos direitos fundamentais [...], o indivíduo é titular de um direito subjectivo em relação à Administração, sempre que, de uma norma jurídica que não vise, apenas, a satisfação do interesse público, mas também a protecção dos interesses dos particulares, resulte uma situação de vantagem objectiva, concedida de forma intencional ou, ainda, quando dela resulte a concessão de um mero benefício de facto, decorrente de um direito fundamental"* (cfr. "Para um Contencioso Administrativo dos Particulares – Esboço de uma Teoria Subjectivista do Recurso Directo de Anulação", Almedina, Coimbra, 1989, pp. 112 e segs.). Neste caso, a prova de que a norma em apreço foi estabelecida também para proteger os interesses do particular reside no facto de, inclusivamente, este poder recusar a adjudicação que haja sido proferida a seu favor (*vide* a parte final do artigo 76.º, n.º 2 do CCP).
Isto sem prejuízo, evidentemente, de este direito de recusa não ser absoluto nem constituir uma regra geral, verificando-se que, enquanto não tiver expirado o prazo de manutenção das propostas estabelecido pelo artigo 65.º do CCP, o adjudicatário está efectivamente obrigado a contratar com a entidade adjudicante, em consequência da já referida auto-vinculação dos concorrentes à proposta por si apresentada: cfr. a nota de rodapé 33 *supra*.
A título de complemento, acrescente-se que a doutrina já tem admitido que os particulares adquirem direitos subjectivos em virtude de auto-vinculações administrativas manifestadas sob a forma de promessas (cfr. JOÃO TABORDA DA GAMA, "Promessas Administrativas – da Decisão de Autovinculação ao Acto Devido", Coimbra Editora, Coimbra, 2008. pp. 171 e segs., em especial 181 a 184). Neste sentido, e até por maioria de razão (considerando que a posição do concorrente cuja proposta haja sido classificada em primeiro lugar não é – antes pelo contrário – menos digna de tutela jurídica do que a posição de um promissário), parece inquestionável que neste caso estamos, de facto, perante um verdadeiro *direito subjectivo* do concorrente.

o adjudicatário o direito (e, para a entidade adjudicante, o dever) de vir a celebrar o contrato, com base na proposta apresentada pelo concorrente[36]. Deste modo, e embora o acto de adjudicação não seja, *de per se*, bastante para que o concorrente destinatário deste acto tenha, automaticamente e desde logo, direito a celebrar o contrato[37], em traços gerais pode efectivamente afirmar-se que o direito à outorga do contrato é uma faculdade que o particular adquire em directa decorrência de participar, na qualidade de concorrente, num determinado procedimento pré-contratual e de a proposta por si apresentada nesse procedimento ter sido objecto de um acto de adjudicação por parte da entidade adjudicante[38].

---

[36] Um outro efeito, não despiciendo, da adjudicação é o de impedir a entidade adjudicante de "*reapreciar as propostas para efeitos de substituir o adjudicatário, pois esta substituição só poderá verificar-se se a celebração do contrato não ocorre por facto imputável ao adjudicatário*", como frisa JORGE ANDRADE DA SILVA, "Regime...", pp. 364 e 365.

[37] Pois primeiro é necessário, desde logo, que o concorrente não recuse a adjudicação (artigo 76.º, n.º 2), e que, de seguida, já como adjudicatário, apresente os respectivos documentos de habilitação, preste a caução correspondente, quando exigida, e confirme os compromissos assumidos por terceiras entidades relativos a atributos ou a termos ou condições da proposta apresentada, exigências estas cujo não cumprimento, como já acima se referiu (*vide* nota de rodapé 6 *supra*), acarretará a *caducidade* da adjudicação [sem prejuízo da responsabilidade contra-ordenacional do adjudicatário, conforme estipulado pelos artigos 456.º, alíneas *b*) e *c*), e 457.º, alínea *a*) do Código]. Por fim, e segundo o disposto nos artigos 98.º e segs. do CCP, será ainda necessário que as partes acordem previamente quanto à redacção final da minuta do contrato a celebrar. Assim, o contrato não nasce desde logo com a escolha do concorrente co-contratante e da respectiva proposta, verificando-se que o contrato apenas fica perfeito quando a adjudicação provisória se converte em definitiva: cfr. DIOGO FREITAS DO AMARAL, "Curso...", vol. II, p. 589, PEDRO ROMANO MARTÍNEZ e JOSÉ MANUEL MARÇAL PUJOL, "Empreitada...", p. 167, MARGARIDA OLAZABAL CABRAL, "O Concurso...", p. 199, PAULO OTERO, "Intangibilidade...", p. 92, JORGE ANDRADE DA SILVA, "Regime...", p. 365, JOSÉ ALBERTO DE MELO ALEXANDRINO, "O Procedimento...", pp. 55 e 56, e MARIA JOÃO ESTORNINHO, "Direito...", pp. 414 e 415.

Aliás, mesmo em sede de Direito Privado, o próprio artigo 232.º do CC é peremptório na afirmação de que "*O contrato não fica concluído enquanto as partes não houverem acordado em todas as cláusulas sobre as quais qualquer delas tenha julgado necessário o acordo*".

Com posição oposta, *vide* FAUSTO DE QUADROS, "O Concurso Público nos Contratos Administrativos", in *Revista da Ordem dos Advogados*, ano 47, 1987, p. 717, que afirma que, "*De facto, a adjudicação consiste – repetimo-lo –, não só para a doutrina, como também para o Direito positivo, num acto definitivo que põe termo ao processo do concurso, como processo de formação do contrato administrativo, tornando, desde logo, perfeito o contrato. Ela contém, portanto, uma decisão definitiva sobre a escolha do co-contratante e sobre o próprio conteúdo do contrato a formar (sem prejuízo de poder traduzir-se na decisão de não contratar com qualquer dos concorrentes). Por isso, com a adjudicação ficam definitivamente fixados quer a pessoa do co-contratante quer o conteúdo do respectivo contrato*".

[38] No mesmo sentido, referindo que "*O acto de adjudicação é um acto constitutivo de direitos que cria*

De facto, a adjudicação e celebração do contrato, após o termo do procedimento pré-contratual, além de serem uma clara manifestação dos princípios *pacta sunt servanda*, da *protecção da confiança* e da *boa fé*[39], plasmados no artigo 266.º, n.º 2 da Constituição da República Portuguesa[40] (doravante "CRP") e

---

*na esfera jurídica do interessado o direito a ser co-contratante da Administração"*, vide MARGARIDA OLAZABAL CABRAL, "O Concurso...", p. 200. Com formulação próxima, cfr. MÁRIO ESTEVES DE OLIVEIRA e RODRIGO ESTEVES DE OLIVEIRA, "Concursos...", p. 547. Enquanto PAULO OTERO, "Intangibilidade...", p. 92, alude à *"obrigação de contratar"* por parte da Administração, já MARIA JOÃO ESTORNINHO, "Direito...", pp. 384 e 385, fala mesmo num *"direito (materialmente garantido) do concorrente (à celebração com a entidade adjudicante do contrato, nos termos da proposta apresentada)."*. Contra, entendendo que *"nem da adjudicação resulta um direito à assinatura do contrato, que pode não vir a ser celebrado pela entidade adjudicante se isso lhe for determinado por um interesse público suficientemente justificativo, sem prejuízo do direito do adjudicatário a ser indemnizado das despesas que eventualmente tenha feito com a prestação da caução"*, cfr. JORGE ANDRADE DA SILVA, "Regime...", p. 397, nota de rodapé 380.

[39] Referindo que este princípio *"assume também especial importância em matéria de formação dos contratos administrativos e, designadamente, nos procedimentos concursais"*, cfr. DIOGO FREITAS DO AMARAL, "Curso...", vol. II, p. 580. Em 1998, ALEXANDRA LEITÃO observava já que *"Este princípio geral do Direito tem vindo a ganhar importância no Direito administrativo"* (cfr. "A Protecção...", p. 63, nota de rodapé 196). Sobre a aplicação do princípio da boa fé no Direito Público, e mais especificamente no campo da contratação administrativa, cfr. MARCELO REBELO DE SOUSA, "O Concurso...", pp. 20 a 22 e 52, MARCELO REBELO DE SOUSA e ANDRÉ SALGADO DE MATOS, "Direito...", p. 76, FERNANDO ALVES CORREIA, ANTÓNIO BARBOSA DE MELO, PEDRO GONÇALVES, ANA RAQUEL G. MONIZ e DULCE LOPES, "Contratação...", pp. 52 e 53 e, especialmente, MENEZES CORDEIRO, "Contratos Públicos – Subsídios para a Dogmática Administrativa, com exemplo no Princípio do Equilíbrio Financeiro", in *Cadernos O Direito*, n.º 2, Almedina, Coimbra, 2007, pp. 91 a 103.
Sublinha-se que, além de nortearem a conduta das partes durante o procedimento pré-contratual, os princípios da protecção da confiança e da boa fé constituem igualmente o fundamento em que se baseia a imputação de quaisquer responsabilidades por factos ocorridos antes da formalização do contrato. Assim, como explica PAULO NASCIMENTO, *"A responsabilidade pré-contratual traduz-se numa responsabilidade pela confiança gerada"*, cuja consagração como manifestação da tutela da confiança *"aparece, entre nós, com recurso ao conceito indeterminado de boa fé"* (cfr. "A Responsabilidade Pré-Contratual pela Ruptura das Negociações e a Recusa Injustificada de Formalização do Contrato", in *Estudos em Homenagem ao Professor Doutor Inocêncio Galvão Telles*, vol. IV, Almedina, Coimbra, 2003, pp. 242 a 246).

[40] Decorrendo também, desde logo e antes de mais, do próprio princípio do Estado de Direito democrático, consagrado no artigo 2.º da nossa Lei Fundamental.
Sublinhando ter sido a jurisprudência constitucional quem *"construiu o princípio da confiança no Estado de Direito democrático considerando-o fundado no art. 2.º da Constituição (Estado de direito)"* e que um dos conteúdos materiais deste princípio reside na *"Garantia constitucional de um mínimo de certeza e segurança das pessoas quanto aos direitos e expectativas legitimamente criados no desenvolvi-*

no artigo 6.°-A do CPA, e que se aplicam "*a toda a actividade administrativa, também, portanto, à desenvolvida no domínio dos contratos administrativos*"[41], são ainda uma imposição do princípio da *prossecução do interesse público*[42]: se o contrato a celebrar visava o suprimento de uma determinada necessidade colectiva, e se o procedimento pré-contratual permitiu identificar pelo menos um particular com capacidade para satisfazer essa mesma necessidade [o que se comprova pelo facto de não terem sido excluídas todas as propostas apresentadas, nos termos dos artigos 70.°, n.° 2 ou 146.°, n.° 2 e para os efeitos do artigo 79.°, n.° 1, alínea b) do CCP], neste caso a não adjudicação e não outorga do contrato consubstanciaria, além do mais, uma autêntica *renúncia* da entidade adjudicante à prossecução do interesse público que se encontra legal e constitucionalmente incumbida de assegurar. Pelo que, sendo a competência uma matéria de ordem pública – e, portanto, insusceptível de renúncia, conforme resulta inequivocamente do artigo 29.°, n.° 1 do CPA –, o seu não exercício num caso concreto em que a actuação da entidade adjudicante se impunha, com vista a garantir a satisfação do interesse público, não pode deixar de ser visto como uma clara violação do disposto no artigo 266.°, n.° 1 da CRP e no artigo 4.° do CPA[43].

Ora, sendo assim, e tendo presente que, sob o prisma dos particulares, o principal efeito útil da adjudicação é o de investir o concorrente (agora adjudicatário) no direito de vir a celebrar o contrato com a entidade adjudicante, é evidente que, assim como a posição do concorrente fica lesada se, num pri-

---

*mento de relações jurídico-privadas*", cfr. ANTÓNIO PEDRO BARBAS HOMEM, "O Justo...", pp. 44 e 45, nota de rodapé 64.

Sobre a relação entre o princípio da confiança e os princípios da boa fé e do Estado de Direito democrático, realçando também o papel do Tribunal Constitucional na construção dogmática daquela primeira figura, cfr. igualmente JOÃO TABORDA DA GAMA, "Promessas...", pp. 157 a 160.

[41] Como se refere no Parecer da Procuradoria-Geral da República n.° 152/2002, publicado na II Série do Diário da República em 14 de Fevereiro de 2003, resultando igualmente do ponto 2. do próprio preâmbulo do CCP, no qual se afirma inequivocamente que "*os princípios da igualdade, da concorrência, da imparcialidade, da proporcionalidade, da transparência, da publicidade e da **boa fé**"* (negrito nosso) constituem "*parâmetros que reconhecidamente dominam as tramitações procedimentais pré-contratuais*".

[42] Sublinhando que, "*na formação dos contratos, a administração deve procurar optimizar a satisfação das necessidades colectivas que lhe incumba prosseguir*", cfr. MARCELO REBELO DE SOUSA e ANDRÉ SALGADO DE MATOS, "Direito...", p. 74.

[43] Há pois uma indissociável ligação entre a continuidade da prossecução do interesse público e a proibição de renúncia ao exercício das competências por parte da Administração. Referindo, elucidativamente, que "*Definido o interesse público pela lei, a sua prossecução pela Administração é obrigatória*", cfr. DIOGO FREITAS DO AMARAL, "Curso...", vol. II, p. 37.

meiro momento, a entidade adjudicante não praticar o acto de adjudicação, também a posição do adjudicatário será atingida se, em momento posterior à adjudicação, a entidade adjudicante se recusar a outorgar o correspondente contrato.

É justamente neste contexto, com o duplo intuito de (i) dissuadir a entidade adjudicante de incumprir os seus deveres legais e de (ii) proporcionar ao adjudicatário os meios necessários para reagir contra semelhante incumprimento, que se insere a exigibilidade judicial de celebração do contrato, prevista no artigo 105.º, n.º 4 do CCP.

A consagração expressa desta faculdade ao dispor do adjudicatário, como instrumento de defesa do seu direito à outorga do contrato, é aliás um natural corolário do princípio da *tutela jurisdicional efectiva*[44], consagrado, designadamente, nos artigos 20.º[45] e 268.º, n.º 4 da CRP, artigo 2.º do Código de Processo Civil, artigo 12.º do CPA e artigo 2.º do CPTA, princípio esse de que a tutela jurisdicional efectiva *administrativa* constitui uma concretização e "*decorrência específica*", encontrando-se estes dois princípios numa relação de género/espécie[46]. Sabendo-se que a plena efectividade da ordem jurídica não passa apenas pela atribuição de determinadas posições substantivas aos particulares, antes reclama igualmente a disponibilização de meios adjectivos adequa-

---

[44] Salientando a importância deste princípio, inclusivamente a nível europeu, e apontando-o como "*um dos exemplos mais significativos da influência recíproca entre o direito comunitário e os direitos nacionais*", cfr. CLÁUDIA VIANA, "Os Princípios...", pp. 180 e segs..

[45] O qual, de acordo com GOMES CANOTILHO e VITAL MOREIRA, "*postula, desde logo, a existência de acções ou recursos adequados (cfr. Cód. Proc. Civil, art. 2º-2), tipos de sentenças apropriados às pretensões de tutela deduzida em juízo e clareza quanto ao remédio ou acção à disposição do cidadão*". Cfr. "Constituição da República Portuguesa Anotada", vol. I (artigos 1º a 107.º), Coimbra Editora, Coimbra, 2007, p. 416. Na p. 206 da mesma obra citada, estes Autores reconduzem o "*direito de recurso a tribunais contra todo o acto lesivo de direitos ou interesses*" ao próprio princípio do Estado de Direito democrático.
Qualificando a tutela jurisdicional efectiva como um "*direito subjectivo a uma prestação jurisdicional*", definido como "*o direito, conferido a qualquer sujeito jurídico, de, no quadro de determinadas regras de processo, aceder aos tribunais para que estes, com imparcialidade e independência, tendo o Direito por único critério, segundo um processo equitativo, dentro de um prazo razoável e mediante decisão fundamentada, provejam à resolução dos seus conflitos, à defesa dos seus outros direitos e interesses legalmente protegidos ou à garantia da legalidade democrática*", cfr. RICARDO BRANCO, "Efectividade da Tutela Jurisdicional Administrativa e Sentenças Substitutivas de Actos Administrativos" (relatório de mestrado inédito, apresentado na Faculdade de Direito da Universidade de Lisboa no âmbito da cadeira de Contencioso Administrativo), Lisboa, 2004, pp. 26 e segs..

[46] Neste sentido, cfr. RICARDO BRANCO, "Efectividade...", pp. 43 e segs..

dos para garantir a defesa dessas mesmas posições (meios estes sem os quais os direitos pouco mais serão, afinal, do que meras proclamações inconsequentes), afigura-se que a tutela integral dos direitos dos particulares participantes em procedimentos pré-contratuais impunha efectivamente que fosse admitida a possibilidade de o adjudicatário recorrer às vias contenciosas competentes para obter a celebração do contrato ilegalmente recusada pela entidade adjudicante.

A compreensão desta medida acentuadamente garantística agora consagrada de forma expressa no CCP deve também atender às crescentes exigências que têm vindo progressivamente a ser impostas pelo Direito Comunitário nesta matéria, cabendo realçar que o Estado Português já foi condenado pelo Tribunal de Justiça das Comunidades Europeias em virtude da insuficiência da tutela assegurada pela legislação nacional aos particulares que contratam com as entidades públicas, tendo aquele Tribunal decidido que o Direito Comunitário, designadamente a já referida Directiva n.º 89/665/CEE[47], obrigava à adopção de medidas mais completas do que as plasmadas na legislação ordinária portuguesa[48]. Neste sentido, parece claro que a opção tomada pelo legislador nacional no artigo 105.º, n.º 4 do CCP não poderá deixar de ser lida como uma tentativa de resposta às questões colocadas pela jurisprudência comunitária[49],

---

[47] Sobre esta Directiva (inicialmente transposta para o ordenamento jurídico português através do Decreto-Lei n.º 134/98, de 15 de Maio, e entretanto alterada pela acima aludida Directiva n.º 207/66/CE), cfr. CLÁUDIA VIANA, "Os Princípios...", pp. 195 e segs..

[48] Referimo-nos ao Acórdão do Tribunal de Justiça das Comunidades Europeias de 14 de Outubro de 2004, proferido no âmbito do processo n.º C-275/03, que decidiu que o Estado Português teria incumprido a sua obrigação de transposição da Directiva n.º 89/665/CEE, em virtude de não ter revogado o Decreto-Lei n.º 48051, de 21 de Novembro de 1967. Tal revogação só veio a ocorrer em 31 de Dezembro de 2007, através da Lei n.º 67/2007, o que porém não impediu que o Estado Português incorresse em nova condenação, ainda com base no mesmo fundamento.

De facto, na sequência do primeiro Acórdão mencionado, o Tribunal de Justiça das Comunidades Europeias, através de Acórdão proferido em 10 de Janeiro de 2008, no âmbito do processo n.º C-70/06, condenou o Estado Português ao pagamento de uma sanção pecuniária compulsória no montante diário de € 19.392 até à data do integral cumprimento de todas as obrigações que resultam da Directiva n.º 89/665/CEE. Apesar de, à data da prolação deste último Acórdão, já ter sido revogado o Decreto-Lei n.º 48051, a verificação do incumprimento por parte do Estado Português baseou-se no facto de ter sido ultrapassado o prazo de dois meses fixado pelo parecer fundamentado da Comissão das Comunidades Europeias de 18 de Outubro de 2006 (cfr. o texto integral dos dois Acórdãos em http://curia.europa.eu/jurisp/cgi-bin/form.pl?lang=pt).

[49] Enfatizando a importância que a jurisprudência do Tribunal de Justiça das Comunidades Europeias na matéria da contratação pública, *vide* MARIA JOÃO ESTORNINHO, "Direito...", pp. 61

na sequência, aliás, da aproximação já inicialmente encetada com a aprovação do CPTA[50].

No futuro próximo da contratação pública em Portugal, quando o CCP entrar em vigor, o adjudicatário terá, portanto, a possibilidade de exigir judicialmente a celebração do contrato que motivou o lançamento do procedimento pré-contratual. Independentemente de qual se entenda ser o meio processual mais adequado para o particular fazer valer esta sua pretensão[51] junto

e segs.. Quanto ao papel deste mesmo Tribunal em sede de reforço da tutela jurisdicional efectiva, cfr. RICARDO BRANCO, "Efectividade...", pp. 65 e segs..
A este propósito, recorde-se que, através de Acórdão proferido em 18 de Dezembro de 2007, no âmbito do processo n.º C-284/07 (também disponível em http://curia.europa.eu/jurisp/cgibin/form.pl?lang=pt), o Tribunal de Justiça das Comunidades Europeias considerou que o Estado Português teria incorrido em incumprimento por força de "*não ter aprovado as medidas legislativas, regulamentares e administrativas necessárias para dar cumprimento à Directiva 2005/51/CE da Comissão, de 7 de Setembro de 2005, que altera o anexo XX da Directiva 2004/17/CE e o anexo VIII da Directiva 2004/18/CE do Parlamento Europeu e do Conselho sobre os contratos públicos*". Este incumprimento terá agora sido sanado com a aprovação e publicação do CCP, em 29 de Janeiro de 2008, o que todavia não obstou a que, mais recentemente, em 3 de Abril de 2008, através de Acórdão proferido no âmbito do processo n.º C-289/07 (cujo sumário se encontra igualmente disponível na página da Internet acima citada), o Estado Português voltasse a ser condenado pelo mesmo Tribunal, em virtude da não transposição atempada da Directiva n.º 2004/17/CE.
[50] Podendo até considerar-se que, tal como a reforma do contencioso administrativo constituiu uma concretização de diversas imposições constitucionais, também a consagração da exigibilidade judicial da celebração do contrato administrativo veio, de algum modo, dar resposta aos desígnios visados pela Lei Fundamental, na medida em que a norma do artigo 105.º, n.º 4 do CCP consubstancia um claro reforço das garantias dos administrados (cfr. artigo 268.º da CRP) e, mais do que isso, um mecanismo de maior garantia dos direitos de crédito que os mesmos detenham face ao poder público, concretizando assim a lei ordinária a tutela do direito de propriedade constitucionalmente protegido pelo artigo 62.º, n.º 1 da Constituição.
Na verdade, não poderá esquecer-se que, conforme tem sido assinalado pela doutrina, o conteúdo do direito de propriedade, entendido no seu sentido próprio, não integra apenas os direitos reais sobre as coisas (mobiliárias e imobiliárias), antes abrange igualmente outros direitos com valor patrimonial, incluindo os direitos de crédito (neste sentido, cfr. GOMES CANOTILHO e VITAL MOREIRA, "Constituição...", p. 800).
Fundamentando esta mesma ideia em tom deveras conclusivo, invocando, designadamente, o preceituado nos artigos 8.º, n.º 2, 56.º, n.º 3, 86.º, n.º 1 e 99.º, alínea *a*) da Constituição para defender a existência de uma "*tutela constitucional dos contratos*", cfr. MENEZES CORDEIRO, "A Lei dos Direitos dos Utentes das Auto-Estradas e a Constituição (Lei n.º 24/2007, de 18 de Julho)", in *Revista da Ordem dos Advogados*, ano 67, vol, II, 2007, pp. 566 e 567.
[51] Perfilando-se como possíveis hipóteses a acção administrativa especial para a condenação à prática de acto devido (com a especificidade de aqui o acto administrativo ser um acto de cons-

dos Tribunais administrativos [com base no artigo 4.º, n.º 1, alínea *e*) do Estatuto dos Tribunais Administrativos e Fiscais], o que é certo é que, por via da expressa previsão da exigibilidade judicial da celebração do contrato, o adjudicatário passa assim a dispor de um importante meio de tutela contenciosa do seu direito, em moldes aparentemente similares aos do instituto da *execução específica* prevista no artigo 830.º do CC[52] para os contratos de Direito Privado. Todavia, ressalva-se que a qualificação desta nova figura como "execução específica" não pode deixar de ter em conta que estaremos sempre perante uma "execução específica *sui generis*", na medida em que uma leitura comparativa entre os dois regimes permite revelar que a acção intentada ao abrigo do artigo 105.º, n.º 4 do CCP apresenta, simultaneamente, contornos *mais restritos* e *mais amplos* do que a execução específica prevista no artigo 830.º do CC.

Em primeiro lugar, e uma vez que o contrato não é "*um mero exercício devido, já que o seu conteúdo não inclui necessariamente apenas cláusulas legais e regulamentares*"[53], a "execução específica" do artigo 105.º, n.º 4 do CCP parece ter um alcance *mais restrito* do que a execução específica em Direito Privado, dado não ser seguro que também aquela acção possa culminar na prolação de uma sentença que "*substitua a declaração do contraente faltoso*"[54], a exemplo do que sucede ao abrigo do artigo 830.º, n.º 1 do CC[55]. Sem prejuízo deste ponto, cabe porém realçar que as consequências da mencionada impossibilidade se mostram passí-

---

tituição de um vínculo contratual, e não o acto administrativo unilateral típico, para o qual esta acção terá sido pensada), a acção administrativa comum [em particular, para a condenação à adopção de comportamentos e à adopção de condutas, nos termos das alíneas *c*) e *d*) do artigo 37.º, n.º 2 do CPTA] ou o processo urgente de contencioso pré-contratual (que segue, no essencial, a tramitação da acção administrativa especial, por força do disposto nos artigos 100.º, n.º 1 e 102.º, n.º 1 do CPTA, e que, numa primeira leitura, parece representar o meio processual mais idóneo para este efeito), não sendo ainda de excluir liminarmente, por fim, um eventual recurso a um processo inominado, por aplicação subsidiária do Código de Processo Civil (*ex vi* artigo 1.º do CPTA).

Isto, note-se, apenas em sede de acção principal, sem entrar aqui no vasto elenco dos meios cautelares (*maxime*, antecipatórios) ao dispor do adjudicatário para garantia do efeito útil da sentença a proferir no âmbito da acção principal.

[52] Sublinhando a excepcionalidade da norma e a novidade que constituiu a sua introdução no ordenamento jurídico português, cfr. PIRES DE LIMA e ANTUNES VARELA, "Código Civil Anotado", vol. II, 4.ª ed., Coimbra Editora, Coimbra, 1997, pp. 106 e 107.

[53] Neste sentido, *vide* FERNANDO ALVES CORREIA, ANTÓNIO BARBOSA DE MELO, PEDRO GONÇALVES, ANA RAQUEL G. MONIZ e DULCE LOPES, "Contratação...", p. 121.

[54] Frisando que aqui a sentença judicial *supre* a vontade contratual da parte que recusa a celebração do contrato e, por isso mesmo, tem natureza *constitutiva*, cfr. INOCÊNCIO GALVÃO TELLES,

veis de ser atenuadas, em larga medida, mediante a aplicação de *sanções pecuniárias compulsórias* como meio de impelir a Administração a dar cumprimento à decisão do Tribunal e emitir o acto em cuja prática tenha sido condenada[56].

No entanto, simultaneamente, a acção judicial para celebração do contrato administrativo parece ter um âmbito de aplicação *mais amplo* do que a execução específica em Direito Privado, o que se manifesta em dois aspectos.

Desde logo, esta acção tem um âmbito de aplicação mais amplo, num primeiro sentido, porque a acção prevista no CCP, quer pela sua própria redacção literal, quer pela respectiva inserção sistemática (Capítulo IX do Título II, relativo à fase de formação dos contratos em geral), se apresenta como uma figura que abrange *todos* os contratos cujo procedimento de formação seja regulado pelo CCP, não se vislumbrando no artigo 105.º, n.º 4 deste Código uma ressalva semelhante à que consta do artigo 830.º do CC, preceito que estabelece

---

"Manual dos Contratos em Geral", 4.ª ed., Coimbra Editora, Coimbra, 2002, p. 221. Sublinhando que, neste caso, "*é o efeito jurídico aquele que se pretende e o tribunal, enquanto órgão apto a estatuir Direito, não precisa de condenar ninguém a fazê-lo*", vide RICARDO BRANCO, "Efectividade...", p. 190.

[55] Visto que, apesar de, "*no momento da adjudicação, o conteúdo do contrato já est[ar] total ou quase totalmente fixado*" (neste sentido, vide MARCELO REBELO DE SOUSA e ANDRÉ SALGADO DE MATOS, "Direito...", p. 123; cfr. ainda o disposto no artigo 96.º do CCP), e sem prejuízo do aplauso de alguma doutrina recente quanto à figura das sentenças substitutivas (é o caso de RICARDO BRANCO, "Efectividade...", *maxime* pp. 169 e segs.), este tipo de decisões judiciais apenas poderá ser proferido quando o conteúdo do acto administrativo a praticar seja estritamente vinculado, conforme preceitua o artigo 167.º, n.º 6 do CPTA; não sendo esse o caso, o Tribunal não poderá substituir-se à Administração, sob pena de violação do princípio da separação de poderes (cfr. artigo 111.º, n.º 1 da CRP e artigo 3.º, n.º 1 do CPTA), que, por sua vez, constitui um princípio basilar do Estado de Direito democrático, expressamente consagrado no artigo 2.º da CRP. Por conseguinte, o reconhecimento de uma margem de discricionariedade administrativa, por mínima que seja, no acto de celebração do contrato sempre imporá que o Tribunal se abstenha de proferir uma sentença substitutiva e, ao invés, condene a Administração na prática do acto legalmente devido, ainda que especificando, tanto quanto possível, todas as vinculações legais a observar, nos termos do disposto nos artigos 71.º, n.º 2 e 95.º, n.º 3 do CPTA.

Questão diversa é, naturalmente, a indagar se, caso a entidade adjudicante não cumpra a decisão judicial de condenação na prática do acto devido, os *meios de execução dessa sentença* poderão ou não ter carácter substitutivo, sendo certo que, em sede de processo executivo, exige o artigo 179.º, n.º 3 do CPTA que o Tribunal respeite os "*espaços de valoração próprios do exercício da função administrativa*". A este respeito, como observa DUARTE AMORIM PEREIRA, "*O exercício do poder de substituição da Administração pelo tribunal é, desde logo, uma medida de execução coactiva de* ultima ratio", a qual "*não é livre e depara-se, de facto, com alguns obstáculos sobretudo ao nível dos princípios jurídicos tradicionais inerentes à organização do próprio Estado de direito*": cfr. "A Execução Substitutiva no Novo Regime de Processo Administrativo", Verbo Jurídico (Compilações Doutrinais), 2007, p. 26 (texto disponível em http//www.verbojuridico.net/).

que a execução específica não será possível quando a isso obstar a natureza da obrigação assumida[57]. Assim, tendo em conta que, de acordo com o artigo 9.º, n.º 3 do mesmo CC, o intérprete deve presumir que o legislador "*soube exprimir o seu pensamento em termos adequados*", e porque *ubi lex non distinguit nec nos distinguere debemus*, é forçoso concluir que, pelo menos em princípio, *não haverá contratos administrativos cuja natureza determine a exclusão desta faculdade do adjudicatário*, o qual pode assim exigir judicialmente a celebração de quaisquer contratos em que a Administração o tenha escolhido como co-contratante.

Acresce que a acção prevista no artigo 105.º, n.º 4 do CCP é mais ampla do que a execução específica nos termos do artigo 830.º do CC igualmente num outro sentido, qual seja, o de a exigibilidade judicial da celebração do contrato não poder ser afastada pelas partes. De facto, e enquanto o artigo 830.º do CC prevê que as partes possam convencionar o não exercício do direito à execução específica, o artigo 105.º, n.º 4 do CCP não contém uma previsão idêntica, de onde resulta estarmos perante um direito *indisponível*, atribuído por uma norma *imperativa*, e não supletiva[58]. Esta conclusão, além de assentar no argumento puramente literal da redacção das duas normas em cotejo, baseia-se ainda em dois outros fundamentos: por um lado, o duplo intuito que já vimos presidir ao artigo 105.º, n.º 4 do CCP, ou seja, esta exigibilidade judicial não foi estabelecida apenas no interesse do adjudicatário e para salvaguarda dos seus direitos, antes visa também, paralelamente, dissuadir o incumprimento, por parte da entidade adjudicante, do seu dever de outorga do contrato após a adjudicação. Por outro lado, e como acima se demonstrou, o direito do adjudicatário à outorga do contrato resulta directamente *da lei*, ao passo que o direito dos particulares à execução específica, nos termos do artigo 830.º do CC, decorre de prévia convenção das partes nesse sentido, traduzida

---

[56] Com efeito, se no Direito Privado a possibilidade de aplicação de sanções pecuniárias compulsórias já se encontrava prevista desde 1983 (data do aditamento do artigo 829.º-A ao CC), em Direito Público apenas em 2004, com o CPTA – cfr., nomeadamente, os artigos 3.º, n.º 2 e 169.º, com declarada inspiração nas *astreintes* francesas –, tal possibilidade passou a ser expressamente admitida, o que constitui indubitavelmente um significativo reforço da eficácia das decisões judiciais de condenação da Administração.

[57] Referindo os "*contratos que tenham por objecto a prestação de serviços pessoais ou que sejam contratos reais quoad constitutionem*" como exemplos de obrigações cuja natureza impediria a execução específica do negócio, cfr. PIRES DE LIMA e ANTUNES VARELA, "Código...", vol. II, p. 108.

[58] Sobre a distinção entre normas imperativas e supletivas (ou, na terminologia do Autor, normas injuntivas e dispositivas), cfr., por todos, JOSÉ DE OLIVEIRA ASCENSÃO, "O Direito – Introdução e Teoria Geral", 13.ª ed., Almedina, Coimbra, 2001, pp. 520 e segs..

na celebração de um contrato-promessa para a posterior outorga do contrato definitivo. Nesta conformidade, compreende-se que, tratando-se de um direito conferido por lei, não esteja na disponibilidade de qualquer das partes[59] afastar a respectiva exigibilidade judicial[60].

Em conclusão, dir-se-á que, se a acção judicial consagrada no artigo 105.º, n.º 4 do CCP é – pelo menos potencialmente – mais restrita do que a execução específica prevista no artigo 830.º do CC no que se refere aos *poderes de pronúncia do Tribunal* (em virtude da já referida excepcionalidade das sentenças substitutivas de actos administrativos, embora a introdução da figura das sanções pecuniárias compulsórias de algum modo mitigue esta situação), é depois mais ampla no que respeita ao *elenco de contratos abrangidos*, uma vez que (i) não há, em princípio, contratos administrativos cuja natureza impeça a exigibilidade judicial da respectiva celebração, e (ii) as partes não podem, unilateralmente ou por convenção, afastar esta mesma exigibilidade relativamente ao contrato que em concreto se aprestam a celebrar. Assim, parece ser possível

---

[59] Isto é, nem pode o adjudicatário, unilateralmente, renunciar ao direito, nem podem as partes, por convenção, afastar a possibilidade do seu exercício, sob pena de ilegalidade deste acordo (no limite, por violação do artigo 280.º, n.º 1 do CC, aqui aplicável, quanto mais não seja a título subsidiário). Naturalmente que o que acabou de se dizer não significa que o adjudicatário tenha sempre de exercer este direito: é evidente que poderá não o fazer. No entanto, tal abstenção não poderá consubstanciar uma renúncia prévia ao exercício (e muito menos à titularidade) do direito em causa, antes terá sempre de resultar de uma decisão casuística, tomada apenas após o incumprimento da entidade adjudicante.

[60] *Rectius*: é verdade que, tal como no Direito Público, também no Direito Privado o direito à execução específica decorre directamente da lei, mais concretamente do artigo 830.º do CC, acima citado. Neste sentido, se o ordenamento jurídico confere esta faculdade a quem adquira um direito à celebração do contrato, por via de contrato-promessa ou através de um acto de adjudicação, pareceria não existirem, neste aspecto, quaisquer diferenças entre a execução específica no Direito Público e no Direito Privado. No entanto, repare-se que, enquanto na celebração de um contrato-promessa no âmbito do Direito Privado a decisão de contratar e a escolha do co-contratante estão formalmente unidas no mesmo acto, já em Direito Público, ao invés, entre a decisão de contratar e a escolha do co-contratante medeia todo o procedimento pré-contratual, pelo que, em bom rigor, aqui é a escolha do co-contratante, e não a decisão de contratar, que determina o surgimento do direito à celebração do contrato. Ora, a escolha do co-contratante não é feita de modo bilateral, antes resulta da prática do acto administrativo de adjudicação, pelo que é assim possível afirmar-se que, ao passo que no Direito Privado é a convenção das partes que determina a sujeição legal ao regime da execução específica, no Direito Público a possibilidade de execução específica assume-se antes como um *efeito legal* que deriva, para o concorrente, da circunstância de ter sido o destinatário do acto administrativo de adjudicação.

extrair do CCP a regra de que será *sempre* judicialmente exigível a celebração de *todos* os contratos administrativos, independentemente do tipo contratual que esteja em causa, do procedimento pré-contratual que haja sido adoptado pela entidade adjudicante e da eventual necessidade de o contrato revestir, ou não, forma escrita (cfr. artigos 94.° e 95.° do CCP). Da análise do regime legal parece assim decorrer a caracterização da exigibilidade judicial da celebração do contrato administrativo como uma figura mista, um *tertio genus* com traços híbridos de execução específica e, ao mesmo tempo, de condenação da Administração na prática de um acto administrativo legalmente devido (embora de feição contratual).

Sendo que, ainda conforme o mesmo artigo 105.°, n.° 4 do CCP, o adjudicatário poderá exigir judicialmente a celebração do contrato sempre que esta não ocorra no prazo previsto por *facto imputável à entidade adjudicante*[61], não indicando a lei qualquer exemplo típico destes factos[62], nem tão-pouco exigindo qualquer especificidade quanto ao nexo de imputação do facto à entidade adjudicante[63] ou quanto à ilicitude e culpa (dolo ou mera negligência) da entidade adjudicante no impedimento da celebração do contrato no prazo previsto. Fica pois em aberto a questão de saber se a não densificação legal destes aspectos se deveu a intencional vontade legislativa de conceder a maior amplitude possível à figura da exigibilidade judicial da celebração do contrato (como

---

[61] De notar que, ao aludir a "factos" (e não necessariamente a "actos"), a lei parece bastar-se com a mera verificação empírica de que o contrato não foi outorgado no prazo legalmente previsto por causa de uma qualquer conduta (*lato sensu*) da entidade adjudicante, abstraindo assim da forma (acto expresso de recusa ou omissão pura e simples) que tal conduta possa ter revestido. É, pois, o próprio *resultado* que o CCP visa sancionar, independentemente do(s) meio(s) concretamente utilizados pela entidade adjudicante para o atingir.

[62] Afigurando-se que, por salutar prudência legislativa, esta norma abdicou de elencar um rol rígido de factos potencialmente susceptíveis de conduzir ao resultado considerado indesejável pelo Código (fixação essa que seria sempre geradora de potenciais injustiças ou incoerências), tendo antes optado pela consagração de uma cláusula geral, aberta a todo o tipo de eventos abstractamente equacionáveis e passíveis de ocorrer no caso concreto.

[63] Nomeadamente, não sendo líquido que estejam aqui em causa apenas os factos *directamente* imputáveis à entidade adjudicante ou os factos que – na fórmula utilizada pelo artigo 563.° do CC quanto ao nexo de causalidade no âmbito da responsabilidade civil – *provavelmente* tivessem como resultado impedir a celebração do contrato. Perante a redacção da norma, à primeira vista nem sequer se vislumbra fundamento legal que impeça o adjudicatário de exigir judicialmente a celebração do contrato quando a não celebração no prazo previsto se deva a facto apenas *indirectamente* imputável à entidade adjudicante, embora esta solução se afigure excessiva à luz do espírito do sistema (cfr. artigo 10.°, n.° 3 do CC).

se concluiria tendo em conta o teor do já mencionado artigo 9.º, n.º 3 do CC e o intuito de assegurar uma tutela mais completa dos direitos dos particulares participantes em procedimentos pré-contratuais, na linha imposta pelo Direito Comunitário, como se viu), ou se, pelo contrário, se trata de uma incompletude normativa que, não sendo suprida por posterior regulamentação, terá de ser colmatada pelo labor interpretativo da doutrina e jurisprudência administrativas.

Seja como for, no presente cenário, o adjudicatário dispõe assim de um meio bastante amplo para fazer valer, em termos contenciosos, o seu direito à celebração do contrato[64], sem que, numa primeira leitura, a entidade adjudi-

---

[64] Amplitude esta que, a nível processual, não deixará de suscitar algumas questões delicadas. Mesmo que a celebração do contrato não resulte de uma sentença substitutiva (o que permitiria, por exemplo, questionar em que condições poderia a entidade adjudicante desvincular-se de um contrato no qual o seu consentimento inicial tivesse sido substituído por decisão judicial transitada em julgado), ainda assim é inquestionável que a decisão judicial condenatória sempre produzirá, de algum modo, um certo efeito de "blindagem" do contrato a celebrar (na medida em que se afigura *"extremamente complexa a tarefa de impugnação de um acto administrativo emitido no estrito cumprimento de uma sentença judicial"*, conforme repara FRANCISCO PAES MARQUES, "A Efectividade da Tutela de Terceiros no Contencioso Administrativo", Almedina, Coimbra, 2007, p. 105). Além disso, levantam-se (ou poderão levantar-se) igualmente outros problemas delicados, como o de saber se, em caso de condenação da Administração na celebração de contrato que esteja sujeito a visto prévio por parte do Tribunal de Contas, este último Tribunal será abrangido pela força de caso julgado e estará obrigado a emitir o visto ou se, ao invés, este Tribunal continuará na plenitude dos seus poderes de fiscalização da legalidade do contrato a celebrar [ao abrigo dos artigos 5.º, n.º 1, alínea c), e 44.º a 48.º da Lei n.º 98/97, de 26 de Agosto]. Ao que supomos, a resposta a esta questão prender-se-á também com a delimitação do objecto do processo e a definição dos poderes de cognição do juiz administrativo nestas acções intentadas ao abrigo do artigo 95.º, n.º 4 do CCP. De facto, se o Tribunal se limitar a um raciocínio "silogístico", por assim dizer (limitando-se a preencher as premissas: o concorrente apresentou uma proposta que foi objecto de um acto de adjudicação; o contrato deveria ter sido celebrado na data X; não o foi; essa não celebração deve-se ao facto Y; o facto Y é imputável à entidade adjudicante, logo, a acção intentada pelo adjudicatário deve obter provimento), não há uma verdadeira apreciação da legalidade feita pelo Tribunal administrativo que interfira com o juízo a efectuar pelo Tribunal de Contas. Mas, se se entender que o Tribunal administrativo, designadamente por força do artigo 95.º, n.º 2 do CPTA, deve analisar todos os requisitos de validade do direito do adjudicatário e conhecer de todas as eventuais excepções que possam impedir a procedência da acção, nomeadamente, a legalidade das peças concursais e das cláusulas da minuta do contrato a celebrar, bem como a inexistência de factores que hajam gerado a caducidade da adjudicação, neste caso poderá eventualmente sustentar-se que a recusa do visto pelo Tribunal de Contas colidiria com a força de caso julgado da sentença que determinasse a celebração do contrato.

Como é evidente, a posição que se assuma quanto a esta matéria não é inócua: basta dizer que, no limite, o primeiro entendimento poderá ter como resultado a condenação judicial da enti-

cante pareça dispor de meios de defesa significativos para obstar à procedência da acção[65]. Nem se diga que esta nova possibilidade vem conferir um poder excessivo ao adjudicatário e, deste modo, introduzir um grande desequilíbrio entre as partes. Na verdade, apesar de a Administração não poder obter judicialmente a outorga do contrato por parte do adjudicatário, verifica-se que, em caso de recusa de celebração por parte deste último, a entidade adjudicante, além de ficar com a caução que haja sido prestada, pode sempre escolher como co-contratante o concorrente classificado em segundo lugar no procedimento pré-contratual. Ou seja, desde que se tenham apresentado pelo menos dois concorrentes no procedimento pré-contratual e que as respectivas propostas não tenham sido excluídas, no final do procedimento pré-contratual a Administração vê a sua expectativa na conclusão do contrato muito mais assegurada, visto que, não o celebrando com o concorrente classificado em primeiro lugar, poderá (deverá) sempre celebrá-lo com o concorrente classificado na posição imediatamente subsequente[66]. Já o adjudicatário, ao invés, ou celebra o contrato com a entidade adjudicante, ou então o investimento efectuado no procedimento pré-contratual perde toda a sua utilidade, pelo que a atribuição do poder de exigir judicialmente a celebração do contrato apenas ao adjudicatário (e não também à entidade adjudicante) não desvirtua as posições relativas das partes, antes é fundada na necessidade de tutela da parte mais desprotegida nesta fase do procedimento.

Apesar da manifesta índole garantística que enforma esta possibilidade de exigibilidade judicial da celebração do contrato, a lei é inequívoca ao estabe-

---

dade adjudicante na prática de um acto (neste caso, a celebração de um contrato) administrativo ilegal.
Admitindo, em tese, que mesmo as auto-vinculações administrativas, mesmo que inválidas (desde que meramente anuláveis) podem ter carácter vinculativo para a Administração, e aceitando ainda a possibilidade de condenação judicial da Administração na prática de actos ilegais (embora não se referindo aos casos aqui em apreço), cfr. PAULO OTERO, "Legalidade...", pp. 974 e segs..
Debruçando-se também sobre o problema da vinculatividade das auto-vinculações administrativas inválidas, mas incidindo mais especificamente sobre as promessas administrativas, cfr. JOÃO TABORDA DA GAMA, "Promessas...", pp. 190 e segs..
[65] Embora a lei aqui não o preveja, *de jure condendo* talvez pudesse equacionar-se a possibilidade de a entidade adjudicante emitir uma resolução fundamentada para paralisar a pretensão do particular, a exemplo do que já sucede nos termos do artigo 327.°, n.° 4 do CCP e também do artigo 128.°, n.° 1 do CPTA (embora a revisão deste último diploma, actualmente em curso, pareça preconizar a eliminação de tal figura).
[66] É aliás o que resulta, designadamente, do disposto nos artigos 86.°, n.° 3, 91.°, n.° 2 e 93.°, n.° 2 do CCP.

lecer que o recurso aos meios contenciosos com base no artigo 105.º, n.º 4 do CCP constitui uma *alternativa* face à reclamação do pagamento dos encargos sofridos com a elaboração da proposta e com a prestação da caução, conforme o artigo 105.º, n.º 3 do Código[67]. Por conseguinte, caso o adjudicatário exija perante os Tribunais a celebração do contrato, naturalmente que não poderá pretender ser ressarcido por aqueles encargos, dado estes serem inerentes à sua qualidade de concorrente no procedimento pré-contratual e a celebração do contrato evitar que tais encargos percam a sua utilidade económica[68]. Admitir solução contrária equivaleria a atribuir ao adjudicatário uma indemnização pelo *interesse contratual negativo* quando, simultaneamente, através da celebração do contrato, o adjudicatário ficará em condições de executar as suas prestações e receber o respectivo pagamento, vendo assim satisfeito também o seu *interesse contratual positivo*[69].

---

[67] Aliás, por este mesmo motivo, também o artigo 76.º, n.º 3 do CCP estabelece que apenas o concorrente que haja *recusado* a adjudicação proferida a seu favor (*in casu*, em virtude do incumprimento, pela entidade adjudicante, do prazo previsto para a emissão de tal decisão) terá direito a ser indemnizado "*pelos encargos em que comprovadamente incorreu com a elaboração da respectiva proposta*".

[68] Este é também um aspecto em que a solução do artigo 105.º, n.º 4 do CCP parece assumir um alcance mais amplo do que no próprio Direito Privado: enquanto neste campo a doutrina ainda confessa fundadas dúvidas quanto à possibilidade de a indemnização do dano positivo ser substituída pela celebração forçada do contrato (cfr. PAULO NASCIMENTO, "A Responsabilidade...", p. 261), no Direito Público passa a ser inequívoco que, quando já se tenha constituído um direito à conclusão do negócio, a reacção contra violações pré-contratuais se baseia, em primeiro lugar, na celebração forçada do contrato, apenas depois se partindo para uma tutela ressarcitória. Solução que, aliás, é plenamente consentânea com o princípio geral vigente no nosso Direito de que, na reconstituição da situação actual hipotética do lesado, deve dar-se *primazia à reconstituição* **in natura** *em detrimento da reconstituição (meramente) pecuniária*, como já resultava da conjugação dos artigos 562.º e 566.º, n.º 1 do CC e agora foi plasmado no artigo 3.º, n.º 1 da Lei n.º 67/2007, que preceitua que "*Quem esteja obrigado a reparar um dano, (...) deve reconstituir a situação que existiria se não se tivesse verificado o evento que obriga à reparação.*".

[69] Também na nossa jurisprudência é orientação dominante que, "*Na responsabilidade pré-contratual, o lesado tem direito a ser indemnizado apenas pelos danos negativos (dano da confiança), isto é, pelos danos que não teria se não tivesse celebrado o contrato, não se incluindo na medida do dano ressarcível o lucro esperado com o cumprimento do contrato*" (cfr., entre outros, os Acórdãos do Supremo Tribunal Administrativo de 23 de Setembro de 2003, proferido no âmbito do processo n.º 01527/02, e 30 de Outubro de 2006, proferido no âmbito do processo n.º 0875/05, ambos disponíveis em www.dgsi.pt), "*estando excluída a reparação pelo interesse positivo, ou seja pelo benefício que a conclusão do negócio traria à parte prejudicada nas suas expectativas*" (cfr. o Acórdão do Supremo Tribunal Administrativo de 31 de Maio de 2001, proferido no âmbito do processo n.º 046919 e igualmente dis-

Ora, se esta solução legal é perfeitamente justificada, cumpre porém alertar para o facto de que, sendo o mecanismo previsto no artigo 105.º, n.º 4 do CCP um meio de garantia estabelecido a favor do adjudicatário, o não uso deste mecanismo não pode ser interpretado subversivamente no sentido de atenuar a responsabilidade civil da entidade adjudicante[70].

Ou seja: caso se entenda que, além dos danos indemnizáveis em sede de responsabilidade pré-contratual expressamente elencados no artigo 105.º, n.º 3 do CCP, o adjudicatário poderá ainda ter direito a ser indemnizado, em sede de responsabilidade extracontratual, por outros danos que tenha sofrido em virtude da não celebração do contrato[71], o não recurso ao artigo 105.º, n.º 4 do CCP não pode ser esgrimido como argumento para limitar o montante da indemnização devida ao adjudicatário[72]. Com esta ressalva pretende-se evitar que a norma em apreço venha a ter uma interpretação semelhante à que chegou a ser dada ao artigo 7.º do Decreto-Lei n.º 48051, e que consistia em entender que, se o particular tinha ao seu dispor um meio contencioso para evitar a produção dos danos e não lançou mão desse mesmo meio, não poderia depois vir reclamar qualquer indemnização a título de ressarcimento desses danos[73]. Em

ponível em www.dgsi.pt). Em sentido idêntico quanto ao Direito Privado, cfr. INOCÊNCIO GALVÃO TELLES, "Manual...", p. 207.

Defendendo, sob outro prisma, que "*nesta fase parece indubitável que a indemnização* [a atribuir ao adjudicatário em virtude da não celebração do contrato] *envolva também os lucros cessantes*", cfr. MARIA JOÃO ESTORNINHO, "Direito...", p. 415.

[70] A qual terá sempre de indemnizar (em maior ou menor montante) o adjudicatário pelos danos por este incorridos em virtude da não celebração do contrato, sempre que tal circunstância seja imputável àquela.

Sobre a responsabilidade civil da Administração por violação de promessas administrativas, fundando o direito à indemnização por parte do promissário na conjugação do princípio da legalidade com o princípio da protecção da confiança (os quais conferem carácter vinculativo à promessa), cfr. JOÃO TABORDA DA GAMA, "Promessas...", pp. 263 e segs..

[71] Solução que, embora não explicitamente admitida, também não é rejeitada pelo Código, nem, aliás, tão-pouco é excluída pela redacção do artigo 7.º, n.º 2 da Lei n.º 67/2007, o qual se limita a preceituar que "*É concedida indemnização às pessoas lesadas por violação de norma ocorrida no âmbito de procedimento de formação dos contratos referidos no artigo 100.º do Código de Processo nos Tribunais Administrativos, nos termos da presente lei.*".

[72] Indemnização que, como nota PAULO NASCIMENTO, neste caso não se fundará numa "ruptura injustificada das negociações", visto que, por definição, nesta fase as negociações já terão terminado. Estamos antes perante um caso em que as negociações já se concluíram, faltando apenas a formalização do contrato correspondente: *vide* "A Responsabilidade...", p. 256, nota de rodapé 270.

[73] A reacção atempada do particular contra o facto lesivo era assim encarada como um pressuposto processual da acção de indemnização, de acordo com a denominada "posição processua-

suma, será incorrecto sustentar que, se o adjudicatário poderia exigir judicialmente a celebração do contrato e não o fez, não poderá depois pretender ser ressarcido pelos danos que sofreu em virtude da não celebração do contrato – a qual, nesta tese (que não se sufraga), tanto seria imputável à entidade adjudicante, que não outorgou o contrato no prazo previsto, como ao próprio adjudicatário, por não ter exigido judicialmente essa mesma outorga.

Na verdade, cumpre não esquecer que, nesta fase tão adiantada do procedimento pré-contratual, mais do que fundadas expectativas quanto à celebração do contrato, o concorrente (já adjudicatário) tem mesmo um *direito* à celebração do contrato, pelo que a sua posição jurídica e a confiança depositada nessa posição devem ser objecto de uma tutela adequada. É certo que, de entre todos os concorrentes, apenas o adjudicatário tem ao seu dispor um meio que permita a celebração do contrato; no entanto, seria manifestamente injusto e até contraditório que, com base no artigo 105.º, n.º 4 do CCP, se negasse ao adjudicatário a indemnização devida nesta sede. Admitindo-se que os concorrentes em geral têm direito a ser indemnizados pelos danos sofridos a título de responsabilidade extracontratual, por maioria de razão[74] deverá reconhecer-se esse mesmo direito ao adjudicatário, dado que nenhum outro participante no procedimento pré-contratual tem uma posição tão digna de protecção[75], assim como, do mesmo modo, também a nenhum outro concorrente a não celebração do contrato provoca um dano tão elevado[76].

---

lista" quanto à interpretação deste preceito. Sobre esta matéria, *vide* SÉRVULO CORREIA, "A Efectivação Processual da Responsabilidade Extracontratual da Administração por Actos de Gestão Pública", in *La responsabilidad patrimonial de los poderes públicos*, Madrid, 1999, pp. 278 a 283.

[74] Sobre o argumento "por maioria de razão" enquanto regra da interpretação enunciativa, cfr., por todos, JOSÉ DE OLIVEIRA ASCENSÃO, "O Direito...", pp. 469 e segs..

[75] Pois é certo que a densidade dos direitos dos particulares é variável e que, naturalmente, a respectiva força jurídica será tanto maior quanto mais intenso for o correspondente grau de vinculação por parte da Administração. Defendendo a ideia de uma gradação das posições subjectivas em face dos diferentes conteúdos possíveis das promessas administrativas, cfr. JOÃO TABORDA DA GAMA, "Promessas...", pp. 180 a 182.

[76] Referindo que a adjudicação tem justamente por efeito transformar "*uma expectativa concorrencial, procedimentalmente protegida, num direito do concorrente, materialmente garantido face à Administração adjudicante*", cfr. DIOGO FREITAS DO AMARAL, "Curso...", vol. II, p. 589. Também PEDRO ROMANO MARTÍNEZ e JOSÉ MANUEL MARÇAL PUJOL, citando o já aludido Parecer da Procuradoria-Geral da República n.º 40/87, referem que "*a decisão de adjudicação provisória criou no concorrente vencedor do concurso uma expectativa jurídica na celebração do respectivo contrato e também o direito de ser parte na celebração desse contrato se a Administração efectivamente o promovesse.*" (cfr. "Empreitada...", p. 167).

A exigibilidade judicial da celebração do contrato é assim, repete-se, um *direito*, e não um ónus do adjudicatário. Quando muito, concede-se que o não recurso às vias judiciais pelo adjudicatário possa ser ponderado na determinação do montante da indemnização devida, de acordo com o instituto geral da *culpa do lesado*[77]. No entanto, mesmo esta ponderação não pode ser acrítica, no sentido de considerar que, se o adjudicatário poderia ter recorrido aos Tribunais para exigir a celebração do contrato e não o fez, terá *sempre* culpa naquela não celebração. Bem ao invés, a valoração da conduta do adjudicatário para efeitos da determinação da real culpa do lesado pressupõe que o montante da indemnização devida ao adjudicatário seja reduzido *apenas* na estrita proporção em que a sua conduta tenha *efectivamente* contribuído para a produção (ou não diminuição) dos danos sofridos, não podendo aceitar-se que o não recurso às vias contenciosas ao abrigo do artigo 105.º, n.º 4 do CCP determine, *por si só*, a exclusão de qualquer indemnização ao adjudicatário em sede de responsabilidade extracontratual, ou uma redução insuficientemente justificada do montante da indemnização que venha, a final, a ser-lhe atribuída[78].

---

[77] Corresponde esta orientação, no essencial, àquela que foi denominada como "posição substancialista" no que se refere à interpretação do artigo 7.º do Decreto-Lei n.º 48051, sufragada, entre outros Autores, por RUI MEDEIROS, MARGARIDA CORTEZ e RUI MACHETE: cfr., deste último, "A Acção para Efectivação da Responsabilidade Civil Extracontratual", in *Reforma do contencioso administrativo*, vol. I – *O debate universitário (trabalhos preparatórios)*, Ministério da Justiça, Lisboa, 2003, *maxime* pp. 206 e 207.
Refira-se que, além de a culpa do lesado poder sempre ser chamada à colação enquanto princípio geral da responsabilidade civil contido no artigo 570.º, n.º 1 do CC, este instituto veio agora a ter expressa consagração no Direito Público, preceituando o artigo 4.º da Lei n.º 67/2007 que: "*Quando o comportamento culposo do lesado tenha concorrido para a produção ou agravamento dos danos causados, designadamente por não ter utilizado a via processual adequada à eliminação do acto jurídico lesivo, cabe ao tribunal determinar, com base na gravidade das culpas de ambas as partes e nas consequências que delas tenham resultado, se a indemnização deve ser totalmente concedida, reduzida ou mesmo excluída.*".
[78] Até porque, como assinala ALEXANDRA LEITÃO, muitas vezes, o particular co-contratante poderá, legitimamente, "*ter perdido o interesse no contrato, preferindo receber uma indemnização pelos gastos efectuados ou outros prejuízos que tenham sofrido*" (cfr. "A Protecção...", p. 45, nota de rodapé 127). Ora, neste sentido, se as circunstâncias (designadamente, o passar do tempo: basta pensar que, entre a instauração de uma acção em Tribunal e o trânsito em julgado da decisão judicial correspondente podem decorrer meses, ou mesmo anos) fizeram o particular co-contratante perder o interesse na celebração do contrato, não será correcto levar o adjudicatário a exigir junto do Tribunal a celebração de um contrato que já não lhe é vantajoso, nem tão-pouco penalizá-lo pela não utilização destas vias judiciais, uma vez que estas não teriam como efeito impedir ou sequer mitigar os danos que se verificaram na sua esfera jurídica.

Como resulta do que acima se referiu, só assim se assegura uma solução materialmente justa e se evita a *fraude à lei* que seria subverter a exigibilidade judicial da celebração do contrato através de uma interpretação excessivamente conservadora e formalista, transformando um mecanismo instituído para maior garantia dos direitos do adjudicatário num mecanismo de diminuição desses mesmos direitos.

## 4. Conclusão

A análise levada a cabo no presente estudo permitiu concluir que, ao prever que o adjudicatário possa *"exigir judicialmente a celebração do contrato"* se a entidade adjudicante, por facto que lhe seja imputável, não outorgar o contrato no prazo legalmente fixado, o CCP veio estabelecer uma ruptura face ao regime anterior.

Semelhante ruptura traduziu-se num reforço da posição do adjudicatário nos procedimentos pré-contratuais, sendo agora assegurada uma mais completa tutela do seu direito à celebração do contrato. Reconhecendo que a outorga do contrato pela entidade adjudicante é a derradeira concretização da vontade contratual manifestada, desde logo, nos anúncios do procedimento, o CCP leva esta orientação até às últimas consequências, conferindo ao adjudicatário a possibilidade de, através de uma "execução específica *sui generis*" (que reveste algumas particularidades face ao instituto análogo previsto no Direito Privado, aproximando-se também, em larga medida, da condenação à prática de acto legalmente devido), se socorrer dos Tribunais administrativos para superar a omissão da entidade adjudicante na conclusão do procedimento pré-contratual.

Apesar de a previsão de um meio adjectivo de garantia deste direito (substantivo) do adjudicatário representar uma resposta adequada aos reparos formulados pelo Tribunal de Justiça das Comunidades Europeias quanto à insuficiência dos meios de reacção aos dispor dos participantes em procedimentos pré-contratuais anteriormente previstos na legislação nacional, constituindo, além disso, uma exigência imposta pelos princípios *pacta sunt servanda* (ainda em sede pré-contratual), da protecção da confiança, da boa fé, da prossecução do interesse público e da tutela jurisdicional efectiva, todos com expressa consagração legal e constitucional, a aplicação prática do artigo 105.º, n.º 4 do CCP suscita diversas questões de índole substantiva e processual, que, na falta de posterior regulamentação que densifique e concretize a resposta aos problemas acima levantados, apenas poderão ser resolvidas mediante o devido labor doutrinário e jurisprudencial.

Certo é que, apesar de a posição do adjudicatário gozar de uma maior protecção legal, o intuito marcadamente garantístico desta medida não deverá ser desvirtuado por uma interpretação excessivamente conservadora e formalista que, no final, conduza ao resultado de diminuir, sem justificação bastante, o montante da indemnização devida ao adjudicatário em sede de responsabilidade extracontratual em virtude da não celebração do contrato, caso o adjudicatário tenha optado por não lançar mão do meio previsto pelo artigo 105.º, n.º 4 do CCP. Com efeito, a "culpa do lesado", operando aqui como elemento de razoabilidade na indagação casuística do(s) facto(s) efectivamente causador(es) dos danos sofridos pelo adjudicatário, não poderá ser objecto de uma aplicação acrítica, devendo antes ponderar-se todas as reais circunstâncias que levaram o adjudicatário a prescindir do recurso a este novo meio judicial para obter a celebração do contrato.